महान साहित्यकार

प्रेमचंद
की सर्वश्रेष्ठ कहानियाँ

साक्षी प्रकाशन

एस-16, नवीन शाहदरा, दिल्ली-110032

फोन: 011-22324833, 9810461412

‘भारतीय कथा-साहित्य’ सीरीज़ के अन्तर्गत प्रकाशित पुस्तकें :

- *प्रेमचन्द की सर्वश्रेष्ठ कहानियाँ*
- *जयशंकर प्रसाद की सर्वश्रेष्ठ कहानियाँ*
- *शरत् की सर्वश्रेष्ठ कहानियाँ*
- *उर्दू की सर्वश्रेष्ठ कहानियाँ*
- *पंजाबी की सर्वश्रेष्ठ कहानियाँ*
- *तेलुगु की सर्वश्रेष्ठ कहानियाँ*

प्रेमचंद की सर्वश्रेष्ठ कहानियाँ

संपादक

बलराम अग्रवाल

साक्षी प्रकाशन

दिल्ली-110032

ISBN : 81-86265-28-7

प्रकाशक : साक्षी प्रकाशन
एस-16, नवीन शाहदरा,
दिल्ली-110032

संस्करण : **2024**

लेज़र टाइपसैंटिग : शेफाली लेज़र सिस्टम
नवीन शाहदरा, दिल्ली-110032

मुद्रक : **शर्मा प्रिन्टर्स, दिल्ली**

PREMCHAND KI SARVSHRESHTA KAHANIYAN
edited by Balram Agarwal

प्रेमचंद अवतार नहीं निहायत आम-आदमी हैं

भारतीय और पाश्चात्य चरित्र में एक बुनियादी अन्तर यह प्रतीत होता है कि समाज में उच्च स्थान प्राप्त व्यक्ति को भारतीय उपमहाद्वीप का व्यक्ति जहाँ एकदम से 'अवतार' मानकर पूजना प्रारम्भ कर देता है, पश्चिम का व्यक्ति उसमें व्यवसाय तलाशने लगता है। हम व्यक्ति को पहले 'भगवान' बनाते हैं और जब वह हमारी इच्छानुरूप परिणाम नहीं देता है तो उसकी हत्या कर देते हैं। तत्पश्चात् उसकी मूर्ति-पूजा प्रारम्भ होती है और वह मूर्ति हमारे वैध-अवैध समस्त आचार-विचार को अपने सिर पर ढोने को विवश रहती है। व्यक्ति का व्यवसायीकरण हमारे यहाँ इस स्थिति में आकर प्रारम्भ होता है। अनेक बार व्यक्ति स्वयं ही 'इस' से 'उस' संसार को कूच कर जाता है, 'हत्या' बाद में होती है। परन्तु पश्चिमी तंत्र इस तरह के अवतारवाद में अपना समय नष्ट नहीं करता। किसी भी व्यक्ति को पहले वह बाजार में उच्च-प्रचार प्रदान करता है और यथानुरूप प्रचारित हो जाने के उपरान्त उसका व्यवसाय प्रारम्भ कर देता है। पूँजी-बाजार में फिर वह व्यक्ति 'व्यक्ति' नहीं रहता 'वस्तु' बन जाता है। माइकल जैक्सन से लेकर (स्व॰) प्रिंसेस डायना तक कितने ही व्यक्ति पाश्चात्य बाजार की लाभप्रद 'वस्तुएं', हैं। इस बारे में उदयप्रकाश की ये पंक्तियां ग़ौर-तलब हैं—"···लेकिन जाने क्यों मुझे उस व्यावसायिक महिला फोटोग्राफर वेरोनिका की याद आती है, जिसके बारे में मैंने कहीं पढ़ा था।···वेरोनिका एक ऐसी कामयाब व्यावसायिक फोटोग्राफर थी, जिसे अपने मॉडल हेक्टर के शरीर की सुन्दरता से प्यार हो गया था। वह प्यार पेशेवराना था। उसने हेक्टर को ऊँची तनख्वाह में अपना स्थायी मॉडल बनाकर रख लिया। हेक्टर के शरीर के आकर्षण का उसने भरपूर इस्तेमाल किया। उसके फोटोग्राफ बहुत प्रसिद्ध हुए और ऊँची कीमत में बिके। बाद में हेक्टर का शरीर ढलने लगा, वेरोनिका को चिन्ता हुई। लेकिन उसने अपनी विलक्षण मार्केट-प्रतिभा का परिचय दिया। वह हेक्टर के शरीर को डेवलपर से नहला देती और उसे विशाल प्रिंट पेपर पर सुलाकर उसके मानव छापे तैयार करती। बिना कैमरा, एनलार्जर या फिल्म के तैयार ये छापे इतने चर्चित हुए कि उसे 'अल्टीमेट फोटोग्राफी' कहा गया। वेरोनिका बहुत अमीर हो गयी, लेकिन हेक्टर के शरीर की बाज़ार-सम्भावनाओं का अभी अन्त नहीं हुआ था। वेरोनिका हालाँकि उससे सहवास भी करती थी लेकिन वह उस देह की व्यावसायिक सम्भावनाओं के प्रति हमेशा सजग रहती थी। मुनाफा और शोहरत और मज़ा, हेक्टर के शरीर से

उसे सब हासिल करना था। इसलिए उसने बाद में कपड़ों को प्रकाश-सम्वेदी सिल्वर ब्रोमाइड के घोल में डुबाकर उसे विभिन्न रसायनों में लिथड़े हेक्टर की देह में लपेटकर ऐसे विलक्षण फोटोग्राफ तैयार किये, जिनमें हेक्टर अलग-अलग धातुओं से बनी मूर्ति नज़र आता था। आज तो यह तकनीक बहुत आम है लेकिन शुरू में इन चित्रों को 'वेरोनिका आवरण' कहा गया। लेकिन इन रसायनों का असर घातक हुआ। इतने अधिक इस्तेमाल से हेक्टर का शरीर नष्ट होने लगा और उसकी मृत्यु के साथ ही वेरोनिका के मुनाफे का अन्त हुआ। लेकिन हेक्टर की मृत्यु इस समय को और इस मीडिया-तन्त्र को समझने का एक सूक्ष्म मानवीय अर्थ तो देती ही है।' (कथा देश, जुलाई 1997, पृष्ठ 25)

प्रेमचंद की दो पुस्तकें ज़ब्त की गईं—'सोज़े वतन' और 'समरयात्रा'। 'सोज़े वतन' के बारे में ये विचार पढ़िये—'...इन कहानियों के लेखक नवाबराय की तलाश शुरू हुई। अंगरेज अफसरों को पता चल गया कि नवाबराय कोई और नहीं बल्कि धनपतराय हैं जो शिक्षा विभाग में महुबा नाम की जगह पर तैनात हैं। ...इस पुस्तक पर प्रतिबंध लगा दिया गया। उन्होंने सरकारी नौकरी से इस्तीफा दिया लेकिन लिखना बंद नहीं किया। (शम्सुल इस्लाम, नवभारत टाइम्स, नई दिल्ली, 27 अगस्त, 1997)। इन पंक्तियों को पढ़कर ऐसा लगता है जैसे उन्होंने 'सोज़े वतन' पर प्रतिबंध लगते ही इस्तीफा दे दिया था। यह सच नहीं है। इसमें कोई दो राय नहीं कि प्रेमचंद-साहित्य देशप्रेम और मानवप्रेम की भावना से भरा हुआ है। तत्कालीन ब्रिटिश-दृष्टि से देखा जाय तो 'सोज़े वतन' की कहानियों से भी कहीं अधिक तेज-तर्रार कहानियाँ नवाबराय ने 'प्रेमचंद' बनकर लिखीं। परन्तु इन पर कभी कोई मुक़दमा नहीं चला। 'सोज़े वतन' की ज़ब्ती का मुख्य कारण, स्वयं प्रेमचंद के शब्दों में, यह रहा कि, "मुंशी दयानारायण निगम के प्रेस से पहली पुस्तक 'सोज़े वतन' छपी थी, मालूम नहीं किस कारण से पुस्तक पर प्रकाशक और मुद्रक का नाम नहीं छपा। जाहिर है ऐसी गलती जानबूझकर नहीं हुआ करती; मगर कौन सुनता है ? जाँच-पड़ताल हुई तो मेरा नाम भी खुल गया। खुद ही सोचो कि एक सरकारी मुलाजिम और 'सोज़े वतन' जैसी विषैली पुस्तक का लेखक ! तौबा ! तौबा !!" (मुंशी प्यारे लाल 'शाकिर मेरठी', 'ज़माना' के 'प्रेमचंद अंक' में)। निस्सन्देह प्रेमचंद को इस हादसे से असह्य मानसिक पीड़ा से गुजरना पड़ा। उनकी आर्थिक स्थिति ऐसी नहीं थी कि वह तुरन्त इस्तीफा दे पाते या विभागीय, गैर-विभागीय सरकारी अफसरों की कुदृष्टि का भरपूर-जवाब देकर कोई पंगा माल लेते। उन्होंने इस दौर को गुज़र जाने देने में ही अपनी भलाई समझी और यही उनके परममित्र, 'ज़माना' के सम्पादक मुंशी दयानारायण निगम की उनको सलाह रही। मुंशी दयानारायण निगम को 'सोज़े वतन' पर प्रिंट-लाइन न छापने के अपराध में पचास रुपये जुर्माना अदा करना पड़ा था और नवाबराय को अपना नाम बदलकर 'प्रेमचंद' बनने की यातना से गुज़रना पड़ा था। अपने एक पत्र में 'प्रेमचंद' नाम सुझाने वाले निगम साहब को उन्होंने लिखा—' 'प्रेमचंद' अच्छा नाम है, मुझे भी पसन्द है। अफ़सोस सिर्फ यह है कि पाँच-छः

साल में 'नवाबराय' को फिरोग (प्रसिद्धि) देने की जो मेहनत की गई, वह सब अकारथ गई। यह (नवाबराय) हज़रत किस्मत के हमेशा लंडूरे रहे, और शायद रहेंगे।'

सरकारी नौकरी से इस्तीफे की पेशकश धनपतराय ने 1920 में की यानी 'सोज़े वतन' की ज़ब्ती और शासन व विभाग द्वारा अपने अपमान के लगभग 12 वर्ष बाद। इस इस्तीफे के भी अनेक कारण हैं, जिनमें एक यह भी है कि प्रेमचंद महात्मा गाँधी के असहयोग आन्दोलन से बेतरह आन्दोलित हो गये थे। परन्तु एक बहुत बड़ा कारण वह है जो आज भी सरकारी विभागों में ज्यों-का-त्यों बना हुआ है। वह कारण है—शासकीय-सामन्तवाद···शासकीय-हृदयहीनता, नौकरशाहों की कलाहीन और कला-विरोधी दृष्टि। प्रेमचंद क़रीब 1912 से बीमार चल रहे थे। आँव और पेचिश ने जो एक बार उन पर हमला किया, उन्हें चैन से न रहने दिया। उन दिनों वे हमीरपुर में तैनात थे। उन्होंने अपनी बीमार-हालत का हवाला देते हुए किसी सुविधाजनक़ स्थान पर तबादले की दरख्वास्तें कीं परन्तु नौकरशाहों ने उन्हें बस्ती जाने का आदेश दिया। इस तरह की स्थितियों से आज भी हमारे अल्प-वेतनभोगी भाइयों को दो-चार होना पड़ता है। प्रेमचंद की बीमारी ने उन दिनों उन्हें वे रंग दिखाये, जो आज भी अकल्पनीय नहीं हैं। कई महीने की छुट्टी लेकर उन्होंने बनारस में अपना इलाज कराया। कुछ ठीक हुए तो वापस बस्ती जाकर ज्वाइन किया परन्तु बीमारी पुनः उभर आई। दौरों पर जाने के लायक नहीं रहे अतः डिप्टी सब इंस्पेक्टर ऑफ स्कूल्स के पद पर कार्य करने की बजाय विभाग से उन्होंने अध्यापक बना देने की प्रार्थना की, जो स्वीकार कर ली गयी। जुलाई 1915 में उन्हें गवर्नमेंट स्कूल, बस्ती का असिस्टेंट-टीचर बना दिया गया। इस पद पर उन्होंने तीन वर्ष तक कार्य किया। कहने का तात्पर्य यह है कि प्रेमचंद ने सिर्फ 'आंदोलित' होकर ही नहीं बीमारी से विवश होकर और नौकरशाहों की हृदयहीनता से तंग आकर इस्तीफा दिया। अविवेकपूर्ण फैसला लेने जैसी कच्ची बुद्धि और हौसला दोनों ही उनमें नहीं थे। 'और वह पत्नी से जाकर बोले—तुम राय देतीं तो मैं सरकारी नौकरी छोड़ देता। पत्नी ने जवाब देने के लिए दो-तीन रोज़ का समय माँगा। पीछे उन दिनों की याद करते हुए उन्होंने लिखा—···चार पाँच दिन के बाद उन्होंने फिर पूछा कि बतलाओ तुमने क्या निर्णय किया। मैं बोली—एक दिन का समय और। उस दिन मैंने सोचा कि आखिर जब यह इतने बीमार थे और बचने की कोई आशा न थी, एक तरह से उन्होंने मुझे जवाब ही दे दिया था यह कहकर कि यह तीन हजार रुपये हैं और तीन तुम···ईश्वर कुछ अच्छा ही करने वाला होगा, तभी तो ये अच्छे हो गये हैं···दूसरे दिन मैंने उनसे कहा—छोड़ दीजिए नौकरी को। यह सरकारी-नीति अब सहन-शक्ति से बाहर है। (अमृतराय, क़लम का सिपाही, पृष्ठ 247)। 16 फरवरी 1921 को धनपतराय कार्यमुक्त कर दिये गये।

इन सब बातों को लिखने का मेरा तात्पर्य सिर्फ इतना है कि प्रेमचंद को 'भगवान' बनाने के अपने जाने-अनजाने प्रयत्नों पर हमें संयमपूर्वक रोक लगानी चाहिए। प्रेमचंद आमूल इस धरती के व्यक्ति थे। उन्होंने वह सब कुछ झेला और उसे व्यक्त करने का

साहस प्रस्तुत किया जिसे हम आज 'स्वाधीन भारत' में झेलते हैं परन्तु व्यक्त करने का साहस नहीं जुटा पाते। प्रेमचंद जैसे चरित्र को अतिशयपूर्ण दिखाने के अनेक नकारात्मक परिणाम सामने आ सकते हैं, जिनमें अधिक भयावह यह होगा कि वे आम जन-जीवन के सोच और कृत्यों से बहुत ऊपर नजर आने लगेंगे, उससे कट-से जायेंगे कुल मिलाकर यह एक खतरनाक प्रवृति है। हमें यह नहीं करना चाहिए। प्रेमचंद निहायत आम-आदमी हैं, उनको 'अवतार' न बनायें।

'सत्यं ब्रूयात्, प्रिय ब्रूयात्। न ब्रूयात्, सत्यंप्रियम्'—इस सूक्ति में सत्य अर्थात् यथार्थ को दो रूपों में विभक्त कर देखा गया है। प्रिय और अप्रिय यानी मृदु और कटु। लेखक को इस सूक्ति का शब्दसः पालन करना चाहिए अथवा अंशतः, या बिल्कुल भी नहीं—यह हमेशा ही विचार और विवाद का विषय हो सकता है। सिर्फ मृदु यथार्थ ही क्यों लिखा (अथवा बोला) जाए और अप्रिय सत्य अर्थात् कटु-यथार्थ की रचना क्यों न प्रस्तुत की जाए—इस सवाल से लेखक और आलोचक दोनों को अनेक बार टकराना पड़ता है। 'अप्रिय सत्य न बोलने' का आग्रह करने का अर्थ क्या यह है कि स्थितियों-परिस्थितियों की ओर से आँखें मूँदकर बैठे रहा जाए। उन्हीं स्थितियों-परिस्थितियों की ओर से, जिनके सुकार्यों की अभी कुछ समय पहले आपने 'सत्यं ब्रूयात्' के तहत प्रशंसा-अनुशंसा की थी। संभवतः इसी के मद्देनजर प्रेमचंद लिखते हैं कि 'यथार्थ लेखन नहीं होना चाहिए।' प्रारंभ में संस्कृत सूत्रकार ने और वर्तमान में प्रेमचंद ने ऐसा किन अनुभवों की गर्द में बैठकर यह लिखा होगा, यह हममें से किसी से छिपा नहीं हैं।

यथार्थ को मैं मृदु और कटु के अतिरिक्त सकारात्मक और नकारात्मक भी कहना चाहूँगा। कई बार कोई लेखक, कोई विचारक, कोई कलाकार एकदम देखे और भोगे हुए यथार्थ का वर्णन कर रहा होता है, और आप पाते हैं कि क्या ही अच्छा होता कि इस यथार्थ को मरने के लिए ही छोड़ दिया जाता। नकारात्मक-यथार्थ की प्रस्तुति अपने-आपमें एक विकृति है और यथा-संभव इसे त्याज्य ही समझा जाना चाहिए। प्रेमचंद की कहानी 'कफ़न' के पात्रों के चरित्र पर जो अनेक विचारकों-आलोचकों द्वारा आपत्तियाँ जाहिर की जाती हैं वे इसीकारण कि उन्हें इन पात्रों की चेष्टाएं संभवतः नकारात्मक-चेष्टाएं लगती होंगी। जहाँ तक ऐसी पात्रों के हो सकने और न हो सकने की बहस है—यह नितान्त व्यक्तिगत तथा अपनी सीमा के अन्तर्गत प्राप्त अनुभवों के कारण पूरी तरह निरर्थक है। मैं अगर इन हालात में रहा हूँ तो कहूँगा कि ये पात्र यथार्थ हैं और अगर नहीं रह पाया हूँ तो निश्चय ही मेरे लिए इन पात्रों का होना कोरी कल्पना है और इनकी रचना महापाप। बहुत-सी कहानियों के बारे में बहस दरअसल अपने मूल-बिन्दु से बहुत हटकर किन्हीं और-और बिन्दुओं पर होने लगती है। बहुत-सी रचनाओं और कलाकृतियों के बारे में दरअसल बहस यह होनी चाहिए कि वैसा रचा जाना चाहिए था अथवा नहीं। यद्यपि इस बारे में भी होगा यही कि कुछ लोग नकारात्मक को 'भी' प्रस्तुत करने के पक्ष में होंगे तो कुछ नकारात्मक को 'ही'; और कुछ मतिभ्रम

की स्थिति में रहेंगे जैसाकि अक्सर ही होता आया है। इस बारे में मैं 'कफ़न' को ही उदाहरण हेतु उठाना उचित समझता हूँ क्योंकि सर्वाधिक विवाद प्रेमचंद की इसी प्रस्तुति पर होता आया है। पुस्तक 'प्रेमचंद : जीवन, कला और कृतित्व' के पृष्ठ 210 पर हंसराज रहबर ने 'कफ़न' पर अपने विचार यों प्रस्तुत किये हैं–'प्रेमचंद ने अपनी कहानियों में बहुत-सी समस्याओं को लिया है और शुरू के उपन्यासों की तरह उन्होंने अपनी कहानियों में भी इन समस्याओं का सुधारवादी हल पेश किया है। लेकिन शनैः शनैः उपन्यासों की तरह कहानियों में भी सुधारवाद के स्थान पर यथार्थवाद की मात्रा बढ़ती गई। 'गोदान' की भांति 'कफ़न' कहानी में उन्होंने हमारे इस समाज का बहुत ही यथार्थवादी चित्रण किया है। जिस समाज में पंजाबी कवि वारिसशाह के कथनानुसार 'चोर उचक्का चौधरी, गुण्डा रन परधान' का सिद्धान्त लागू हो, वहाँ आदमी का कामचोर बन जाना स्वाभाविक बात है। इस कहानी के घीसू और माधो भी इसीलिए कामचोर हैं कि दूसरों की मेहनत पर पलने वाले निकम्मे आदमियों को संफेदपोश देखते हैं।' तथा 'इन दोनों से कहीं सजीव चरित्र-चित्रण तो 'कफ़न' कहानी के माधव और घीसू का हुआ है, जो सारी उम्र पापड़ बेलते हैं, पर खाने को तरस जाते हैं। माधव की पत्नी मरती है तो कहीं उनके मन की साध पूरी होती है। वे कफ़न के पैसे लेकर ताड़ीखाने पहुँचते हैं। घीसू अत्यन्त प्रसन्नमुद्रा में कहता है–"हमारी आत्मा प्रसन्न हो रही है तो क्या उसे पुन्न न होगा ?" माधव उत्तर देता है–"जरूर से जरूर होगा। भगवान् ! तुम अन्तर्यामी हो। उसे बैकुण्ठ ले जाना। हम दोनों हृदय से आशीर्वाद देते हैं। आज जो भोजन मिला है, वह कभी उम्र-भर न मिला था।" और पाठक का हृदय कह उठता है–'जियो माधव, जियो ! यह घीसू और माधव हमें क्यों अच्छे लगते हैं ? हमें यह कहानी पढ़कर अधिक आनंद क्यों आता है ? हम इसे प्रेमचंद की सर्वोत्तम कहानी क्यों कहते हैं ? इसलिए कि इसमें समाज का यथार्थ चित्रण हुआ है। घीसू और माधव का सच्चा और शुद्ध मानव-रूप भला-बुरा जैसा भी है–हमारे सामने है। ···प्रेमचंद जहाँ आदर्शवाद की भूल-भुलैयों में नहीं खो जाते, जहाँ वे मनुष्य को कृत्रिम ढंग से भला बनाने और हृदय-परिवर्तन करने का प्रयत्न न करके उसे उसके अकृत्रिम और यथार्थ रूप में पेश करते हैं, वहीं उनका चरित्र-चित्रण अधिक सुन्दर बन पड़ा है।' (वही, पृष्ठ 226)। लेकिन हंसराज रहबर 'कफ़न' के बारे में अपने इन विचारों के लिए नहीं जाने जाते। वे जाने जाते हैं, अपने इन विचारों के कारण– '···लेकिन फिर 'कफ़न' कहानी में वे सिर्फ जीवन की आलोचना करके ही सन्तुष्ट हो जाते हैं। कृषकों तथा मजदूरों की भावना को बिल्कुल नहीं उभारते। घीसू और माधो को सिर्फ चंडूखाने में लेजा कर छोड़ देते हैं।' (वही, पृष्ठ 155) तथा–'उनके विचार और चिंतन में यह जो मोड़ आया था, उसे उन्होंने 'कफ़न' कहानी में कलात्मक ढंग से प्रस्तुत किया है। इस कहानी में प्रेमचंद ने घीसू और माधव द्वारा धार्मिक मान्यताओं के प्रति उदासीनता और अवज्ञा प्रकट की है। उनकी खिल्ली उड़ाई है। लेकिन उनके ये घीसू और माधव नकारात्मक पात्र हैं। धर्म क्या, किसी भी सामाजिक मान्यता में उनका

विश्वास नहीं रह गया है। भूख ने उन्हें इतना बर्बर और हृदयहीन बना दिया है कि माधव की पत्नी प्रसूति-पीड़ा से मर रही है, वे उसकी खबर तक लेने नहीं जाते। वह मर जाती है तो कफ़न के पैसों की शराब पीते हैं। यह निष्ठुरता मनुष्य का गुण नहीं भारी दोष है। प्रेमचंद जिस नए संगठन के स्वप्न देखते थे क्या घीसू और माधव उसके लिए सहयोगी या उपयोगी सिद्ध हो सकते हैं। उन्होंने तो मानव-मूल्यों को ही त्याग दिया है और एक समाज विरोधी भावना के कारण वे निठल्लेपन का घृणित-जीवन बिताने पर विवश हैं।

यह ठीक है कि अब तक प्रेमचन्द आदर्शोन्मुख यथार्थवादी थे, लेकिन इस कहानी से 'आदर्शोन्मुख' की पख झड़ गयी और इसमें विशुद्ध रूप से यथार्थवादी हैं। यह यथार्थवाद हमें नए संगठन और उन्नति की ओर नहीं, विघटन और अराजकता की ओर ले जाता है। आदर्शवादी विचारधारा को छोड़ने का अर्थ यह नहीं कि जीवन के महान आदर्शों को भी त्याग दिया जाए। लेकिन प्रेमचंद के घीसू और माधव ऐसे ही पात्र हैं, जिन्होंने समस्त आदर्शों को त्याग दिया है।' (वही, पृष्ठ 297/298)। हंसराज रहबर का यह भी मानना है '...कि 'कफ़न' में समाज-विरोधी भावना अनजाने ही उभरी है। कारण यह है कि नए शोषण-रहित समाज के निर्माण में मजदूर की जो ऐतिहासिक भूमिका है, प्रेमचंद उसे समझ नहीं पाए थे और इसीलिए उन्होंने प्रगति की ऐतिहासिक दिशा को भी नहीं समझा था।' (वही)

प्रेमचंद की कहानियों 'कफ़न' और 'पूस की रात' पर अपना मत रखने से पूर्व यह अति-आवश्यक है कि प्रेमचंद के काल को समझा जाए। ऐसे पात्र आखिर किस व्यवस्था की देन हैं ? इसे जानने के लिए गाँव में पैदा हो जाना भर ही काफी नहीं है। गाँव को दूर से देखने पर ये पात्र किसी भी ग्रामीण को वहाँ नहीं मिलेंगे। यह दरअसल उस काल की विवशता ही है, अन्यथा प्रसाद को भी यह न लिखना पड़ता कि—'सुषुप्ति यदि आनन्द नहीं तो दुःखों का अभाव तो है। इस जागरण से—इस आकांक्षा और अभाव के जागरण से—वह निर्द्वंद्व सोना कहीं अच्छा है, मेरे जीवन।' (स्वर्ग के खंडहर में)। 'निर्द्वंद्व सुसुप्ति'—यह उस काल के जन की विवशता है।

भारतीय समाज में जातीय-व्यवस्था, पठन-पाठन का जाति-विशेष तक सीमांकन, शोषण और दमन को शास्त्रीय सहमति, मुग़लों और अंग्रेजों के भीषण अत्याचार—बहुत से कारण हैं जिनके लगातार आघातों ने भारतीय आमजन को निरीहरता ही अधः अवस्था में ला पटका। यही कारण रहा कि 'अभाव के जागरण' से, 'निर्द्वंद्व सोने' को कहीं अच्छा महसूसा जाने लगा। प्रेमचंद के घीसू, माधो और हल्कू उसी अधःअवस्था में जा पहुँचे पात्र हैं। आज हम इनके 'न होने' की बहस कर सकते हैं क्योंकि इस बीच चेतना का परिष्कार भी हुआ है और चेतना के इस परिष्कार को नागार्जुन ने अपने उपन्यास 'बलचनमा' में बखूबी प्रस्तुत किया है जिसमें हल्कू के स्तर से उठकर बलचनमा अपने गाँव में एक सम्मानित नागरिक की हैसियत पाता है।

हर काल्पनिक रचना में मौलिक सत्य मौजूद रहता है। स्वामी विवेकानन्द इसी

बात को यों कहते हैं कि हर अन्धविश्वास के पीछे कुछ-न-कुछ सत्य और यथार्थ अवश्य है। प्रेमचंद अपनी लगभग हर कहानी में इस सत्य को सिद्ध करते प्रतीत होते हैं। हर कहानी को जैसे उन्होंने पहले स्वयं ही जिया है। जैसे कि अपनी आत्मकथा 'जीवनसार' में वह लिखते हैं—'मुझे अरमान था वकील बनने और एम॰ ए॰ पास करने का। नौकरी उस जमाने में भी इतनी ही दुष्प्राप्य थी, जितनी अब है।' अपने इस जीवन-सत्य को उन्होंने 'कड़वा सच' (दारू-ए-तलख) में यों प्रकट किया है—'तमन्नाओं ने हाथ फैलाया, नौजवान आदमी था, दिल में उमंग मौजूद थी, कानून का इम्तहान देने का इरादा पक्का हो गया, मगर कम वेतन, उसमें कानूनी फीस और किताबों का खर्च निकालकर घरेलू खर्च के लिए इतनी बचत न होती कि आये-दिन की उलझनों से छूटे।'

प्रेमचंद ने हिन्दी कथा-साहित्य को जो दिशा और उच्चता प्रदान की संभवतः उसी का परिणाम था कि नवगठित 'प्रगतिशील लेखक मंच' के प्रथम अध्यक्ष के तौर पर उन्हीं को उपयुक्त माना गया। प्रेमचंद ने उक्त पद से जो भी बातें कहीं वे हमेशा ही उल्लेखनीय रही हैं, आज भी हैं। प्रेमचंद का मानना था कि 'वह सब कुछ जो हमें निष्क्रियता, अकर्मण्यता और अंधविश्वास की ओर ले जाता है, हेय है; वह सब कुछ जो हममें समीक्षा की मनोवृत्ति लाता है, जो हमें प्रियतम रूढ़ियों को भी बुद्धि की कसौटी पर कसने के लिए प्रोत्साहित करता है, जो हमें कर्मण्य बनाता है और हममें संगठन की शक्ति लाता है, उसी को हम प्रगतिशील कहते हैं'। यह एक ईमानदार विश्व-नागरिक का बयान है। यह एक ऐसे सच्चे आदमी का बयान है जिसके बारे में गीता के दूसरे अध्याय में स्पष्ट घोषणा की गई है कि उसे किसी वेद, किसी शास्त्र को पढ़कर उसका अनुगामी बनने की लेशमात्र भी आवश्यकता नहीं है क्योंकि वेद-वाक्य भी निश्चित रूप से आत्मा की ही आवाज है। लिखा है :

यावानर्थ उदपाने सर्वतः संप्लुतोदके।
तावान्सर्वेषु वेदेषु ब्रह्मणस्य विजानतः ।। 2/46 ।।

अर्थात् जैसे जो काम कुएँ से निकलते हैं, वे सब, सब प्रकार से सरोवर से निकलते हैं, वैसे ही जो सब वेदों में है, वह ज्ञानवान ब्रह्मपरायण को आत्मानुभवों से मिलता रहता है।

प्रेमचंद का सम्पूर्ण कथा-साहित्य उनके आत्मानुभवों से उपजा है—यह बात समझाने की अब तक आवश्यकता नही रह गयी है। प्रेमचंद लिखित 'जीवनसार', उनकी पत्नी शिवरानी देवी द्वारा लिखित 'प्रेमचंद घर में' तथा उनके बेटे अमृतराय द्वारा लिखित 'कलम का सिपाही' के अतिरिक्त हंसराज रहबर द्वारा लिखित 'प्रेमचंद : जीवन, कला और कृतित्व', रामविलास शर्मा द्वारा लिखित 'प्रेमचंद : मेरी नजर में' तथा अन्य अनेक पुस्तकें उनके जीवन और कथा-साहित्य के बीच साम्य सिद्ध करती हैं।

प्रेमचंद की बहुत सी कहानियों की प्रस्तुति उनके बेटों के माध्यम से भी हुई। परिवेशगत वे सम्भवतः गाँव-गँवार से उतना नहीं जुड़े थे, जितना कि प्रेमचंद। उदाहरणार्थ, प्रेमचंद की भाषा को हम कबीर-जैसी सधुक्कड़ी-भाषा कह सकते हैं जो सम्पूर्ण हिन्दी

प्रदेश में समझी, बोली और पढ़ी-सराही जाती है। यह एकदम ठेठ कहावतों और मुहावरों से लैस सहज भाषा है। परन्तु अमृतराय या श्रीपतराय की भाषा उस दृष्टि से 'परिमार्जित' नजर आती है। यही कारण है कि प्रेमचंद की जिन रचनाओं को इनकी कलम लगी वे 'भाषागत' परिमार्जित की गयी जान पड़ती हैं और इसीलिए प्रेमचंद के मुकाबले उनका प्रवाह और प्रभाव भी दूसरा ही नजर आता है। वस्तुतः प्रेमचंद एक ऐसे कथाकार हैं जिनकी रचनाएं न जाने कितनी बार, कितने ही कम्पोजीटरों, प्रूफ-रीडरों, सम्पादकों और भाषाविदों के हाथों से अब तक निकल चुकी हैं। उन सबने, अपने 'सुधारक-चरित्र' के अनुसार यदि 'कोमा' और 'हाइफन' भी अपनी ओर से इधर-उधर किया होगा तो रचना का स्वरूप कितना बदल गया होगा—समझना मुश्किल नहीं है। अतः प्रेमचंद की बहुत सी कहानियों में पाठान्तर मिलता है, जो शोध की नीयत अथवा मूलरूप से प्रेमचंद को पढ़ने की नीयत रखने वाले पाठकों के समझ भरपूर तनाव प्रस्तुत करता है। मेरी उत्कट इच्छा थी कि मैं इस पुस्तक की सभी संकलित कहानियों पर अपनी टिप्पणी प्रस्तुत करूँ। परन्तु अधिक-से-अधिक कहानियों को इस संकलन में समाहित करने की चेष्टा के कारण सम्पादकीय-पृष्ठों की संख्या सीमित रह गयी और यह विचार कम-से-कम इस समय तो अधर में ही लटका रह गया है। प्रकाशक श्रीयुत विजय गोयल जी की अनुकम्पा ही कहनी चाहिए जिन्होंने पुस्तक की पृष्ठ संख्या को 128 से बढ़ाकर 144 और फिर 176 तक करने की सहमति प्रदान की, अन्यथा कुछ और कहानियाँ इस संकलन में न जा पातीं। मुझे हार्दिक खेद है कि कज़ाकी, दो बैलों की कथा, समर यात्रा, अलग्योझा, बड़ी बहन, मांगे की घड़ी, रानी सारंधा, राजा हरदौल, खूनी आदि प्रेमचंद की अन्य बहुत-सी लोकप्रिय कहानियाँ इस संकलन में न जा पायीं।

यह तो अवश्य मानना ही पड़ेगा कि प्रेमचंद के पास बहुत परिमार्जित भाषा नहीं है। उनके पास कथ्य हैं और उन्हें वे सीधे-सीधे प्रस्तुत कर देने की सहजता से ओतप्रोत हैं। प्रसाद जैसी भाषा का उनके पास अभाव है। यहाँ पर 'भाषा' को शब्द-प्रयोग अथवा वाक्यानुशासन के स्थूल अर्थ में नहीं समझना चाहिए बल्कि 'भाषा' के जो अन्यान्य गुण हैं, उनसे मेरा तात्पर्य है। प्रसाद की भाषा परत-दर-परत, परत-दर-परत खुलती जाने वाली भाषा है। प्रेमचंद के कथ्य खुलते हैं। दोनों ही कथाकारों ने 'गंगाराम पटेल और बुलाकी नाई' की लोकशैली का भी यदाकदा प्रयोग किया है। प्रेमचंद की 'आत्माराम' कहानी का अंत लगभग उसी तरह होता है।

प्रेमचंद की कहानियों का यह संकलन उनके जन्म के ठीक सौ वर्ष उपरान्त 31 जुलाई 1980 को जन्मी समूची कथा-अपेक्षा को समर्पित है।

—बलराम अग्रवाल

एम-70, नवीन शाहदरा
दिल्ली-110032
दूरभाष : 2279249

अनुक्रम

नमक का दारोगा

प्रथमतः 1913 या उससे पूर्व उर्दू में प्रकाशित

1

जब नमक का नया विभाग बना और ईश्वरप्रदत्त वस्तु के व्यवहार करने का निषेध हो गया तो लोग चोरी-छिपे इसका व्यापार करने लगे। अनेक प्रकार के छल-प्रपंचों का सूत्रपात हुआ, कोई घूस से काम निकालता था, कोई चालाकी से। आधिकारियों के पौ-बारह थे। पटवारीगिरी का सर्वसम्मानित पद छोड़-छोड़ कर लोग इस विभाग की बरकंदाजी करते थे। इसके दारोगा पद के लिए तो वकीलों का भी जी ललचाता था। यह वह समय था जब अँगरेजी शिक्षा और ईसाई मत को लोग एक ही वस्तु समझते थे। फारसी का प्राबल्य था। प्रेम की कथाएँ और शृंगार रस के काव्य पढ़ कर फारसी-दाँ लोग सर्वोच्च पदों पर नियुक्त हो जाया करते थे। मुंशी वंशीधर भी जुलेखा की विरहकथा समाप्त करके मजनू और फरहाद के प्रेम-वृत्तांत को नल और नील की लड़ाई और अमेरिका के आविष्कार से अधिक महत्व की बातें समझते हुए रोजगार की खोज में निकले। उनके पिता एक अनुभवी पुरुष थे। समझाने लगे, "बेटा ! घर की दुर्दशा देख रहे हो। ऋण के बोझ से दबे हुए हैं। लड़कियाँ हैं, वह घास-फूस की तरह बढ़ती चली जाती हैं। मैं कगारे पर का वृक्ष हो रहा हूँ, न मालूम कब गिर पड़ूँ ! अब तुम्हीं घर के मालिक-मुख्तार हो। नौकरी में ओहदे की ओर ध्यान मत देना, यह तो पीर का मजार है। निगाह चढ़ावे और चादर पर रखनी चाहिए। ऐसा काम ढूँढ़ना जहाँ कुछ ऊपरी आय हो। मासिक वेतन तो पूर्णमासी का चाँद है, जो एक दिन दिखायी देता है और घटते-घटते लुप्त हो जाता है। ऊपरी आय बहता हुआ स्रोत है जिससे सदैव प्यास बुझती है। वेतन मनुष्य देता है, इसी से उसमें वृद्धि नहीं होती। ऊपरी आमदनी ईश्वर देता है, इसी से उसकी बरकत होती है; तुम स्वयं विद्वान हो, तुम्हें क्या समझाऊँ। इस विषय में विवेक की बड़ी आवश्यकता है। मनुष्य को देखो, उसकी आवश्यकता को देखो और अवसर को देखो; उसके उपरांत जो उचित समझो, करो। गरजवाले आदमी के साथ कठोरता करने में लाभ-ही-लाभ है। लेकिन बेगरज को दाँव पर पाना जरा कठिन है। इन बातों को निगाह में बाँध लो। यह मेरी जन्म भर की कमाई है।"

इस उपदेश के बाद पिता जी ने आशीर्वाद दिया। वंशीधर आज्ञाकारी पुत्र थे। ये बातें ध्यान से सुनीं और तब घर से चल खड़े हुए। इस विस्तृत संसार में उनके लिए धैर्य अपना मित्र, बुद्धि अपनी पथ-प्रदर्शक और आत्मावलम्बन ही अपना सहायक

था। लेकिन अच्छे शकुन से चले थे, जाते ही जाते नमक विभाग के दारोगा पद पर प्रतिष्ठित हो गये। वेतन अच्छा और ऊपरी आय का तो ठिकाना ही न था। वृद्ध मुंशी जी को सुख-संवाद मिला तो फूले न समाये। महाजन कुछ नरम पड़े, कलवार की आशालता लहलहाई। पड़ोसियों के हृदय में शूल उठने लगे।

2

जाड़े के दिन थे और रात का समय। नमक के सिपाही, चौकीदार नशे में मस्त थे। मुंशी वंशीधर को यहाँ आये अभी छह महीनों से अधिक न हुए थे; लेकिन इस थोड़े समय में ही उन्होंने अपनी कार्यकुशलता और उत्तम आचार से अफसरों को मोहित कर लिया था। अफसर लोग उन पर बहुत विश्वास करने लगे। नमक के दफ्तर से एक मील पूर्व की ओर जमुना बहती थी, उस पर नावों का एक पुल बना हुआ था। दारोगा जी किवाड़ बंद किये मीठी नींद से सो रहे थे। अचानक आँख खुली तो नदी के प्रवाह की जगह गाड़ियों की गड़गड़ाहट तथा मल्लाहों का कोलाहल सुनायी दिया। उठ बैठे। इतनी रात गये गाड़ियाँ क्यों नदी के पार जाती हैं ? अवश्य कुछ न कुछ गोलमाल है। तर्क ने भ्रम को पुष्ट किया। वरदी पहनी, तमंचा जेब में रखा और बात की बात में घोड़ा बढ़ाये हुए पुल पर आ पहुँचे। गाड़ियों की एक लम्बी कतार पुल के पार जाती देखी। डाँट कर पूछा, "किसकी गाड़ियाँ हैं।"

थोड़ी देर तक सन्नाटा रहा। आदमियों में कुछ कानाफूसी हुई, तब आगे वाले ने कहा—"पंडित अलोपीदीन की।"

"कौन पंडित अलोपीदीन !"

"दातागंज के।"

मुंशी वंशीधर चौंके। पंडित अलोपीदीन इस इलाके के सबसे प्रतिष्ठित जमींदार थे। लाखों रुपये का लेन-देन करते थे, इधर छोटे से बड़े कौन ऐसे थे जो उनके ऋणी न हों। व्यापार भी बड़ा लम्बा-चौड़ा था। बड़े चलते-पुरजे आदमी थे। अँगरेज अफसर उनके इलाके में शिकार खेलने आते और उनके मेहमान होते। बारहों मास सदाव्रत चलता था।

मुंशीजी ने पूछा, गाड़ियाँ कहाँ जायँगी ? उत्तर मिला, कानपुर। लेकिन इस प्रश्न पर कि इनमें क्या है, सन्नाटा छा गया। दारोगा साहब का संदेह और भी बढ़ा। कुछ देर तक उत्तर की बाट देख कर वह जोर से बोले, क्या गूँगे हो गये हो ? हम पूछते हैं, इनमें क्या लदा है ?

जब इस बार भी कोई उत्तर न मिला तो उन्होंने घोड़े को एक गाड़ी से मिला कर बोरे को टटोला ! भ्रम दूर हो गया। यह नमक के ढेले थे।

3

पंडित अलोपीदीन अपने सजीले रथ पर सवार, कुछ सोते, कुछ जागते चले आते थे। अचानक कई गाड़ीवानों ने घबराये हुए आ कर जगाया और बोले—महाराज ! दारोगा

ने गाड़ियाँ रोक दी हैं और घाट पर खड़े आपको बुलाते हैं।

पंडित अलोपीदीन का लक्ष्मी जी पर अखंड विश्वास था। वह कहा करते थे कि संसार का तो कहना ही क्या, स्वर्ग में भी लक्ष्मी का ही राज्य है। उनका यह कहना यथार्थ ही था। न्याय और नीति सब लक्ष्मी के ही खिलौने हैं, इन्हें वह जैसे चाहती हैं नचाती हैं। लेटे-ही-लेटे गर्व से बोले, चलो हम आते हैं। यह कह कर पंडित जी ने बड़ी निश्िंचतता से पान के बीड़े लगा कर खाये। फिर लिहाफ ओढ़े हुए दारोगा के पास आ कर बोले, बाबूजी आशीर्वाद ! कहिए, हमसे ऐसा कौन-सा अपराध हुआ कि गाड़ियाँ रोक दी गयीं। हम ब्राह्मणों पर तो आपकी कृपा-दृष्टि रहनी चाहिए।

वंशीधर रुखाई से बोले, सरकारी हुक्म !

पं॰ अलोपीदीन ने हँस कर कहा, हम सरकारी हुक्म को नहीं जानते और न सरकार को। हमारे सरकार तो आप ही हैं। हमारा और आपका तो घर का मामला है, हम कभी आपसे बाहर हो सकते हैं ? आपने व्यर्थ का कष्ट उठाया। यह हो नहीं सकता कि इधर से जायँ और इस घाट के देवता को भेंट न चढ़ावें। मैं तो आपकी सेवा में स्वयं ही आ रहा था। वंशीधर पर ऐश्वर्य की मोहिनी वंशी का कुछ प्रभाव न पड़ा। ईमानदारी की नयी उमंग थी। कड़क कर बोले, हम उन नमकहरामों में नहीं हैं जो कौड़ियों पर अपना ईमान बेचते फिरते हैं। आप इस समय हिरासत में हैं। आपका कायदे के अनुसार चालान होगा। बस, मुझे अधिक बातों की फुर्सत नहीं है। जमादार बदलूसिंह ! तुम इन्हें हिरासत में ले चलो, मैं हुक्म देता हूँ।

पं॰ अलोपीदीन स्तम्भित हो गये। गाड़ीवानों में हलचल मच गयी। पंडित जी के जीवन में कदाचित् यह पहला ही अवसर था कि पंडित को ऐसी कठोर बातें सुननी पड़ीं। बदलूसिंह आगे बढ़ा, किन्तु रोब के बारे यह साहस न हुआ कि उनका हाथ पकड़ सके। पंडित जी ने धर्म को धन का ऐसा निरादर करते कभी न देखा था। विचार किया कि यह अभी उद्दंड लड़का है। माया-मोह के जाल में अभी नहीं पड़ा। अल्हड़ है, झिझकता है। बहुत दीन-भाव से बोले, बाबू साहब, ऐसा न कीजिए, हम मिट जायँगे। इज्जत धूल में मिल जायगी। हमारा अपमान करने से आपके हाथ क्या आयेगा। हम किसी तरह आपसे बाहर थोड़े ही हैं !

वंशीधर ने कठोर स्वर में कहा, हम ऐसी बातें नहीं सुनना चाहते।

अलोपीदीन ने जिस सहारे को चट्टान समझ रखा था, वह पैरों के नीचे खिसकता हुआ मालूम हुआ। स्वाभिमान और धन-ऐश्वर्य को कड़ी चोट लगी। किन्तु अभी तक धन की सांख्यिक शक्ति का पूरा भरोसा था। अपने मुख्तार से बोले, लालाजी, एक हजार के नोट बाबू साहब को भेंट करो, आप इस समय भूखे सिंह हो रहे हैं।

वंशीधर ने गरम होकर कहा, एक हजार नहीं, एक लाख भी मुझे सच्चे मार्ग से नहीं हटा सकते।

धर्म की इस बुद्धिहीन-दृढ़ता और देव-दुर्लभ त्याग पर मन बहुत झुँझलाया। अब

दोनों शक्तियों में संग्राम होने लगा। धन ने उछल-उछल कर आक्रमण करने शुरू किये। एक से पाँच, पाँच से दस, दस से पंद्रह और पंद्रह से बीस हजार तक नौबत पहुँची, किन्तु धर्म अलौकिक वीरता के साथ इस बहुसंख्यक सेना के सम्मुख अकेला पर्वत की भाँति अटल, अविचलित खड़ा था।

अलोपीदीन निराश होकर बोले, अब इससे अधिक मेरा साहस नहीं। आगे आपको अधिकार है।

वंशीधर ने अपने जमादार को ललकारा। बदलूसिंह मन में दारोगा जी को गालियाँ देता हुआ पंडित अलोपीदीन की ओर बढ़ा। पंडित जी घबड़ा कर दो-तीन कदम पीछे हट गये। अत्यंत दीनता से बोले, बाबू साहब, ईश्वर के लिए मुझ पर दया कीजिए, मैं पच्चीस हजार पर निपटारा करने को तैयार हूँ।

"असम्भव बात है।"

"तीस हजार पर।"

"किसी तरह भी सम्भव नहीं।"

"क्या चालीस हजार पर भी नहीं ?"

"चालीस हजार नहीं, चालीस लाख पर भी असम्भव है। ...बदलूसिंह, इस आदमी को अभी हिरासत में ले लो। अब मैं एक शब्द भी नहीं सुनना चाहता।"

धर्म ने धन को पैरों तले कुचल डाला। अलोपीदीन ने एक हृष्ट-पुष्ट मनुष्य को हथकड़ियाँ लिए हुए अपनी तरफ आते देखा। चारों ओर निराश और कातर दृष्टि से देखने लगे। इसके बाद मूर्च्छित हो कर गिर पड़े।

4

दुनिया सोती थी पर दुनिया की जीभ जागती थी। सवेरे देखिए तो बालक-वृद्ध सब के मुँह से यही बात सुनायी देती थी। जिसे देखिए वही पंडित जी के इस व्यवहार पर टीका-टिप्पणी कर रहा था; निंदा की बौछारें हो रही थीं, मानो संसार से अब पापी का पाप कट गया। पानी को दूध के नाम से बेचने वाला ग्वाला, कल्पित रोजनामचे भरने वाले अधिकारी वर्ग, रेल में बिना टिकट सफर करने वाले बाबू लोग, जाली दस्तावेज बनानेवाले सेठ और साहूकार यह सब-के-सब देवताओं की भाँति गर्दनें चला रहे थे। जब दूसरे दिन पंडित अलोपीदीन अभियुक्त हो कर कांस्टेबलों के साथ, हाथों में हथकड़ियाँ, हृदय में ग्लानि और क्षोभ भरे, लज्जा से गर्दन झुकाये अदालत की तरफ चले तो सारे शहर में हलचल मच गयी। मेलों में कदाचित् आँखें इतनी व्यग्र न होती होंगी। भीड़ के मारे छत और दीवार में कोई भेद न रहा।

किंतु अदालत में पहुँचने की देर थी। पंडित अलोपीदीन इस अगाध वन के सिंह थे। अधिकारी वर्ग उनके भक्त, अमले उनके सेवक, वकील-मुख्तार उनके आज्ञा पालक और अरदली, चपरासी तथा चौकीदार तो उनके बिना मोल के गुलाम थे। उन्हें देखते ही लोग चारों तरफ से दौड़े। सभी लोग विस्मित हो रहे थे। इसलिए नहीं कि अलोपीदीन

ने क्यों यह कर्म किया बल्कि इसलिए कि वह कानून के पंजे से कैसे आये ! ऐसा मनुष्य जिसके पास असाध्य साधन करने वाला धन और अनन्य वाचालता हो, वह क्योंकर कानून के पंजे में आये ! प्रत्येक मनुष्य उनसे सहानुभूति प्रकट करता था। बड़ी तत्परता से इस आक्रमण को रोकने के निमित्त वकीलों की एक सेना तैयार की गयी। न्याय के मैदान में धर्म और धन में युद्ध ठन गया।

वंशीधर चुपचाप खड़े थे। उनके पास सत्य के सिवा न कोई बल था, न स्पष्ट भाषण के अतिरिक्त कोई शस्त्र। गवाह थे, किंतु लोभ से डावाँडोल। यहाँ तक कि मुंशी जी को न्याय भी अपनी ओर से कुछ खिंचा हुआ दीख पड़ता था। वह न्याय का दरबार था, परन्तु उसके कर्मचारियों पर पक्षपात का नशा छाया हुआ था। किंतु पक्षपात और न्याय का क्या मेल ? जहाँ पक्षपात हो, वहाँ न्याय की कल्पना भी नहीं की जा सकती। मुकदमा शीघ्र ही समाप्त हो गया। डिप्टी मजिस्ट्रेट ने अपनी तजवीज में लिखा, पंडित अलोपीदीन के विरुद्ध दिये गये प्रमाण निर्मूल और भ्रमात्मक हैं। वह एक बड़े भारी आदमी हैं। यह बात कल्पना के बाहर है कि उन्होंने थोड़े लाभ के लिए ऐसा दुस्साहस किया हो। यद्यपि नमक के दारोगा मुंशी वंशीधर का अधिक दोष नहीं, लेकिन यह बड़े खेद की बात है कि उसकी उद्दंडता और विचारहीनता के कारण एक भलेमानुस को कष्ट झेलना पड़ा। हम प्रसन्न हैं कि वह अपने काम से सजग और सचेत रहता है, किंतु नमक से मुकदमे की बढ़ी हुई नमकहलाली ने उसके विवेक और बुद्धि को भ्रष्ट कर दिया। भविष्य में उसे होशियार रहना चाहिए।

वकीलों ने यह फैसला सुना और उछल पड़े। पंडित अलोपीदीन मुस्कराते हुए बाहर निकले। स्वजन बांधवों ने रुपयों की लूट की। उदारता का सागर उमड़ पड़ा। उसकी लहरों ने अदालत की नींव तक हिला दी। जब वंशीधर बाहर निकले तो चारों ओर से उनके ऊपर व्यंगवाणों की वर्षा होने लगी। चपरासियों ने झुक-झुककर सलाम किये। किंतु इस समय एक-एक कटुवाक्य, एक-एक संकेत उनकी गर्वाग्नि को प्रज्वलित कर रहा था। कदाचित् इस मुकदमे में सफल हो कर वह इस तरह अकड़ते हुए न चलते। आज उन्हें संसार का एक खेदजनक विचित्र अनुभव हुआ। न्याय और विद्वता, लम्बी-चौड़ी उपाधियाँ, बड़ी-बड़ी दाढ़ियाँ और ढीले चोंगे—एक भी—सच्चे आदर के पात्र नहीं हैं।

वंशीधर ने धन से बैर मोल लिया था, उसका मूल्य चुकाना अनिवार्य था। कठिनता से एक सप्ताह बीता होगा कि मुअत्तली का परवाना आ पहुँचा। कार्यपरायणता का दंड मिला। बेचारे भग्न हृदय, शोक और खेद से व्यथित घर को चले। बूढ़े मुंशी जी तो पहले ही से कुड़-बुड़ा रहे थे कि चलते-चलते इस लड़के को समझाया था, लेकिन इसने एक न सुनी। सब मनमानी करता है। हम तो कलवार और कसाई के तगादे सहें, बुढ़ापे में भगत बन कर बैठें और वहाँ बस वही सूखी तनख्वाह ! हमने भी तो नौकरी की है और कोई ओहदेदार नहीं थे, लेकिन काम किया, दिल खोल कर किया

और आप ईमानदार बनने चले हैं। घर में चाहे अँधेरा हो, मस्जिद में अवश्य दीया जलायेंगे। खेद ऐसी समझ पर ! पढ़ना-लिखना सब अकारथ गया। इसके थोड़े ही दिनों बाद, जब मुंशी वंशीधर इस दुरावस्था में घर पहुँचे और बूढ़े पिता जी ने समाचार सुना तो सिर पीट लिया। बोले, जी चाहता है कि तुम्हारा और अपना सिर फोड़ लूँ। बहुत देर तक पछता-पछता कर हाथ मलते रहे। क्रोध में कुछ कठोर बातें भी कहीं और यदि वंशीधर वहाँ से टल न जाते तो अवश्य ही यह क्रोध विकट रूप धारण करता। वृद्धा माता को भी दुःख हुआ। जगन्नाथ और रामेश्वर की यात्रा की कामनाएँ मिट्टी में मिल गयीं। पत्नी ने तो कई दिन तक सीधे मुँह से बात भी नहीं की।

इस प्रकार एक सप्ताह बीत गया। संध्या का समय था। बूढ़े मुंशी जी, बैठे राम-नाम की माला जप रहे थे। इसी समय उनके द्वार पर सजा हुआ रथ आ कर रुका। हरे और गुलाबी परदे, पछाहियें बैलों की जोड़ी, उनकी गर्दनों में नीले धागे, सींगें पीतल से जड़ी हुईं। कई नौकर लाठियाँ कंधों पर रखे साथ थे। मुंशी जी अगवानी को दौड़े। देखा तो पंडित अलोपीदीन हैं। झुक कर दंडवत की और लल्लो-चप्पो की बातें करने लगे, हमारा भाग्य उदय हुआ जो आपके चरण इस द्वार पर आये। आप हमारे पूज्य देवता हैं, आपको कौन-सा मुँह दिखावें, मुँह में तो कालिख लगी हुई है। किन्तु क्या करें, लड़का अभागा कपूत है, नहीं तो आपसे क्यों मुँह छिपाना पड़ता ? ईश्वर निस्संतान चाहे रक्खे पर ऐसी संतान न दे।

अलोपीदीन ने कहा—नहीं भाई साहब, ऐसा न कहिए।

मुंशी जी ने चकित हो कर कहा—ऐसी संतान को और क्या कहूँ।

अलोपीदीन ने वात्सल्यपूर्ण स्वर में कहा—कुलतिलक और पुरुषों की कीर्ति उज्ज्वल करने वाले संसार में ऐसे कितने धर्मपरायण मनुष्य हैं जो धर्म पर अपना सब कुछ अर्पण कर सकें ?

पं॰ अलोपीदीन ने वंशीधर से कहा—दारोगा जी, इसे खुशामद न समझिए, खुशामद करने के लिए मुझे इतना कष्ट उठाने की जरूरत न थी। उस रात को आपने अपने अधिकार-बल से मुझे अपनी हिरासत में लिया था, किंतु आज मैं स्वेच्छा से आपकी हिरासत में आया हूँ। मैंने हजारों रईस और अमीर देखे, हजारों उच्च पदाधिकारियों से काम पड़ा, किन्तु मुझे परास्त किया तो आपने। मैंने सबको अपना और अपने धन का गुलाम बना कर छोड़ दिया। मुझे आज्ञा दीजिए कि आपसे कुछ विनय करूँ।

वंशीधर ने अलोपीदीन को आते देखा तो उठकर सत्कार किया; किन्तु स्वाभिमान सहित। समझ गये कि यह महाशय मुझे लज्जित करने और जलाने आये हैं। क्षमा-प्रार्थना की चेष्टा नहीं की; वरन् उन्हें अपने पिता की यह ठकुरसुहाती की बात असह्य-सी प्रतीत हुई। पर पंडित जी की बातें सुनीं तो मन की मैल मिट गयी। पंडित जी की ओर उड़ती हुई दृष्टि से देखा। सद्भाव झलक रहा था। गर्व ने लज्जा के सामने सिर झुका दिया। शर्माते हुए बोले—यह आपकी उदारता है जो ऐसा कहते हैं। मुझसे जो

कुछ अविनय हुई है, उसे क्षमा कीजिए। मैं धर्म की बेड़ी में जकड़ा हुआ था, नहीं तो वैसे मैं आपका दास हूँ। जो आज्ञा होगी, वह मेरे सिर माथे पर।

अलोपीदीन ने विनीत भाव से कहा—नदी तट पर आपने मेरी प्रार्थना नहीं स्वीकार की थी, किंतु आज स्वीकार करनी पड़ेगी।

वंशीधर बोले—मैं किस योग्य हूँ, किन्तु जो कुछ सेवा मुझसे हो सकती है उसमें त्रुटि न होगी।

अलोपीदीन ने एक स्टाम्प लगा हुआ पत्र निकाला और उसे वंशीधर के सामने रख कर बोले—इस पद को स्वीकार कीजिए और अपने हस्ताक्षर कर दीजिए। मैं ब्राह्मण हूँ, जब तक यह सवाल पूरा न कीजिएगा, द्वार से न हटूँगा।

मुंशी वंशीधर ने उस कागज को पढ़ा तो कृतज्ञता से आँखों में आँसू भर आये। पंडित अलोपीदीन ने उनको अपनी सारी जायदाद का स्थायी मैनेजर नियत किया था। छह हजार वार्षिक वेतन के अतिरिक्त रोजाना खर्च अलग, सवारी के लिए घोड़ा, रहने को बँगला, नौकर-चाकर मुफ्त। कम्पित स्वर से बोले—पंडित जी, मुझमें इतनी सामर्थ्य नहीं है कि आपकी उदारता की प्रशंसा कर सकूँ। किंतु ऐसे उच्च पद के योग्य नहीं हूँ।

अलोपीदीन हँस कर बोले—मुझे इस समय एक अयोग्य मनुष्य की ही जरूरत है।

वंशीधर ने गम्भीर भाव से कहा—यों मैं आपका दास हूँ। आप जैसे कीर्तिवान् सज्जन पुरुष की सेवा करना मेरे लिए सौभाग्य की बात है। किंतु मुझमें न विद्या है, न बुद्धि, न वह स्वभाव जो इन त्रुटियों की पूर्ति कर देता है। ऐसे महान् कार्य के लिए एक बड़े मर्मज्ञ अनुभवी मनुष्य की जरूरत है।

अलोपीदीन ने कलमदान से कलम निकाली और उसे वंशीधर के हाथ में दे कर बोले; न मुझे विद्वता की चाह है, न अनुभव की, न मर्मज्ञता की, न कार्य-कुशलता की। इन गुणों के महत्व का परिचय खूब पा चुका हूँ। अब सौभाग्य और सुअवसर ने मुझे वह मोती दे दिया है जिसके सामने योग्यता और विद्वता की चमक फीकी पड़ जाती है। यह कलम लीजिए, अधिक सोच-विचार न कीजिए, दस्तखत कर दीजिए। परमात्मा से यही प्रार्थना है कि वह आपको सदैव वही नदी के किनारे वाला, बेमुरौवत, उद्दंड, कठोर परन्तु धर्मनिष्ठ दारोगा बनाये रखे !

वंशीधर की आँखें डबडबा आयीं। हृदय के सकुंचित पात्र में इतना एहसान न समा सका। एक बार फिर पंडित जी की ओर भक्ति और श्रद्धा की दृष्टि से देखा और काँपते हुए हाथ से मैनेजरी पर हस्ताक्षर कर दिये।

अलोपीदीन ने प्रफुल्लित हो कर उन्हें गले लगा लिया।

❐

पंच-परमेश्वर

प्रथम प्रकाशन उर्दू 'ज़माना' मई-जून 1916 में

1

जुम्मन शेख और अलगू चौधरी में गाढ़ी मित्रता थी। साझे में खेती होती थी। कुछ लेन-देन में भी साझा था। एक को दूसरे पर अटल विश्वास था। जुम्मन जब हज करने गये थे, तब अपना घर अलगू को सौंप गये थे, और अलगू जब कभी बाहर जाते, तो जुम्मन पर अपना घर छोड़ देते थे। उनमें न खान-पान का व्यवहार था, न धर्म का नाता; केवल विचार मिलते थे। मित्रता का मूलमंत्र भी यही है।

इस मित्रता का जन्म उसी समय हुआ, जब दोनों मित्र बालक ही थे; और जुम्मन के पूज्य पिता, जुमराती, उन्हें शिक्षा प्रदान करते थे। अलगू ने गुरु जी की बहुत सेवा की थी, खूब रकाबियाँ माँजी, खूब प्याले धोये। उनका हुक्का एक क्षण के लिए भी विश्राम न लेने पाता था; क्योंकि प्रत्येक चिलम अलगू को आध घंटे तक किताबों से अलग कर देती थी। अलगू के पिता पुराने विचारों के मनुष्य थे। उन्हें शिक्षा की अपेक्षा गुरु की सेवा-सुश्रूषा पर अधिक विश्वास था। वह कहते थे कि विद्या पढ़ने से नहीं आती; जो कुछ होता है, गुरु के आशीर्वाद से। बस, गुरु जी की कृपा-दृष्टि चाहिए। अतएव यदि अलगू पर जुमराती शेख के आशीर्वाद अथवा सत्संग का कुछ फल न हुआ, तो यह मानकर संतोष कर लेगा कि विद्योपार्जन में मैंने यथाशक्ति कोई बात उठा नहीं रखी, विद्या उसके भाग्य ही में न थी, तो कैसे आती ?

मगर जुमराती शेख स्वयं आशीर्वाद के कायल न थे, उन्हें अपने सोटे पर अधिक भरोसा था; और उसी सोटे के प्रताप से आज आस-पास के गाँवों में जुम्मन की पूजा होती थी। उनके लिखे हुए रेहननामे या बैनामे पर कचहरी का मुहर्रिर भी कलम न उठा सकता था। हल्के का डाकिया, कांस्टेबिल और तहसील का चपरासी—सब उनकी कृपा की आकांक्षा रखते थे। अतएव अलगू का मान उनके धन के कारण था, तो जुम्मन शेख अपनी अनमोल विद्या से ही सबके आदरपात्र बने थे।

2

जुम्मन शेख की एक बूढ़ी खाला (मौसी) थी। उसके पास कुछ थोड़ी-सी मिलकियत थीं; परन्तु उसके निकट संबंधियों में कोई न था। जुम्मन ने लम्बे-चौड़े वादे करके वह मिलकियत अपने नाम लिखवा ली थी। जब तक दानपत्र की रजिस्ट्री न हुई थी, तब तक खालाजान का खूब आदर-सत्कार किया गया। उन्हें खूब स्वादिष्ट पदार्थ खिलाये

गये। हलवे-पुलाव की वर्षा-सी की गयी; पर रजिस्ट्री की मोहर ने इन खातिरदारियों पर भी मानो मुहर लगा दी। जुम्मन की पत्नी करीमन रोटियों के साथ कड़वी बातों के कुछ तेज, तीखे सालन भी देने लगी। जुम्मन शेख भी निठुर हो गये।

अब बेचारी खालाजान को प्रायः नित्य ही ऐसी बातें सुननी पड़ती थीं—बुढ़िया न जाने कब तक जियेगी। दो-तीन बीघे ऊसर क्या दे दिया, मानो मोल ले लिया है ! बघारी दाल के बिना रोटियाँ नहीं उतरतीं ! जितना रुपया इसके पेट में झोंक चुके, उतने से तो अब तक गाँव मोल ले लेते।

कुछ दिन खालाजान ने सुना और सहा; पर जब न सहा गया तब जुम्मन से शिकायत की। जुम्मन ने स्थानीय कर्मचारी—गृहस्वामी—के प्रबंध में दखल देना उचित न समझा। कुछ दिन तक और यों ही रो-धोकर काम चलता रहा। अंत में एक दिन खाला ने जुम्मन से कहा—बेटा ! तुम्हारे साथ मेरा निर्वाह न होगा। तुम मुझे रुपये दे दिया करो, मैं अपना पका खा लूँगी।

जुम्मन ने धृष्टता के साथ उत्तर दिया—रुपये क्या यहाँ फलते हैं ?

खाला ने नम्रता से कहा—मुझे कुछ रूखा-सूखा चाहिए भी कि नहीं ?

जुम्मन ने गम्भीर स्वर में जवाब दिया—तो कोई यह थोड़े ही समझा था कि तुम मौत से लड़कर आयी हो ?

खाला बिगड़ गयीं, उन्होंने पंचायत करने की धमकी दी। जुम्मन हँसे, जिस तरह कोई शिकारी हिरन को जाल की तरफ जाते देख कर मन ही मन हँसता है। वह बोले—हाँ, जरूर पंचायत करो। फैसला हो जाय। मुझे भी यह रात-दिन की खटखट पसंद नहीं।

पंचायत में किसकी जीत होगी, इस विषय में जुम्मन को कुछ भी संदेह न था। आस-पास के गाँवों में ऐसा कौन था, जो उसके अनुग्रहों का ऋणी न हो; ऐसा कौन था, जो उसको शत्रु बनाने का साहस कर सके ? किसमें इतना बल था, जो उसका सामना कर सके ? आसपास के फरिश्ते तो पंचायत करने आवेंगे ही नहीं।

3

इसके बाद कई दिन तक बूढ़ी खाला हाथ में एक लकड़ी लिये आस-पास के गाँवों में दौड़ती रहीं। कमर झुककर कमान हो गयी थी। एक-एक पग चलना दूभर था; मगर बात आ पड़ी थी। उसका निर्णय करना जरूरी था।

बिरला ही कोई भला आदमी होगा, जिसके सामने बुढ़िया ने दुःख के आँसू न बहाये हों। किसी ने तो यों ही ऊपरी मन से हूँ-हाँ करके टाल दिया, और किसी ने इस अन्याय पर जमाने को गालियाँ दीं ! कहा—कब्र में पाँव लटके हुए हैं, आज मरे कल दूसरा दिन; पर हवस नहीं मानती। अब तुम्हें क्या चाहिए ? रोटी खाओ और अल्लाह का नाम लो। तुम्हें अब खेती-बारी से क्या काम है ? कुछ ऐसे सज्जन भी थे, जिन्हें हास्य-रस के रसास्वादन का अच्छा अवसर मिला। झुकी हुई कमर, पोपला मुँह, सन के-से बाल; इतनी सामग्री एकत्र हों, तब हँसी क्यों न आवे ? ऐसे न्यायप्रिय,

दयालु, दीन-वत्सल पुरुष बहुत कम थे, जिन्होंने उस अबला के दुखड़े को गौर से सुना हो और उसको सांत्वना दी हो। चारों ओर से घूम-घाम कर बेचारी अलगू चौधरी के पास आयी। लाठी पटक दी और दम ले कर बोली–बेटा, तुम भी दम-भर के लिये मेरी पंचायत में चले आना।

अलगू–मुझे बुला कर क्या करोगी ? कई गाँव के आदमी तो आवेंगे ही।

खाला–अपनी विपद तो सबके आगे रो आयी। अब आने न आने का अख्तियार उनको है।

अलगू–यों आने को आ जाऊँगा; मगर पंचायत में मुँह न खोलूँगा।

खाला–क्यों बेटा ?

अलगू–अब इसका क्या जवाब दूँ ? अपनी खुशी। जुम्मन मेरा पुराना मित्र है। उससे बिगाड़ नहीं कर सकता।

खाला–बेटा, क्या बिगाड़ के डर से ईमान की बात न कहोगे ?

हमारे सोये हुए धर्म-ज्ञान की सारी सम्पत्ति लुट जाय, तो उसे खबर नहीं होती, परन्तु ललकार सुन कर वह सचेत हो जाता है। फिर उसे कोई जीत नहीं सकता। अलगू इस सवाल का कोई उत्तर न दे सका, पर उसके हृदय में ये शब्द गूँज रहे थे– क्या बिगाड़ के डर से ईमान की बात न कहोगे ?

4

संध्या समय एक पेड़ के नीचे पंचायत बैठी। शेख जुम्मन ने पहले से ही फर्श बिछा रखा था। उन्होंने पान, इलायची, हुक्के-तम्बाकू आदि का प्रबन्ध भी किया था। हाँ, वह स्वयं अलबत्ता, अलगू चौधरी के साथ जरा दूर पर बैठे हुए थे। जब पंचायत में कोई आ जाता था, तब दबे हुए सलाम से उसका स्वागत करते थे। जब सूर्य अस्त हो गया और चिड़ियों की कलरवयुक्त पंचायत पेड़ों पर बैठी, तब यहाँ भी पंचायत शुरू हुई। फर्श की एक-एक अंगुल जमीन भर गयी; पर अधिकांश दर्शक ही थे। निमंत्रित महाशयों में से केवल वे ही लोग पधारे थे, जिन्हें जुम्मन से अपनी कुछ कसर निकालनी थी। एक कोने में आग सुलग रही थी। नाई ताबड़तोड़ चिलम भर रहा था। यह निर्णय करना असम्भव था कि सुलगते हुए उपलों से अधिक धुआँ निकलता था या चिलम के दमों से। लड़के इधर-उधर दौड़ रहे थे। कोई आपस में गाली-गलौज करते और कोई रोते थे। चारों तरफ कोलाहल मच रहा था। गाँव के कुत्ते इस जमाव को भोज समझ कर झुंड-के-झुंड जमा हो गये थे।

पंच लोग बैठ गये, तो बूढ़ी खाला ने उनसे विनती की–

"पंचो, आज तीन साल हुए, मैंने अपनी सारी जायदाद अपने भानजे जुम्मन के नाम लिख दी थी। इसे आप लोग जानते ही होंगे। जुम्मन ने मुझे ता-हयात रोटी-कपड़ा देना कबूल किया। साल-भर तो मैंने इसके साथ रो-धोकर काटा। पर अब रात-दिन का रोना नहीं सहा जाता। मुझे न पेट की रोटी मिलती है न तन का कपड़ा। बेकस बेवा हूँ। कचहरी दरबार नहीं कर सकती। तुम्हारे सिवा और किसको अपना दुःख

सुनाऊँ ? तुम लोग जो राह निकाल दो, उसी राह पर चलूँ। अगर मुझमें कोई ऐब देखो, तो मेरे मुँह पर थप्पड़ मारो। जुम्मन में बुराई देखो, तो उसे समझाओ, क्यों एक बेकस की आह लेता है ! मैं पंचों का हुक्म सिर-माथे पर चढ़ाऊँगी।"

रामधन मिश्र, जिनके कई असामियों को जुम्मन ने अपने गाँव में बसा लिया था, बोले—जुम्मन मियाँ, किसे पंच बदते हो ? अभी से इसका निपटारा कर लो। फिर जो कुछ पंच कहेंगे, वही मानना पड़ेगा।

जुम्मन को इस समय सदस्यों में विशेषकर वे ही लोग दीख पड़े, जिनसे किसी न किसी कारण उनका वैमनस्य था। जुम्मन बोले—पंचों का हुक्म अल्लाह का हुक्म है। खालाजान जिसे चाहें, उसे बदें। मुझे कोई उज्र नहीं।

खाला ने चिल्ला कर कहा—अरे अल्लाह के बन्दे ! पंचों का नाम क्यों नहीं बता देता ? कुछ मुझे भी तो मालूम हो।

जुम्मन ने क्रोध से कहा—अब इस वक्त मेरा मुँह न खुलवाओ। तुम्हारी बन पड़ी है, जिसे चाहो, पंच बदो।

खालाजान जुम्मन के आक्षेप को समझ गयीं, वह बोलीं—बेटा, खुदा से डरो। पंच न किसी के दोस्त होते हैं, न किसी के दुश्मन। कैसी बात कहते हो ! और तुम्हारा किसी पर विश्वास न हो, तो जाने दो; अलगू चौधरी को तो मानते हो ? लो, मैं उन्हीं को सरपंच बदती हूँ।

जुम्मन शेख आनंद से फूल उठे, परंतु भावों को छिपा कर बोले—अलगू ही सही, मेरे लिए जैसे रामधन, वैसे अलगू।

अलगू इस झमेले में फँसना नहीं चाहते थे। वे कन्नी काटने लगे। बोले—खाला, तुम जानती हो कि मेरी जुम्मन से गाढ़ी दोस्ती है।

खाला ने गम्भीर स्वर में कहा—बेटा, दोस्ती के लिए कोई अपना ईमान नहीं बेचता। पंच के दिल में खुदा बसता है। पंचों के मुँह से जो बात निकलती है, वह खुदा की तरफ से निकलती है।

अलगू चौधरी सरपंच हुए। रामधन मिश्र और जुम्मन के दूसरे विरोधियों ने बुढ़िया को मन में बहुत कोसा।

अलगू चौधरी बोले—शेख जुम्मन ! हम और तुम पुराने दोस्त हैं ! जब काम पड़ा, तुमने हमारी मदद की है और हम भी, जो कुछ बन पड़ा, तुम्हारी सेवा करते रहे हैं; मगर इस समय तुम और बूढ़ी खाला, दोनों हमारी निगाह में बराबर हो। तुमको पंचों से जो कुछ अर्ज करनी हो, करो।

जुम्मन को पूरा विश्वास था कि अब बाजी मेरी है। अलगू यह सब दिखावे की बातें कर रहा है। अतएव शांत-चित हो कर बोले—पंचो, तीन साल हुए खालाजान ने अपनी जायदाद मेरे नाम हिब्बा कर दी थी। मैंने उन्हें ता-हयात खाना-कपड़ा देना कबूल किया था। खुदा गवाह है, आज तक मैंने खालाजान को कोई तकलीफ नहीं

दी। मैं उन्हें अपनी माँ के समान समझता हूँ। उनकी खिदमत करना मेरा फर्ज है; मगर औरतों में जरा अनबन रहती है, इसमें मेरा क्या बस है ? खालाजान मुझसे माहवार खर्च अलग माँगती हैं। जायदाद जितनी है; वह पंचों से छिपी नहीं। उससे इतना मुनाफा नहीं होता है कि माहवार खर्च दे सकूँ। इसके अलावा हिब्बानामे में माहवार खर्च का कोई जिक्र नहीं। नहीं तो मैं भूल कर भी इस झमेले में न पड़ता। बस, मुझे यही कहना है। आइंदा पंचों का अख्तियार है, जो फैसला चाहें, करें।

अलगू चौधरी को हमेशा कचहरी से काम पड़ता था। अतएव वह पूरा कानूनी आदमी था। उसने जुम्मन से जिरह शुरू की। एक-एक प्रश्न जुम्मन के हृदय पर हथौड़े की चोट की तरह पड़ता था। रामधन मिश्र इन प्रश्नों पर मुग्ध हुए जाते थे। जुम्मन चकित थे कि अलगू को क्या हो गया। अभी यह अलगू मेरे साथ बैठा हुआ कैसी-कैसी बातें कर रहा था ! इतनी ही देर में ऐसी कायापलट हो गयी कि मेरी जड़ खोदने पर तुला हुआ है। न मालूम कब की कसर यह निकाल रहा है ? क्या इतने दिनों की दोस्ती कुछ भी काम न आवेगी ?

जुम्मन शेख तो इसी संकल्प-विकल्प में पड़े हुए थे कि इतने में अलगू ने फैसला सुनाया—

जुम्मन शेख ! पंचों ने इस मामले पर विचार किया। उन्हें यह नीति-संगत मालूम होता है कि खालाजान को माहवार खर्च दिया जाय। हमारा विचार है कि खाला की जायदाद से इतना मुनाफा अवश्य होता है कि माहवार खर्च दिया जा सके। बस, यही हमारा फैसला है; अगर जुम्मन को खर्च देना मंजूर न हो, तो हिब्बानामा रद्द समझा जाय।

यह फैसला सुनते ही जुम्मन सन्नाटे में आ गये। जो अपना मित्र हो, वह शत्रु का व्यवहार करे और गले पर छुरी फेरे, इसे समय के हेर-फेर के सिवा और क्या कहें ? जिस पर पूरा भरोसा था, उसने समय पड़ने पर धोखा दिया ! ऐसे ही अवसरों पर झूठे-सच्चे मित्रों की परीक्षा की जाती है। यही कलियुग की दोस्ती है। अगर लोग ऐसे कपटी-धोखेबाज न होते, तो देश में आपत्तियों का प्रकोप क्यों होता ? यह हैजा-प्लेग आदि व्याधियाँ दुष्कर्मों के ही दंड हैं।

मगर रामधन मिश्र और अन्य पंच अलगू चौधरी की इस नीति-परायणता की प्रशंसा जी-खोलकर कर रहे थे। वे कहते थे—इसका नाम पंचायत है ! दूध का दूध और पानी का पानी कर दिया। दोस्ती, दोस्ती की जगह है, किंतु धर्म का पालन करना मुख्य है। ऐसे ही सत्यवादियों के बल पर पृथ्वी ठहरी है, नहीं तो वह कब की रसातल को चली जाती।

इस फैसले ने अलगू और जुम्मन की दोस्ती की जड़ हिला दी। अब वे साथ-साथ बातें करते नहीं दिखायी देते। इतना पुराना मित्रता-रूपी वृक्ष सत्य का एक झोंका भी न सह सका। सचमुच वह बालू की ही जमीन पर खड़ा था।

उनमें अब शिष्टाचार का अधिक व्यवहार होने लगा। एक दूसरे की आवभगत ज्यादा करने लगा। वे मिलते-जुलते थे, मगर उसी तरह, जैसे तलवार में ढाल मिलती है।

जुम्मन के चित्त में मित्र की कुटिलता आठों पहर खटका करती थी। उसे हर घड़ी यही चिंता रहती थी कि किसी तरह बदला लेने का अवसर मिले।

5

अच्छे कामों की सिद्धि में बड़ी देर लगती है; पर बुरे कामों की सिद्धि में यह बात नहीं होती; जुम्मन को भी बदला लेने का अवसर जल्द ही मिल गया। पिछले साल अलगू चौधरी बटेसर से बैलों की एक बहुत अच्छी गोई मोल लाये थे। बैल पछाहीं जाति के सुंदर, बड़े-बड़े सींगोवाले थे। महीनों तक आस-पास के गाँव के लोग दर्शन करते रहे। दैवयोग से जुम्मन की पंचायत के एक महीने के बाद इस जोड़ी का एक बैल मर गया। जुम्मन ने दोस्तों से कहा—यह दगाबाजी की सजा है। इन्सान सब्र भले ही कर जाय, पर खुदा नेक-बद सब देखता है। अलगू को संदेह हुआ कि जुम्मन ने बैल को विष दिला दिया है। चौधराइन ने भी जुम्मन पर ही इस दुर्घटना का दोषारोपण किया। उसने कहा—जुम्मन ने कुछ कर-करा दिया है। चौधराइन और करीमन में इस विषय पर एक दिन खूब ही वाद-विवाद हुआ। दोनों देवियों ने शब्द-बाहुल्य की नदी बहा दी। व्यंग्य, वक्रोक्ति, अन्योक्ति और उपमा आदि अलंकारों में बातें हुईं। जुम्मन ने किसी तरह शांति स्थापित की। उन्होंने अपनी पत्नी को डाँट-डपट कर समझा दिया। वह उसे उस रणभूमि से हटा भी ले गये। उधर अलगू चौधरी ने समझाने-बुझाने का काम अपने तर्क-पूर्ण सोंटे से लिया।

अब अकेला बैल किस काम का ? उसका जोड़ बहुत ढूँढ़ा गया, पर न मिला। निदान यह सलाह ठहरी कि इसे बेच डालना चाहिए। गाँव में एक समझू साहु थे, वह इक्का-गाड़ी हाँकते थे। गाँव से गुड़-घी लाद कर मंडी ले जाते; मंडी से तेल, नमक भर लाते, और गाँव में बेचते। इस बैल पर उनका मन लहराया। उन्होंने सोचा, यह बैल हाथ लगे तो दिन-भर में बेखटके तीन खेप हों। आज-कल तो एक ही खेप में लाले पड़े रहते हैं। बैल देखा, गाड़ी में दौड़ाया, बाल-भौंरी की पहचान करायी, मोल-तोल किया और उसे ला कर द्वार पर बाँध ही दिया। एक महीने में दाम चुकाने का वादा ठहरा। चौधरी को भी गरज थी ही, घाटे की परवा न की।

समझू साहु ने नया बैल पाया, तो लगे उसे रगेदने। वह दिन में तीन-तीन, चार-चार खेपें करने लगे। न चारे की फिक्र थी, न पानी की, बस खेपों से काम था। मंडी ले गये, वहाँ कुछ सूखा-भूखा सामने डाल दिया। बेचारा जानवर अभी दम भी न लेने पाया था कि फिर जोत दिया। अलगू चौधरी के घर था तो चैन की बंशी बजती थी। बैलराम छठे-छमाहे कभी बहली में जोते जाते थे। खूब उछलते-कूदते ओर कोसों तक दौड़ते चले जाते थे। वहाँ बैलराम का रातिब था, साफ पानी, दली हुई अरहर की दाल और भूसे के साथ खली, और यही नहीं, कभी-कभी घी का स्वाद भी चखने को मिल जाता था। शाम-सबेरे एक आदमी खरहरे करता, पोंछता और सहलाता था। कहाँ वह सुख-चैन, कहाँ यह आठों पहर की खेप! महीने-भर ही में वह पिस-सा गया। इक्के का जुआ देखते ही उसका लहू सूख जाता था। एक-एक पग चलना दूभर था। हड्डियाँ

निकल आयी थीं; पर था वह पानीदार, मार की बरदाश्त न थी।

एक दिन चौथी खेप में साहु जी ने दूना बोझ लादा। दिन-भर का थका जानवर, पैर न उठते थे। पर साहु जी कोड़े फटकारने लगे। बस, फिर क्या था, बैल कलेजा तोड़ कर चला। कुछ दूर दौड़ा और चाहा कि जरा दम ले लूँ; पर साहु जी को जल्द पहुँचने की फिक्र थी; अतएव उन्होंने कई कोड़े बड़ी निर्दयता से फटकारे। बैल ने एक बार फिर जोर लगाया; पर अबकी बार शक्ति ने जवाब दे दिया। वह धरती पर गिर पड़ा, और ऐसा गिरा कि फिर न उठा। साहु जी ने बहुत पीटा, टाँग पकड़ कर खींचा, नथनों में लकड़ी ठूँस दी; पर कहीं मृतक भी उठ सकता है? तब साहु जी को कुछ शक हुआ। उन्होंने बैल को गौर से देखा, खोल कर अलग किया; और सोचने लगे कि गाड़ी कैसे घर पहुँचे। बहुत चीखे-चिल्लाये; पर देहात का रास्ता बच्चों की आँख की तरह साँझ होते ही बंद हो जाता है। कोई नजर न आया। आस-पास कोई गाँव भी न था। मारे क्रोध के उन्होंने मरे हुए बैल पर और दुर्रे लगाये और कोसने लगे—अभागे ! तुझे मरना ही था, तो घर पहुँच कर मरता ! ससुरा बीच रास्ते ही में मर रहा ! अब गाड़ी कौन खींचे ? इस तरह साहु जी खूब जले-भुने। कई बोरे गुड़ और कई पीपे घी उन्होंने बेचे थे, दो-ढाई सौ रुपये कमर में बँधे थे। इसके सिवा गाड़ी पर कई बोरे नमक के थे; अतएव छोड़ कर जा भी न सकते थे। लाचार बेचारे गाड़ी पर ही लेट गये। वहीं रतजगा करने की ठान ली। चिलम पी, गाया। फिर हुक्का पिया। इस तरह साहु जी आधी रात तक नींद को बहलाते रहे। अपनी जान में तो वह जागते ही रहे; पर पौ फटते ही जो नींद टूटी और कमर पर हाथ रखा, तो थैली गायब ! घबरा कर इधर-उधर देखा, तो कई कनस्तर तेल भी नदारत ! अफसोस में बेचारे ने सिर पीट लिया और पछाड़ खाने लगा। प्रातःकाल रोते-बिलखते घर पहुँचे। सहुआइन ने जब यह बुरी सुनावनी सुनी, तब पहले तो रोयी, फिर अलगू चौधरी को गालियाँ देने लगी—निगोड़े ने ऐसा कुलच्छनी बैल दिया कि जन्म-भर की कमाई लुट गयी।

इस घटना को हुए कई महीने बीत गये। अलगू जब अपने बैल के दाम माँगते तब साहु और सहुआइन, दोनों ही झल्लाये हुए कुत्ते की तरह चढ़ बैठते और अंड-बंड बकने लगते—वाह ! यहाँ तो सारे जन्म की कमाई लुट गयी, सत्यानाश हो गया, इन्हें दामों की पड़ी है। मुर्दा बैल दिया था, उस पर दाम माँगने चले हैं ! आँखों में धूल झोंक दी, सत्यानाशी बैल गले बाँध दिया, हमें निरा पोंगा ही समझ लिया है ! हम भी बनिये के बच्चे हैं, ऐसे बुद्धू कहीं और होंगे। पहले जा कर किसी गड़हे में मुँह धो आओ, तब दाम लेना। न जी मानता हो, तो हमारा बैल खोल ले जाओ। महीना भर के बदले दो महीना जोत लो। और क्या लोगे ?

चौधरी के अशुभचिंतकों की कमी न थी। ऐसे अवसरों पर वे भी एकत्र हो जाते और साहु जी के बर्राने की पुष्टि करते। परन्तु डेढ़ सौ रुपये से इस तरह हाथ धो लेना आसान न था। एक बार वह भी गरम पड़े। साहु जी बिगड़ कर लाठी ढूँढ़ने घर चले

गये। अब सहुआइन ने मैदान लिया। प्रश्नोत्तर होते-होते हाथापाई की नौबत आ पहुँची। सहुआइन ने घर में घुस कर किवाड़ बंद कर लिये। शोरगुल सुन कर गाँव के भलेमानस जमा हो गये। उन्होंने दोनों को समझाया। साहु जी को दिलासा दे कर घर से निकाला। वह परामर्श देने लगे कि इस तरह से काम न चलेगा। पंचायत कर लो। जो कुछ तय हो जाय, उसे स्वीकार कर लो। साहु जी राजी हो गये। अलगू ने भी हामी भर ली।

6

पंचायत की तैयरियाँ होने लगीं। दोनों पक्षों ने अपने-अपने दल बनाने शुरू किये। इसके बाद तीसरे दिन उसी वृक्ष के नीचे पंचायत बैठी। वही संध्या का समय था। खेतों में कौए पंचायत कर रहे थे। विवादग्रस्त विषय था यह कि मटर की फलियों पर उनका कोई स्वत्व है या नहीं; और जब तक यह प्रश्न हल न हो जाय, तब तक वे रखवाले के पुकार पर अपनी अप्रसन्नता प्रकट करना आवश्यक समझते थे। पेड़ की डालियों पर बैठी शुक-मंडली में यह प्रश्न छिड़ा हुआ था कि मनुष्यों को उन्हें बेमुरौवत कहने का क्या अधिकार है, जब उन्हें स्वयं अपने मित्रों से दगा करने में भी संकोच नहीं होता।

पंचायत बैठ गयी, तो रामधन मिश्र ने कहा—अब देरी क्या है ? पंचों का चुनाव हो जाना चाहिए। बोलो चौधरी; किस-किस को पंच बदते हो।

अलगू ने दीन भाव से कहा—समझू साहु ही चुन लें।

समझू खड़े हुए और कड़क कर बोले—मेरी ओर से जुम्मन शेख।

जुम्मन का नाम सुनते ही अलगू चौधरी का कलेजा धक्-धक् करने लगा, मानो किसी ने अचानक थप्पड़ मार दिया हो। रामधन अलगू के मित्र थे। वह बात को ताड़ गये। पूछा—क्यों चौधरी तुम्हें कोई उज्र तो नहीं।

चौधरी ने निराश होकर कहा—नहीं, मुझे क्या उज्र होगा ?

7

अपने उत्तरदायित्व का ज्ञान बहुधा हमारे संकुचित व्यवहारों का सुधारक होता है। जब हम राह भूल कर भटकने लगते हैं तब यही ज्ञान हमारा विश्वसनीय पथ-प्रदर्शक बन जाता है।

पत्र-संपादक अपनी शांति कुटी में बैठा हुआ कितनी धृष्टता और स्वतंत्रता के साथ अपनी प्रबल लेखनी से मंत्रिमंडल पर आक्रमण करता है; परंतु ऐसे अवसर आते हैं, जब वह स्वयं मंत्रिमंडल में सम्मिलित होता है। मंडल के भवन में पग धरते ही उसकी लेखनी कितनी मर्मज्ञ, कितनी विचारशील, कितनी न्याय-परायण हो जाती है। इसका कारण उत्तरदायित्व का ज्ञान है। नवयुवक युवावस्था में कितना उद्दंड रहता है। माता-पिता उसकी ओर से कितने चिंतित रहते हैं ! वे उसे कुल-कलंक समझते हैं; परन्तु थोड़े ही समय में परिवार का बोझ सिर पर पड़ते ही वह अव्यवस्थित-चित्त उन्मत्त युवक कितना धैर्यशील, कैसा शांतचित हो जाता है, यह भी उत्तरदायित्व के ज्ञान का फल है।

जुम्मन शेख के मन में भी सरपंच का उच्च स्थान ग्रहण करते ही अपनी जिम्मेदारी

का भाव पैदा हुआ। उसने सोचा, मैं इस वक्त न्याय और धर्म के सर्वोच्च आसन पर बैठा हूँ। मेरे मुँह से इस समय जो कुछ निकलेगा, वह देववाणी के सदृश है–और देववाणी में मेरे मनोविकारों का कदापि समावेश न होना चाहिए। मुझे सत्य से जौ-भर भी टलना उचित नहीं !

पंचों ने दोनों पक्षों से सवाल-जवाब करने शुरू किये। बहुत देर तक दोनों दल अपने-अपने पक्ष का समर्थन करते रहे। इस विषय में तो सब सहमत थे कि समझू को बैल का मूल्य देना चाहिए। परंतु दो महाशय इस कारण रियायत करना चाहते थे कि बैल के मर जाने से समझू को हानि हुई। इसके प्रतिकूल दो सभ्य मूल के अतिरिक्त समझू को दंड भी देना चाहते थे, जिससे फिर किसी को पशुओं के साथ ऐसी निर्दयता करने का साहस न हो। अंत में जुम्मन ने फैसला सुनाया–

अलगू चौधरी और समझू साहु ! पंचों ने तुम्हारे मामले पर अच्छी तरह विचार किया। समझू को उचित है कि बैल का पूरा दाम दें। जिस वक्त उन्होंने बैल लिया, उसे कोई बीमारी न थी। अगर उसी समय दाम दे दिये जाते, तो आज समझू उसे फेर लेने का आग्रह न करते। बैल की मृत्यु केवल इस कारण हुई कि उससे बड़ा कठिन परिश्रम लिया गया और उसके दाने-चारे का कोई अच्छा प्रबंध न किया गया।

रामधन मिश्र बोले–समझू ने बैल को जान-बूझ कर मारा है, अतएव उससे दंड लेना चाहिए।

जुम्मन बोले–यह दूसरा सवाल है ! हमको इससे कोई मतलब नहीं !

झगड़ू साहु ने कहा–समझू के साथ कुछ रियायत होनी चाहिए।

जुम्मन बोले–यह अलगू चौधरी की इच्छा पर निर्भर है। वह रियायत करें, तो उनकी भलमनसी।

अलगू चौधरी फूले न समाये। उठ खड़े हुए और जोर से बोले–पंच परमेश्वर की जय !

इसके साथ ही चारों ओर से प्रतिध्वनि हुई–पंच-परमेश्वर की जय !

प्रत्येक मनुष्य जुम्मन की नीति को सराहता था–इसे कहते हैं न्याय ! यह मनुष्य का काम नहीं, पंच में परमेश्वर वास करते हैं, यह उन्हीं की महिमा है। पंच के सामने खोटे को कौन खरा कह सकता है ?

थोड़ी देर बाद जुम्मन अलगू के पास आये और उनके गले लिपट कर बोले–भैया, जब से तुमने मेरी पंचायत की तब से मैं तुम्हारा प्राण-घातक शत्रु बन गया था; पर आज मुझे ज्ञात हुआ कि पंच के पद पर बैठ कर न कोई किसी का दोस्त होता है, न दुश्मन। न्याय के सिवा उसे और कुछ नहीं सूझता। आज मुझे विश्वास हो गया कि पंच की जबान से खुदा बोलता है। अलगू रोने लगे। इस पानी से दोनों के दिलों का मैल धुल गया। मित्रता की मुरझायी हुई लता फिर हरी हो गयी।

❐

आत्माराम

प्रथम प्रकाशन उर्दू मासिक 'ज़माना' जनवरी 1920 में

1

वेदों-ग्राम में महादेव सोनार एक सुविख्यात आदमी था। वह अपने सायवान में प्रातः से संध्या तक अँगीठी के सामने बैठा हुआ खट-खट किया करता था। यह लगातार ध्वनि सुनने के लोग इतने अभ्यस्त हो गये थे कि जब किसी कारण से वह बंद हो जाती, तो जान पड़ता था, कोई चीज़ गायब हो गयी। वह नित्य-प्रति एक बार प्रातःकाल अपने तोते का पिंजड़ा लिए कोई भजन गाता हुआ तालाब की ओर जाता था। उस धुँधले प्रकाश में उसका जर्जर शरीर, पोपला मुँह और झुकी हुई कमर देख कर किसी अपरिचित मनुष्य को उसके पिशाच होने का भ्रम हो सकता था। ज्यों ही लोगों के कानों में आवाज आती—'सत्त गुरुदत्त शिवदत्त दाता', लोग समझ जाते कि भोर हो गयी।

महादेव का पारिवारिक जीवन सुखमय न था। उसके तीन पुत्र थे, तीन बहुएँ थीं, दर्जनों नाती-पोते थे, लेकिन उसके बोझ को हल्का करने वाला कोई न था। लड़के कहते—"जब तक दादा जीते हैं, हम जीवन का आनंद भोग लें, फिर तो यह ढोल गले पड़ेगा ही।" बेचारे महादेव को कभी-कभी निराहार ही रहना पड़ता। भोजन के समय उसके घर में साम्यवाद का ऐसा गगनभेदी निर्घोष होता कि वह भूखा उठ जाता, और नारियल का हुक्का पीता हुआ सो जाता। उसका व्यावसायिक जीवन और भी अशांतिकारक था। यद्यपि वह अपने काम में निपुण था, उसकी खटाई औरों से कहीं ज्यादा शुद्धिकारक और उसकी रासायनिक क्रियाएँ कहीं ज्यादा कष्टसाध्य थीं, तथापि उसे आये-दिन शक्की और धैर्य-शून्य प्राणियों के अपशब्द सुनने पड़ते थे। पर महादेव अविचलित-गाम्भीर्य से सिर झुकाये सब कुछ सुना करता था। ज्यों ही यह कलह शांत होता, वह अपने तोते की ओर देख कर पुकार उठता—'सत्त गुरुदत्त शिवदत्त दाता।' इस मंत्र को जपते ही उसके चित्त को पूर्ण शांति प्राप्त हो जाती थी।

2

एक दिन संयोगवश किसी लड़के ने पिंजड़े का द्वार खोल दिया। तोता उड़ गया। महादेव ने सिर उठाकर जो पिंजड़े की ओर देखा, तो उसका कलेजा सन्न-से हो गया। तोता कहाँ गया ! उसने फिर पिंजड़े को देखा, तोता गायब था ! महादेव घबड़ा कर उठा और इधर-उधर खपरैलों पर निगाह दौड़ाने लगा। उसे संसार में कोई वस्तु अगर प्यारी थी, तो वह यही तोता। लड़के-बालों, नाती-पोतों से उसका जी भर गया था।

लड़कों की चुलबुल से उसके काम में विघ्न पड़ता था। बेटों से उसे प्रेम न था; इसलिए नहीं कि वे निकम्मे थे, बल्कि इसलिए कि उनके कारण वह अपने आनंददायी कुल्हड़ों की नियमित संख्या से वंचित रह जाता था। पड़ोसियों से उसे चिढ़ थी, इसलिए कि वे अँगीठी से आग निकाल ले जाते थे। इन समस्त विघ्न-बाधाओं से उसके लिए कोई पनाह थी, तो वह यही तोता था। इससे उसे किसी प्रकार का कष्ट न होता था। वह अब उस अवस्था में था जब मनुष्य को शांति-भोग के सिवा और कोई इच्छा नहीं रहती।

तोता एक खपरैल पर बैठा था। महादेव ने पिंजरा उतार लिया और उसे दिखा कर कहने लगा—'आ-आ, सत्त गुरुदत्त शिवदत्त दाता।' लेकिन गाँव और घर के लड़के एकत्र हो कर चिल्लाने और तालियाँ बजाने लगे। ऊपर से कौओं ने काँव-काँव की रट लगायी। तोता उड़ा और गाँव से बाहर निकल कर एक पेड़ पर जा बैठा। महादेव खाली पिंजड़ा लिये उसके पीछे दौड़ा, सो दौड़ा। लोगों को उसकी द्रुतिगामिता पर अचम्भा हो रहा था। मोह की इससे सुंदर, इससे सजीव, इससे भावमय कल्पना नहीं की जा सकती।

दोपहर हो गयी थी। किसान लोग खेतों से चले आ रहे थे। उन्हें विनोद का अच्छा अवसर मिला। महादेव को चिढ़ाने में सभी को मजा आता था। किसी ने कंकड़ फेंके, किसी ने तालियाँ बजायीं। तोता फिर उड़ा और वहाँ से दूर आम के बाग में एक पेड़ की फुनगी पर जा बैठा। महादेव फिर खाली पिंजड़ा उठा कर कहने लगा—'सत्त गुरुदत्त शिवदत्त दाता।' तोता फुनगी से उतर कर नीचे की एक डाल पर आ बैठा, किन्तु महादेव की ओर सशंक नेत्रों से ताक रहा था। महादेव ने समझा, डर रहा है। वह पिंजड़े को छोड़ कर आप एक दूसरे पेड़ की आड़ में छिप गया। तोते ने चारों ओर गौर से देखा, निश्शंक हो गया, उतरा और आकर पिंजड़े के ऊपर बैठ गया। महादेव का हृदय उछलने लगा। 'सत्त गुरुदत्त शिवदत्त दाता' का मंत्र जपता हुआ धीरे-धीरे तोते के समीप आया और लपका कि तोते को पकड़ ले; किन्तु तोता हाथ न आया, फिर पेड़ पर जा बैठा।

शाम तक यही हाल रहा। तोता कभी इस डाल पर जाता, कभी उस डाल पर। कभी पिंजड़े पर आ बैठता, कभी पिंजड़े के द्वार पर बैठ अपने दाना-पानी की प्यालियों को देखता, और फिर उड़ जाता। बुड्ढा अगर मूर्तिमान मोह था, तो तोता मूर्तिमयी माया। यहाँ तक कि शाम हो गयी। माया और मोह का यह संग्राम अंधकार में विलीन हो गया।

3

रात हो गयी ! चारों ओर निबिड़ अंधकार छा गया। तोता न जाने पत्तों में कहाँ छिपा बैठा था। महादेव जानता था कि रात को तोता कहीं उड़ कर नहीं जा सकता। और न पिंजड़े ही में आ सकता है, फिर भी वह उस जगह से हिलने का नाम न लेता था।

आज उसने दिन भर कुछ नहीं खाया। रात के भोजन का समय भी निकल गया, पानी की बूँद भी उसके कंठ में न गयी; लेकिन उसे न भूख थी, न प्यास ! तोते के बिना उसे अपना जीवन निस्सार, शुष्क और सूना जान पड़ता था। वह दिन-रात काम करता था, इसलिए कि यह उसकी अंतःप्रेरणा थी; जीवन के और काम इसलिए करता था कि आदत थी। इन कामों में उसे अपनी सजीवता का लेश-मात्र भी ज्ञान न होता था। तोता ही वह वस्तु था, जो उसे चेतन की याद दिलाता था। उसका हाथ से जाना जीव का देह-त्याग करना था।

महादेव दिन भर का भूखा-प्यासा, थका-माँदा, रह-रह कर झपकियाँ ले लेता था; किन्तु एक क्षण में फिर चौंक कर आँखें खोल देता और उस विस्तृत अंधकार में उसकी आवाज़ सुनायी देती–'सत्त गुरुदत्त शिवदत्त दाता।'

आधी रात गुजर गयी थी। सहसा वह कोई आहट पा कर चौंका। देखा, एक दूसरे वृक्ष के नीचे एक धुँधला दीपक जल रहा है, और कई आदमी बैठे हुए आपस में कुछ बातें कर रहे हैं। वे सब चिलम पी रहे थे। तमाखू की महक ने उसे अधीर कर दिया। उच्च स्वर से बोला–'सत्त गुरुदत्त शिवदत्त दाता' और उन आदमियों की ओर चिलम पीने चला गया; किंतु जिस प्रकार बंदूक की आवाज़ सुनते ही हिरन भाग जाते हैं उसी प्रकार उसे आते देख सब-के-सब उठ कर भागे। कोई इधर गया, कोई उधर। महादेव चिल्लाने लगा–'ठहरो-ठहरो'; एकाएक उसे ध्यान आ गया, ये सब चोर हैं। वह जोर से चिल्ला उठा–'चोर-चोर, पकड़ो-पकड़ो'। चोरों ने पीछे फिर कर न देखा।

महादेव दीपक के पास गया, तो उसे एक कलसा रखा हुआ मिला जो मोर्चे से काला हो रहा था। महादेव का हृदय उछलने लगा। उसने कलसे में हाथ डाला, तो मोहरें थीं। उसने एक मोहर बाहर निकाली और दीपक के उजाले में देखा। हाँ, मोहर थी। उसने तुरंत कलसा उठा लिया, और दीपक बुझा दिया और पेड़ के नीचे छिप कर बैठ रहा। साह से चोर बन गया।

उसे फिर शंका हुई, ऐसा न हो, चोर लौट आवें, और मुझे अकेला देख कर मोहरें छीन लें। उसने कुछ मोहर कमर में बाँधीं, फिर एक सूखी लकड़ी से जमीन की मिट्टी हटा कर कई गड्ढे बनाये, उन्हें मोहरों से भर कर मिट्टी से ढँक दिया।

4

महादेव के अंतर्नेत्रों के सामने अब एक दूसरा जगत् था, चिंताओं और कल्पना से परिपूर्ण। यद्यपि अभी कोष के हाथ से निकल जाने का भय था, पर अभिलाषाओं ने अपना काम शुरू कर दिया। एक पक्का मकान बन गया, सराफे की एक भारी दूकान खुल गयी, निज सम्बन्धियों से फिर नाता जुड़ गया, विलास की सामग्रियाँ एकत्रित हो गयीं। तब तीर्थयात्रा करने चले, और वहाँ से लौट कर बड़े समारोह से यज्ञ, ब्रह्मभोज हुआ। इसके पश्चात् एक शिवालय और कुआँ बन गया, एक बाग भी लग गया, और

वह नित्यप्रति कथा-पुराण सुनने लगा। साधु-सन्तों का आदर-सत्कार होने लगा।

अकस्मात् उसे ध्यान आया। कहीं चोर आ जायँ, तो मैं भागूँगा क्योंकर ? उसने परीक्षा करने के लिए कलसा उठाया। और दो सौ पग तक बेतहाशा भागा हुआ चला गया। जान पड़ता था, उसके पैरों में पर लग गये हैं। चिंता शांत हो गयी। इन्हीं कल्पनाओं में रात व्यतीत हो गयी। उषा का आगमन हुआ, हवा जगी, चिड़ियाँ गाने लगीं। सहसा महादेव के कानों में आवाज़ आयी—

'सत्त गुरुदत्त शिवदत्त दाता,
राम के चरण में चित्त लागा।'

यह बोल सदैव महादेव की जिह्वा पर रहता था। दिन में सहस्रों ही बार ये शब्द उसके मुँह से निकलते थे, पर उनका धार्मिक भाव कभी भी उसके अंतःकरण को स्पर्श न करता था। जैसे किसी बाजे से राग निकलता है, उसी प्रकार उसके मुँह से यह बोल निकलता था। निरर्थक और प्रभाव-शून्य। तब उसका हृदय-रूपी वृक्ष पत्र-पल्लव विहीन था। यह निर्मल वायु उसे गुंजरित न कर सकती थी; पर अब उस वृक्ष में कोपलें और शाखाएँ निकल आयी थीं। इस वायु-प्रवाह से झूम उठा, गुंजित हो गया।

अरुणोदय का समय था। प्रकृति एक अनुरागमय प्रकाश में डूबी हुई थी। उसी समय तोता पैरों को जोड़े हुए ऊँची डाल से उतरा, जैसे आकाश से कोई तारा टूटे और आ कर पिंजड़े में बैठ गया। महादेव प्रफुल्लित हो कर दौड़ा और पिंजड़े को उठाकर बोला—"आओ आत्माराम, तुमने कष्ट तो बहुत दिया, पर मेरा जीवन भी सफल कर दिया। अब तुम्हें चाँदी के पिंजड़े में रखूँगा और सोने से मढ़ दूँगा।" उसके रोम-रोम से परमात्मा के गुणानुवाद की ध्वनि निकलने लगी—प्रभु तुम कितने दयावान् हो ! यह तुम्हारा असीम वात्सल्य है, नहीं तो मुझ-सा पापी, पतित प्राणी कब इस कृपा के योग्य था ! इन पवित्र भावों से उसकी आत्मा विह्वल हो गयी। वह अनुरक्त हो कर कह उठा—

'सत्त गुरुदत्त शिवदत्त दाता,
राम के चरण में चित्त लागा।'

उसने एक हाथ में पिंजड़ा लटकाया, बगल में कलसा दबाया और घर चला।

5

महादेव घर पहुँचा, तो अभी कुछ अँधेरा था। रास्ते में एक कुत्ते के सिवा और किसी से भेंट न हुई, और कुत्ते को मोहरों से विशेष प्रेम नहीं होता। उसने कलसे को एक नाँद में छिपा दिया, और उसे कोयले से अच्छी तरह ढँक कर अपनी कोठरी में रख आया। जब दिन निकल आया तो वह सीधे पुरोहित के घर पहुँचा। पुरोहित पूजा पर बैठे सोच रहे थे—कल ही मुकदमे की पेशी है और अभी तक हाथ में कौड़ी भी नहीं—यजमानों में कोई साँस भी नहीं लेता। इतने में महादेव ने पालागन की। पंडित जी ने मुँह फेर लिया। यह अमंगलमूर्ति कहाँ से आ पहुँची, मालूम नहीं, दाना भी मयस्सर

होगा या नहीं। रुष्ट हो कर पूछा—क्या है जी, क्या कहते हो। जानते नहीं, हम इस समय पूजा पर रहते हैं।

महादेव ने कहा—महाराज, आज मेरे यहाँ सत्यनारायण की कथा है।

पुरोहित जी विस्मित हो गये। कानों पर विश्वास न हुआ। महादेव के घर कथा का होना उतनी ही आसाधारण घटना थी, जितनी अपने घर से किसी भिखारी के लिए भीख निकालना। पूछा—आज क्या है ?

महादेव बोला—कुछ नहीं, ऐसी इच्छा हुई कि आज भगवान की कथा सुन लूँ।

प्रभात ही से तैयारी होने लगी। वेदों के निकटवर्ती गाँवों में सुपारी फिरी। कथा के उपरांत भोज का भी नेवता था। जो सुनता आश्चर्य करता—आज रेत में दूब कैसे जमी !

संध्या समय जब सब लोग जमा हो गये, और पंडित जी अपने सिंहासन पर विराजमान हुए, तो महादेव खड़ा होकर उच्च स्वर में बोला—भाइयो, मेरी सारी उम्र छल-कपट में कट गयी। मैंने न जाने कितने आदमियों को दगा दी, कितने खरे को खोटा किया; पर अब भगवान् ने मुझ पर दया की है, वह मेरे मुँह की कालिख को मिटाना चाहते हैं, मैं आप सब भाइयों को ललकार कर कहता हूँ कि जिसका मेरे जिम्मे जो कुछ निकलता हो, जिसकी जमा मैंने मार ली हो, जिसके चोखे माल को खोटा कर दिया हो, वह आ कर अपनी एक-एक कौड़ी चुका ले, अगर कोई यहाँ न आ सका हो, तो आप लोग उससे जा कर कह दीजिए, कल से एक महीने तक, जब जी चाहे, आये और अपना हिसाब चुकता कर ले। गवाही-साखी का काम नहीं।

सब लोग सन्नाटे में आ गये। कोई मार्मिक भाव से सिर हिला कर बोला—हम कहते न थे। किसी ने अविश्वास से कहा—क्या खा कर भरेगा, हज़ारों का टोटल हो जायेगा।

एक ठाकुर ने ठठोली की—और जो लोग सुरधाम चले गये।

महादेव ने उत्तर दिया—उसके घर वाले तो होंगे।

किन्तु इस समय लोगों को वसूली की इतनी इच्छा न थी, जितनी यह जानने की कि इसे इतना धन मिल कहाँ से गया। किसी को महादेव के पास आने का साहस न हुआ। देहात के आदमी थे, गड़े मुर्दे उखाड़ना क्या जानें। फिर प्रायः लोगों को याद भी न था कि उन्हें महादेव से क्या पाना है, और ऐसे पवित्र अवसर पर भूल-चूक हो जाने का भय उनका मुँह बंद किये हुए था। सबसे बड़ी बात यह थी कि महादेव की साधुता ने उन्हें वशीभूत कर लिया था।

अचानक पुरोहित जी बोले—तुम्हें याद है, मैंने एक कंठा बनाने के लिए सोना दिया था, तुमने कई माशे तौल में उड़ा दिये थे।

महादेव—हाँ, याद है, आपका कितना नुकसान हुआ होगा ?

पुरोहित—पचास रुपये से कम न होगा।

महादेव ने कमर से दो मोहरे निकालीं और पुरोहित जी के सामने रख दीं।

पुरोहित जी की लोलुपता पर टीकाएँ होने लगीं। यह बेईमानी है, बहुत हो, तो दो-चार रुपये का नुकसान हुआ होगा। बेचारे के पचास रुपये ऐंठ लिये। नारायण का भी डर नहीं। बनने को पंडित, पर नीयत ऐसी खराब ! राम-राम !!

लोगों को महादेव पर एक श्रद्धा-सी हो गयी। एक घंटा बीत गया पर उन सहस्रों मनुष्यों में से एक भी खड़ा न हुआ। तब महादेव ने फिर कहा—मालूम होता है, आप लोग अपना-अपना हिसाब भूल गये हैं, इसलिए आज कथा होने दीजिए। मैं एक महीने तक आपकी राह देखूँगा। इसके पीछे तीर्थ यात्रा करने चला जाऊँगा। आप सब भाइयों से मेरी विनती है कि आप मेरा उद्धार करें।

एक महीने तक महादेव लेनदारों की राह देखता रहा। रात को चोरों के भय से नींद न आती। अब वह कोई काम न करता। शराब का चसका भी छूटा। साधु-अभ्यागत जो द्वार पर आ जाते उनका यथायोग्य सत्कार करता। दूर-दूर उसका सुयश फैल गया। यहाँ तक कि महीना पूरा हो गया, और एक आदमी भी हिसाब लेने न आया। अब महादेव को ज्ञान हुआ कि संसार में कितना धर्म, कितना सद्व्यवहार है। अब उसे मालूम हुआ कि संसार बुरों के लिए बुरा है और अच्छे के लिए अच्छा।

6

इस घटना को हुए पचास वर्ष बीत चुके हैं। आप वेदों जाइये, तो दूर ही से एक सुनहला कलश दिखायी देता है। वह ठाकुरद्वारे का कलश है। उससे मिला हुआ एक पक्का तालाब है, जिसमें खूब कमल खिले रहते हैं। उसकी मछलियाँ कोई नहीं पकड़ता, तालाब के किनारे एक विशाल समाधि है। यही आत्माराम का स्मृति-चिन्ह है, उसके सम्बन्ध में विभिन्न किंवदंतियाँ प्रचलित हैं। कोई कहता है, वह रत्नजड़ित पिंजड़ा स्वर्ग को चला गया, कोई कहता, वह 'सत्त गुरुदत्त' कहता हुआ अंतर्ध्यान हो गया, पर यथार्थ यह है कि उस पक्षी-रूपी चंद्र को किसी बिल्ली-रूपी राहु ने ग्रस लिया। लोग कहते हैं, आधी रात को अभी तक तालाब के किनारे आवाज़ आती है—

'सत्त गुरुदत्त शिवदत्त दाता,
राम के चरण में चित्त लागा।'

महादेव के विषय में भी कितनी ही जन-श्रुतियाँ हैं। उनमें सबसे मान्य यह है कि आत्माराम के समाधिस्थ होने के बाद वह कई संन्यासियों के साथ हिमालय चला गया, और वहाँ से लौट कर न आया। उसका नाम आत्माराम प्रसिद्ध हो गया।

❐

बूढ़ी काकी

प्रथम प्रकाशन उर्दू मासिक 'कहकशां' जुलाई 1920 में

1

बुढ़ापा बहुधा बचपन का पुनरागमन हुआ करता है। बूढ़ी काकी में जिह्वा-स्वाद के सिवा और कोई चेष्टा शेष न थी और न अपने कष्टों की ओर आकर्षित करने का, रोने के अतिरिक्त कोई दूसरा सहारा ही। समस्त इन्द्रियाँ, नेत्र, हाथ और पैर जवाब दे चुके थे ! पृथ्वी पर पड़ी रहती और घर वाले कोई बात उनकी इच्छा के प्रतिकूल करते, भोजन का समय टल जाता या उसका परिमाण पूर्ण न होता, अथवा बाजार से कोई वस्तु आती और न मिलती तो ये रोने लगती थीं। उनका रोना-सिसकना साधारण रोना न था, वे गला फाड़-फाड़कर रोती थीं।

उनके पतिदेव को स्वर्ग सिधारे कालांतर हो चुका था। बेटे तरुण हो-हो कर चल बसे थे। अब एक भतीजे के सिवाय और कोई न था। उसी भतीजे के नाम उन्होंने अपनी सारी सम्पत्ति लिख दी। भतीजे ने सारी सम्पत्ति लिखाते समय खूब लम्बे-चौड़े वादे किये, किंतु वे सब वादे केवल कुली डिपो के दलालों के दिखाये हुए सब्जबाग थे। यद्यपि उस सम्पत्ति की वार्षिक आय डेढ़-दो सौ रुपये से कम न थी तथापि बूढ़ी काकी को पेट भर भोजन भी कठिनाई से मिलता था। इसमें उनके भतीजे पंडित बुद्धिराम का अपराध था अथवा उनकी अर्द्धांगिनी श्रीमती रूपा का, इसका निर्णय करना सहज नहीं। बुद्धिराम स्वभाव के सज्जन थे, किन्तु उसी समय तक जब कि उनके कोष पर कोई आँच न आये। रूपा स्वभाव से तीव्र थी सही, पर ईश्वर से डरती थी। अतएव बूढ़ी काकी को उसकी तीव्रता उतनी न खलती थी जितनी बुद्धिराम की भलमनसाहत।

बुद्धिराम को कभी-कभी अपने अत्याचार का खेद होता था। विचारते कि इसी सम्पत्ति के कारण मैं इस समय भलामानुष बना बैठा हूँ। यदि मौखिक आश्वासन और सूखी सहानुभूति से स्थिति में सुधार हो सकता तो उन्हें कदाचित् कोई आपत्ति न होती, परंतु विशेष व्यय का भय उनकी सुचेष्टा को दबाये रखता था। यहाँ तक कि यदि द्वार पर कोई भला आदमी बैठा होता और बूढ़ी काकी उस समय अपना राग अलापने लगतीं तो वह आग हो जाते और घर में आकर उन्हें जोर से डाँटते। लड़कों को बुड्ढों से स्वाभाविक विद्वेष होता ही है और फिर जब माता-पिता का यह रंग देखते तो वे बूढ़ी काकी को और सताया करते। कोई चुटकी काट कर भागता, कोई उन पर पानी की कुल्ली कर देता ! काकी चीख मार कर रोतीं, परंतु यह बात प्रसिद्ध थी कि वह

केवल खाने के लिए रोती हैं, अतएव उनके संताप और आर्त्तनाद पर कोई ध्यान नहीं देता था। हाँ, काकी क्रोधातुर हो कर बच्चों को गालियाँ देने लगतीं तो रूपा घटनास्थल पर आ पहुँचती। इस भय से काकी अपनी जिह्वाकृपाण का कदाचित् ही प्रयोग करती थीं, यद्यपि उपद्रव-शांति का यह उपाय रोने से कहीं अधिक उपयुक्त था।

सम्पूर्ण परिवार में यदि काकी से किसी को अनुराग था, तो वह बुद्धिराम की छोटी लड़की लाडली थी। लाडली अपने दोनों भाइयों के भय से अपने हिस्से की मिठाई-चबैना बूढ़ी काकी के पास बैठ कर खाया करती थी। यही उसका रक्षागार था और यद्यपि काकी की शरण उनकी लोलुपता के कारण बहुत महँगी पड़ती थी, तथापि भाइयों के अन्याय से कहीं सुलभ थी। इसी स्वार्थानुकूलता ने उन दोनों में सहाभूति का आरोपण कर दिया था।

2

रात का समय था। बुद्धिराम के द्वार पर शहनाई बज रही थी और गाँव के बच्चों का झुंड विस्मयपूर्ण नेत्रों से गाने का रसास्वादन कर रहा था। चारपाइयों पर मेहमान विश्राम करते हुए नाइयों से मुक्कियाँ लगवा रहे थे। समीप ही खड़ा हुआ भाट विरुदावली सुना रहा था और कुछ भावज्ञ मेहमानों की "वाह, वाह" पर ऐसा खुश हो रहा था मानो इस वाह-वाह का यथार्थ में वही अधिकारी है। दो-एक अँग्रेजी पढ़े हुए नवयुवक इन व्यवहारों से उदासीन थे। वे इस गँवार मंडली में बोलना अथवा सम्मिलित होना अपनी प्रतिष्ठा के प्रतिकूल समझते थे।

आज बुद्धिराम के बड़े लड़के मुखराम का तिलक आया है। यह उसी का उत्सव है। घर के भीतर स्त्रियाँ गा रही थीं और रूपा मेहमानों के लिए भोजन के प्रबन्ध में व्यस्त थी। भट्ठियों पर कड़ाह चढ़ रहे थे। एक में पूड़ियाँ-कचौड़ियाँ निकल रही थीं, दूसरे में अन्य पकवान बनते थे। एक बड़े हण्डे में मसालेदार तरकारी पक रही थी। घी और मसाले की क्षुधावर्द्धक सुगंधि चारों ओर फैली हुई थी।

बूढ़ी काकी अपनी कोठरी में शोकमय विचार की भाँति बैठी हुई थीं। यह स्वाद मिश्रित सुगंधि उन्हें बेचैन कर रही थी। वे मन-ही-मन विचार कर रही थीं, सम्भवतः मुझे पूड़ियाँ न मिलेंगी। इतनी देर हो गयी, कोई भोजन लेकर नहीं आया। मालूम होता है, सब लोग भोजन कर चुके हैं। मेरे लिए कुछ न बचा। यह सोच कर उन्हें रोना आया; परन्तु अपशकुन के भय से वह रो न सकीं।

आहा ! कैसी सुगंधि है ? अब मुझे कौन पूछता है ? जब रोटियों ही के लाले पड़े हैं तब ऐसे भाग्य कहाँ कि भरपेट पूड़ियाँ मिलें ? —यह विचार कर उन्हें रोना आया, कलेजे में हूक-सी उठने लगी। परन्तु रूपा के भय से उन्होंने फिर मौन धारण कर दिया।

बूढ़ी काकी देर तक इन्हीं दुःखदायक विचारों में डूबी रहीं ! घी और मसालों की सुगंधि रह-रह कर मन को आपे से बाहर किये देती थी। मुँह में पानी भर-भर आता

था। पूड़ियों का स्वाद स्मरण करके हृदय में गुदगुदी होने लगती थी। किसे पुकारूँ, आज लाडली बेटी भी नहीं आयी। दोनों छोकड़े सदा दिक किया करते हैं, आज उनका भी कहीं पता नहीं। कुछ मालूम तो होता कि क्या बन रहा है।

बूढ़ी काकी की कल्पना में पूड़ियों की तस्वीर नाचने लगी। खूब लाल-लाल, फूली-फूली, नरम-नरम होंगी। रूपा ने भली-भाँति भोजन किया होगा। कचौड़ियों में अजवाइन और इलायची की महक आ रही होगी। एक पूड़ी मिलती तो जरा हाथ में ले कर देखती। क्यों न चल कर कड़ाह के सामने ही बैठूँ। पूडियाँ छन-छन कर तैयार होंगी। कड़ाह से गरम-गरम निकालकर थाल में रखी जाती होंगी। फूल हम घर में भी सूँघ सकते हैं; परन्तु वाटिका में कुछ और बात होती है। इस प्रकार निर्णय करके बूढ़ी काकी रेंगती हुई कड़ाह के पास आ बैठीं। यहाँ आने पर उन्हें उतना ही धैर्य हुआ जितना भूखे कुत्ते को खाने वाले के सम्मुख बैठने में होता है।

रूपा उस समय कार्य-भार से उद्विग्न हो रही थी। कभी इस कोठे में आती, कभी उस कोठे में, कभी कड़ाह के पास आती, कभी भंडार में जाती। किसी ने बाहर से आकर कहा—"महाराज ठंडाई माँग रहे हैं।" ठंडाई देने लगी। इतने में फिर किसी ने आ कर कहा—"भाट आया है, उसे कुछ दे दो।" भाट के लिए सीधा निकाल रही थी कि एक तीसरे आदमी ने आ कर पूछा—"अभी भोजन तैयार होने में कितना विलम्ब है ? जरा ढोल, मजीरा उतार दो।" बेचारी अकेली स्त्री दौड़ते-दौड़ते व्याकुल हो रही थी, झुँझलाती थी, कुढ़ती थी, परन्तु क्रोध प्रकट करने का अवसर न पाती थी। भय होता, कहीं पड़ोसिनें यह न कहने लगें कि इतने में उबल पड़ीं। प्यास से स्वयं कंठ सूख रहा था। गर्मी के मारे फुँकी जाती थी, परन्तु इतना अवकाश भी नहीं था कि जरा पानी पी ले अथवा पंखा ले कर झले। यह भी खटका था कि जरा आँख हटी और चीज़ों की लूट मची। इस अवस्था में उसने बूढ़ी काकी को कड़ाह के पास बैठी देखा तो जल गयी। क्रोध न रुक सका। इसका भी ध्यान न रहा कि पड़ोसिनें बैठी हुई हैं, मन में क्या कहेंगी, पुरुषों में लोग सुनेंगे तो क्या कहेंगे। जिस प्रकार मेंढ़क केचुए पर झपटता है, उसी प्रकार वह बूढ़ी काकी पर झपटी और उन्हें दोनों हाथों में झटककर बोली—"ऐसे पेट में आग लगे, पेट है या भाड़ ? कोठरी में बैठते हुए क्या दम घुटता था ? अभी मेहमानों ने नहीं खाया, भगवान् को भोग नहीं लगा, तब तक धैर्य न हो सका ? आ कर छाती पर सवार हो गयीं। जल जाय ऐसी जीभ। दिन भर खाती न होतीं तो न जाने किसकी हाँड़ी में मुँह डालतीं ? गाँव देखेगा तो कहेगा कि बुढिया भरपेट खाने को नहीं पाती तभी तो इस तरह मुँह बाये फिरती है। डायन न मरे न माँचा छोड़े। नाम बेचने पर लगी है। नाक कटवा कर दम लेगी। इतना ठूँसती है न जाने कहाँ भस्म हो जाता है। भला चाहती हो तो जा कर कोठरी में बैठो, जब घर के लोग खाने लगेंगे तब तुम्हें भी मिलेगा। तुम कोई देवी नहीं हो कि चाहे किसी के मुँह में पानी न जाय, परन्तु तुम्हारी पूजा पहले ही हो जाय।"

बूढ़ी काकी ने सिर उठाया; न रोईं न बोलीं। चुपचाप रेंगती हुई अपनी कोठरी में चली गयीं। आवाज ऐसी कठोर थी कि हृदय और मस्तिष्क की सम्पूर्ण शक्तियाँ, सम्पूर्ण विचार और सम्पूर्ण भार उसी ओर आकर्षित हो गये थे। नदी में जब कगार का कोई वृहद्-खंड कट कर गिरता है तो आस-पास का जलसमूह चारों ओर उसी स्थान को पूरा करने के लिए दौड़ता है !

3

भोजन तैयार हो गया है। आँगन में पत्तलें पड़ गयीं, मेहमान खाने लगे। स्त्रियों ने जेवनार-गीत गाना आरम्भ कर दिया। मेहमानों के नाई और सेवकगण भी उसी मंडली के साथ, किंतु कुछ हट कर ,भोजन करने बैठे थे; परन्तु सभ्यतानुसार जब तक सब-के-सब खा न चुकें कोई उठ नहीं सकता था। दो-एक मेहमान जो कुछ पढ़े-लिखे थे, सेवकों के दीर्घाहार पर झुँझला रहे थे। वे इस बंधन को व्यर्थ और बे-सिर-पैर की बात समझते थे।

बूढ़ी काकी अपनी कोठरी में जा कर पश्चाताप कर रही थीं कि मैं कहाँ-से-कहाँ गयी। उन्हें रूपा पर क्रोध नहीं था। अपनी जल्दबाजी पर दुःख था। सच ही तो है जब तक मेहमान लोग भोजन कर न चुकेंगे, घर वाले कैसे खायेंगे। मुझसे इतनी देर भी न रहा गया। सबके सामने पानी उतर गया। अब जक तक कोई बुलाने न आयेगा, न जाऊँगी।

मन ही मन इसी प्रकार का विचार कर वह बुलाने की प्रतीक्षा करने लगीं। परन्तु घी की रुचिकर सुवास बड़ी धैर्य-परीक्षक प्रतीत हो रही थी। उन्हें एक-एक पल एक-एक युग के समान मालूम होता था। अब पत्तल बिछ गयीं होगीं! अब मेहमान आ गये होंगे, लोग हाथ-पैर धो रहे हैं, नाई पानी दे रहा है। मालूम होता है लोग खाने बैठ गये। जेवनार गाया जा रहा है, यह विचार कर वह मन को बहलाने के लिए लेट गयीं। धीरे-धीरे एक गीत गुनगुनाने लगीं। उन्हें मालूम हुआ कि मुझे गाते देर हो गयी। क्या इतनी देर तक लोग भोजन कर ही रहे होंगे। किसी की आवाज नहीं सुनायी देती। अवश्य ही लोग खा-पीकर चले गये। मुझे कोई बुलाने नहीं आया। रूपा चिढ़ गयी है, क्या जाने न बुलाये। सोचती हो कि आप ही आवेंगी, वह कोई मेहमान तो नहीं जो उन्हें बुलाऊँ। बूढ़ी काकी चलने के लिए तैयार हुईं। यह विश्वास कि एक मिनट में पूड़ियाँ और मसालेदार तरकारियाँ सामने आयेंगी, उनकी स्वादेन्द्रियों को गुदगुदाने लगा। उन्होंने मन में तरह-तरह के मंसूबे बाँधे—पहले तरकारी से पूड़ियाँ खाऊँगी, फिर दही और शक्कर से, कचौड़ियाँ रायते के साथ मजेदार मालूम होंगी। चाहे कोई बुरा माने चाहे भला, मैं तो माँग-माँग कर खाऊँगी। यही न लोग कहेंगे कि इन्हें विचार नहीं ? कहा करें, इतने दिन के बाद पूडियाँ मिल रही हैं तो मुँह जूठा करके थोड़े ही उठ जाऊँगी।

वह उकड़ूँ बैठ कर हाथों के बल सरकती हुई आँगन में आयीं। परंतु हाय दुर्भाग्य ! अभिलाषा ने अपने पुराने स्वभाव के अनुसार समय की मिथ्या कल्पना की थी। मेहमान मंडली अभी बैठी हुई थी। कोई खा कर उँगलियाँ चाटता था, कोई तिरछे नेत्रों से देखता था कि और लोग अभी खा रहे हैं या नहीं। कोई इस चिंता में था कि पत्तल पर पूड़ियाँ छूटी जाती हैं और किसी तरह इन्हें भीतर रख लेता। कोई दही खा कर जीभ चटकारता था, परंतु दूसरा दोना माँगते संकोच करता था कि इतने में बूढ़ी काकी रेंगती हुई उनके बीच में जा पहुँची। कई आदमी चौंक कर उठ खड़े हुए। पुकारने लगे–अरे यह बुढ़िया कौन है। यह कहाँ से आ गयी ? देखो किसी को छू न दे।

पंडित बुद्धिराम काकी को देखते ही क्रोध से तिलमिला गये। पूड़ियों का थाल लिये खड़े थे। थाल को जमीन पर पटक दिया और जिस प्रकार निर्दयी महाजन अपने किसी बेईमान और भगोड़े कर्जदार को देखते ही झपटकर उसका टेंटुआ पकड़ लेता है उसी तरह लपक कर उन्होंने काकी के दोनों हाथ पकड़े और घसीटते हुए लाकर उन्हें अँधेरी कोठरी में धम से पटक दिया। आशा रूपी वाटिका लू के एक झोंके में नष्ट-विनष्ट हो गयी।

मेहमानों ने भोजन किया। घरवालों ने भोजन किया। बाजेवाले, धोबी, चमार भी भोजन कर चुके, परंतु बूढ़ी काकी को किसी ने न पूछा। बुद्धिराम और रूपा दोनों ही बूढ़ी काकी को उनकी निर्लज्जता के लिए दंड देने का निश्चय कर चुके थे। उनके बुढ़ापे पर, दीनता पर, हतज्ञान पर किसी को करुणा न आयी थी। अकेली लाड़ली उनके लिए कुढ़ रही थी।

लाडली को काकी से अत्यंत प्रेम था। बेचारी भोली लड़की थी। बाल-विनोद और चंचलता की उसमें गंध तक न थी। दोनों बार जब उसके माता-पिता ने काकी को निर्दयता से घसीटा तो लाडली का हृदय ऐंठ कर रह गया। वह झुँझला रही थी कि यह लोग काकी को क्यों बहुत-सी पूड़ियाँ नहीं दे देते। क्या मेहमान सब-की-सब खा जायेंगे ? और यदि काकी ने मेहमानों के पहले खा लिया तो क्या बिगड़ जायगा ? वह काकी के पास जा कर उन्हें धैर्य देना चाहती थी, परंतु माता के भय से न जाती थी। उसने अपने हिस्से की पूड़ियाँ बिलकुल न खायी थीं। अपनी गुड़ियों की पिटारी में बन्द कर रक्खी थीं। उन पूड़ियों को काकी के पास ले जाना चाहती थी। उसका हृदय अधीर हो रहा था। बूढ़ी काकी मेरी बात सुनते ही उठ बैठेंगी, पूड़ियाँ देख कर कैसी प्रसन्न होंगी ! मुझे खूब प्यार करेंगी ?

4

रात को ग्यारह बज गये थे। रूपा आँगन में पड़ी सो रही थी। लाडली की आँखों में नींद न आती थी। काकी को पूड़ियाँ खिलाने की खुशी उसे सोने न देती थी। उसने गुड़ियों की पिटारी सामने ही रखी थी। जब विश्वास हो गया कि अम्माँ सो रही हैं, तो वह चुपके से उठी और विचारने लगी, कैसे चलूँ। चारों ओर अँधेरा था। केवल

चूल्हों में आग चमक रही थी और चूल्हों के पास एक कुत्ता लेटा हुआ था। लाडली की दृष्टि द्वार के सामने वाले नीम की ओर गयी। उसे मालूम हुआ कि उस पर हनुमान जी बैठे हुए हैं। उनकी पूँछ, उनकी गदा, सब स्पष्ट दिखलाई दे रही है। मारे भय के उसने आँखें बन्द कर लीं। इतने में कुत्ता उठ बैठा, लाडली को ढाढ़स हुआ। कई सोये हुए मनुष्यों के बदले एक भागता हुआ कुत्ता उसके लिए अधिक धैर्य का कारण हुआ। उसने पिटारी उठायी और बूढ़ी काकी की कोठरी की ओर चली।

5

बूढ़ी काकी को केवल इतना स्मरण था कि किसी ने मेरे हाथ पकड़ कर घसीटे, फिर ऐसा मालूम हुआ कि जैसे कोई पहाड़ पर उड़ाये लिये जाता है। उनके पैर बार-बार पत्थरों से टकराये। तब किसी ने उन्हें पहाड़ पर से पटका, वे मूर्छित हो गयीं।

जब वे सचेत हुईं तो किसी की ज़रा भी आहट न मिलती थी। समझीं कि सब लोग खा-पी कर सो गये और उनके साथ मेरी तकदीर भी सो गयी। रात कैसे कटेगी ? राम ! क्या खाऊँ ? पेट में अग्नि धधक रही है ? हा! किसी ने मेरी सुधि न ली ! क्या मेरा पेट काटने से धन जुड़ जायगा ? इन लोगों को इतनी भी दया नहीं आती कि न जाने बुढ़िया कब मर जाय ? उसका जी क्यों दुखावें ? मैं पेट की रोटियाँ ही खाती हूँ कि और कुछ ? इस पर यह हाल। मैं अंधी, अपाहिज ठहरी, न कुछ सुनूँ न बूझूँ। यदि आँगन में चली गयी तो क्या बुद्धिराम से इतना कहते न बनता था कि काकी अभी लोग खा रहे हैं, फिर आना। मुझे घसीटा, पटका। उन्हीं पूड़ियों के लिए रूपा ने सबके सामने गालियाँ दीं। उन्हीं पूड़ियों के लिए इतनी दुर्गति करने पर भी उनका पत्थर का कलेजा न पसीजा। सबको खिलाया, मेरी बात तक न पूछी। जब तक ही न दीं, तब अब क्या देंगे ?

यह विचार कर काकी निराशामय संतोष के साथ लेट गयीं। ग्लानि से गला भर-भर आता था, परन्तु मेहमानों के भय से रोती न थीं।

सहसा उनके कानों में आवाज़ आयी—"काकी उठो; मैं पूड़ियाँ लायी हूँ।" काकी ने लाडली की बोली पहचानी। चटपट उठ बैठीं। दोनों हाथों से लाड़ली को टटोला और उसे गोद में बैठा लिया। लाड़ली ने पूड़ियाँ निकाल कर दीं।

काकी ने पूछा—क्या तुम्हारी अम्माँ ने दी हैं ?

लाडली ने कहा— नहीं, यह मेरे हिस्से की हैं।

काकी पूड़ियों पर टूट पड़ीं। पाँच मिनट में पिटारी खाली हो गयी।

लाडली ने पूछा—काकी पेट भर गया ?

जैसे थोड़ी-सी वर्षा ठंडक के स्थान पर और भी गर्मी पैदा कर देती है उसी भाँति इन थोड़ी पूड़ियों ने काकी की क्षुधा और इच्छा को और उत्तेजित कर दिया था। बोलीं—नहीं बेटी, जा कर अम्माँ से और माँग लाओ।

लाडली ने कहा—अम्माँ सोती हैं, जगाऊँगी तो मारेंगी।

काकी ने पिटारी को फिर टटोला। उसमें कुछ खुर्चन गिरे थे। उन्हें निकाल कर वे खा गयीं। बार-बार होंठ चाटती थीं, चटखारे भरती थीं।

हृदय मसोस रहा था कि और पूड़ियाँ कैसे पाऊँ। संतोष-सेतु जब टूट जाता है तब इच्छा का बहाव अपरिमित हो जाता है। मतवालों को मद का स्मरण करना उन्हें मदांध बनाता है। काकी का अधीर मन इच्छा प्रबल प्रवाह में बह गया। उचित और अनुचित का विचार जाता रहा। वे कुछ देर तक उस इच्छा को रोकती रहीं। सहसा लाडली से बोलीं—मेरा हाथ पकड़ कर वहाँ ले चलो जहाँ मेहमानों ने बैठ कर भोजन किया है।

लाडली उनका अभिप्राय समझ न सकी। उसने काकी का हाथ पकड़ा और ले जा कर जूठे पत्तलों के पास बैठा दिया। दीन, क्षुधातुर, हत-ज्ञान बुढ़िया पत्तलों से पूड़ियों के टुकड़े चुन-चुन कर भक्षण करने लगी। ओह ! दही कितना स्वादिष्ट था, कचौड़ियाँ कितनी सलोनी, खस्ता कितने सुकोमल। काकी बुद्धिहीन होते हुए भी इतना जानती थीं कि मैं वह काम कर रही हूँ, जो कदापि न करना चाहिए। मैं दूसरों की जूठी पत्तल चाट रही हूँ। परन्तु बुढ़ापा तृष्णा रोग का अंतिम समय है, जब सम्पूर्ण इच्छाएँ एक ही केन्द्र पर आ लगती हैं। बूढ़ी काकी में यह केन्द्र उनकी स्वादेन्द्रिय थी।

ठीक उसी समय रूपा की आँखें खुलीं। उसे मालूम हुआ कि लाडली मेरे पास नहीं है। वह चौंकी, चारपाई के इधर-उधर ताकने लगी कि कहीं नीचे तो नहीं गिर पड़ी। उसे वहाँ न पाकर वह उठी तो क्या देखती है कि लाडली जूठे पत्तलों के पास चुपचाप खड़ी है और बूढ़ी काकी पत्तलों पर से पूड़ियों के टुकड़े उठा-उठा कर खा रही है। रूप का हृदय सन्न हो गया। किसी गाय की गर्दन पर छुरी चलते देख कर जो अवस्था उसकी होती, वही उस समय हुई। एक ब्राह्मणी दूसरों की जूठी पत्तल टटोले, इससे अधिक शोकमय दृश्य असम्भव था। पूड़ियों के कुछ ग्रासों के लिए उसकी चचेरी सास ऐसा पतित और निःकृष्ट कर्म कर रही है। यह वह दृश्य था जिसे देखकर देखने वालों के हृदय काँप उठते हैं। ऐसा प्रतीत होता मानो जमीन रुक गयी, आसमान चक्कर खा रहा है। संसार पर कोई आपत्ति आनेवाली है। रूपा को क्रोध न आया। शोक के सम्मुख क्रोध कहाँ ? करुणा और भय से उसकी आँखें भर आयीं ! इस अधर्म के पाप का भागी कौन है ? उसने सच्चे हृदय से गगन-मंडल की ओर हाथ उठाकर कहा—परमात्मा, मेरे बच्चों पर दया करो। इस अधर्म का दण्ड मुझे मत दो, नहीं तो मेरा सत्यानाश हो जायगा।

रूपा को अपनी स्वार्थपरता और अन्याय इस प्रकार प्रत्यक्ष रूप में कभी न देख पड़े थे। वह सोचने लगी—हाय ! कितनी निर्दय हूँ। जिसकी सम्पत्ति से मुझे दो सौ रुपया वार्षिक आय हो रही है, उसकी यह दुर्गति ! और मेरे कारण ! हे दयामय भगवान् ! मुझसे बड़ी भारी चूक हुई है, मुझे क्षमा करो ! आज मेरे बेटे का तिलक

था। सैकड़ों मनुष्यों ने भोजन पाया। मैं उनके इशारों की दासी बनी रही। अपने नाम के लिए सैकड़ों रुपये व्यय कर दिये; परंतु जिसकी बदौलत हजारों रुपये खाये, उसे इस उत्सव में भी भरपेट भोजन न दे सकी। केवल इसी कारण तो, वह वृद्धा असहाय है।

रूपा ने दीया जलाया, अपने भंडार का द्वार खोला और एक थाली में सम्पूर्ण सामग्रियाँ सजा कर लिए हुए बूढ़ी काकी की ओर चली।

आधी रात जा चुकी थी, आकाश पर तारों के थाल सजे हुए थे और उन पर बैठे हुए देवगण स्वर्गीय पदार्थ सजा रहे थे, परंतु उनमें किसी को वह परमानंद प्राप्त न हो सकता था, जो बूढ़ी काकी को अपने सम्मुख थाल देख कर प्राप्त हुआ। रूपा ने कंठावरुद्ध स्वर में कहा—काकी उठो, भोजन कर लो। मुझसे आज बड़ी भूल हुई, उसका बुरा न मानना। परमात्मा से प्रार्थना कर दो कि वह मेरा अपराध क्षमा कर दें।

भोले-भाले बच्चों की भाँति, जो मिठाइयाँ पा कर मार और तिरस्कार सब भूल जाते हैं, बूढ़ी काकी वैसे ही सब भुला कर बैठी हुई खाना खा रही थीं। उनके एक-एक रोयें से सच्ची सदिच्छाएँ निकल रही थीं और रूपा बैठी इस स्वर्गीय दृश्य का आनंद लेने में निमग्न थी।

❐

मुबारक बीमारी

प्रथमतः उर्दू में 1920 से पूर्व प्रकाशित

1

रात के नौ बज गए थे। एक युवती अँगीठी के सामने बैठी हुई आग फूँकती और उसके गाल आग के कुंदनी रंग में दहक रहे थे। उसकी बड़ी-बड़ी नरगिसी आँखें दरवाजे की तरफ लगी हुई थीं। कभी चौंककर आँगन की तरफ ताकती, कभी कमरे की तरफ। फिर आने वालों की इस देरी से त्योरियों पर बल पंड़ जाते और आँखों में हल्का-सा गुस्सा नजर आता। कमल पानी में झकोले खाने लगता।

इसी बीच आने वालों की आहट मिली। कहार बाहर पड़ा खर्राटे ले रहा था। बूढ़े लाला हरनामदास ने आते ही उसे एक ठोकर लगाकर कहा—कमबख्त, अभी शाम हुई है और अभी से लंबी तान दी !

नौजवान लाला हरिदास घर में दाखिल हुए—चेहरा बुझा हुआ, चिंतित। देवकी ने आकर उनका हाथ पकड़ लिया और गुस्से व प्यार की मिली हुई आवाज से बोली—आज इतनी देर क्यों हुई ?

दोनों नये खिले हुए फूल थे—एक पर ओस की ताजगी थी, दूसरा धूप से मुर्झाया हुआ।

हरिदास—हाँ, आज देर हो गई, तुम यहाँ क्यों बैठी रहीं ?

देवकी—क्या करती, आग बुझी जाती थी, खाना न ठंडा हो जाता।

हरिदास—तुम जरा से काम के लिए इतनी देर आग के सामने न बैठा करो। बाज आया गरम खाने से।

देवकी—अच्छा कपड़े तो उतारो, आज इतनी देर क्यों की ?

हरिदास—क्या बताऊँ, पिताजी ने ऐसा नाक में दम कर दिया है कि कुछ कहते नहीं बनता। इस रोज-रोज की झंझट से तो यही अच्छा है कि मैं कहीं और नौकरी कर लूँ।

लाला हरनामदास एक आटे की चक्की के मालिक थे। उनकी जवानी के दिनों में आस-पास दूसरी चक्की न थी। उन्होंने खूब धन कमाया। मगर अब वह हालत न थी। चक्कियाँ कीड़े-मकोड़ों की तरह पैदा हो गई थीं, नई मशीनों और ईजादों के साथ। उनके काम करने वाले भी जोशीले नौजवान थे, मुस्तैदी से काम करते थे। इसलिए हरनामदास का कारखाना रोज गिरता जाता। बूढ़े आदमियों को नई चीजों से जो चिढ़ हो जाती है वह लाला हरनामदास को भी थी। वह अपनी पुरानी मशीन ही को चलाते

थे, किसी किस्म की तरक्की या सुधार को पाप समझते थे, मगर अपनी इस मंदी पर कुढ़ा करते थे। हरिदास ने उनकी मर्जी के खिलाफ कालेजियेट शिक्षा प्राप्त की थी और उसका इरादा था कि अपने पिता के कारखाने को नए उसूलों पर चलाकर आगे बढ़ाए। लेकिन जब वह उनसे किसी परिवर्तन या सुधार का जिक्र करता तो लाला साहब जामे से बाहर हो जाते और बड़े गर्व से कहते—कॉलेज में पढ़ने से तजुर्बा नहीं आता। तुम अभी बच्चे हो, इस काम में मेरे बाल सफेद हो गए हैं, तुम मुझे सलाह मत दो। जिस तरह मैं कहता हूँ, काम किए जाओ।

कई बार ऐसे मौके आ चुके थे कि बहुत ही छोटे मामलों में अपने पिता की मर्जी के खिलाफ काम करने के जुर्म में हरिदास को सख्त फटकारें सहनी पड़ी थीं। इसी वजह से अब वह इस काम में कुछ उदासीन हो गया था और किसी दूसरे कारखाने में किस्मत आजमाना चाहता था जहाँ उसे अपने विचारों को अमली सूरत देने की ज्यादा सहूलियतें हासिल हों।

देवकी ने सहानुभूतिपूर्वक कहा—तुम इस फिक्र में क्यों जान खपाते हो, जैसे वह कहें, वैसे ही करो, भला दूसरी जगह नौकरी कर लोगे तो वह क्या कहेंगे ? और चाहे वे गुस्से के मारे कुछ न बोलें, लेकिन दुनिया तो तुम्हीं को बुरा कहेगी।

देवकी नई शिक्षा के आभूषण से वंचित थी। उसने स्वार्थ का पाठ न पढ़ा था, मगर उसका पति अपने 'अलमामेटर' का एक प्रतिष्ठित सदस्य था। उसे अपनी योग्यता पर पूरा भरोसा था। उस पर नाम कमाने का जोश। इसलिए वह अपने बूढ़े पिता के पुराने ढर्रों को देखकर धीरज खो बैठता था। अगर अपनी योग्यताओं के लाभप्रद उपयोग की कोशिश के लिए दुनिया उसे बुरा कहे, तो उसको परवाह न थी। झुँझलाकर बोला—कुछ मैं अमरित की घरिया पीकर तो आया नहीं हूँ कि सारी उम्र उनके मरने का इंतजार किया करूँ। मूर्खों की अनुचित टीका-टिप्पणियों के डर से क्या अपनी उम्र बरबाद कर दूँ। मैं अपने कुछ हमउम्रों को जानता हूँ जो हर्गिज मेरी-सी योग्यता नहीं रखते। लेकिन वह मोटर पर हवा खाने निकलते हैं, बंगले में रहते हैं और शान से जिंदगी बसर करते हैं तो मैं क्यों हाथ-पर-हाथ रखे जिंदगी को अमर समझे बैठा रहूँ। संतोष और निस्पृहता का युग बीत गया। यह संघर्ष का युग है। यह मैं जानता हूँ कि पिता का आदर करना मेरा धर्म है। मगर सिद्धांतों के मामले में मैं उनसे क्या किसी से भी नहीं दब सकता।

इसी बीच कहार ने आकर कहा—लालाजी थाली माँगते हैं।

लाला हरनामदास हिंदू रस्म-रिवाज के बड़े पाबंद थे। मगर बुढ़ापे के कारण चौके के चक्कर से मुक्ति पा चुके थे। पहले कुछ दिनों तक जाड़ों में रात को पूड़ियाँ खाते रहे, अब कमजोरी के कारण पूड़ियाँ न हजम होती थीं इसलिए चपातियाँ ही अपनी बैठक में मँगा लिया करते थे। मजबूरी ने वह कराया था जो हुज्जत और दलील के काबू से बाहर था।

हरिदास के लिए भी देवकी ने खाना निकाला। पहले तो वह हजरत बहुत दुखी नजर आते थे, लेकिन बघार की खुशबू ने खाने के लिए चाव पैदा कर दिया था। अक्सर हम अपनी आँख और नाक से हाजमे का काम लिया करते हैं।

2

लाला हरनामदास रात को भले-चंगे सोए लेकिन अपने बेटे की गुस्ताखियाँ और कुछ अपने कारबार की सुस्ती और मंदी उनकी आत्मा के लिए भयानक कष्ट का कारण हो गईं और चाहे इसी उद्विग्नता का असर हो, चाहे बुढ़ापे का, सुबह होने से पहले उन पर लकवे का हमला हो गया। जबान बंद हो गई और चेहरा ऐंठ गया। हरिदास डॉक्टर के पास दौड़ा। डॉक्टर आए, मरीज को देखा और बोले—डरने की कोई बात नहीं। सेहत होगी मगर तीन महीने से कम न लगेंगे। चिंताओं के कारण यह हमला हुआ है इसलिए कोशिश करनी चाहिए कि वह आराम से सोएँ, परेशान न हों और जबान खुल जाने पर भी, जहाँ तक मुमकिन हो, बोलने से बचें।

बेचारी देवकी बैठी रो रही थी। हरिदास ने आकर उसको सांत्वना दी और फिर डॉक्टर के यहाँ से दवा लाकर दी। थोड़ी देर में मरीज को होश आया, इधर-उधर कुछ खोजती हुई-सी निगाहों से देखा कि जैसे कुछ कहना चाहते हैं और फिर इशारे से लिखने के लिए कागज माँगा। हरिदास ने कागज और पेंसिल रख दी, तो बूढ़े लाला साहब ने हाथों को खूब सम्हालकर लिखा—इंतजाम दीनानाथ के हाथ में रहे।

ये शब्द हरिदास के हृदय में तीर की तरह लगे। अफसोस ! अब भी मुझ पर भरोसा नहीं ? यानी कि दीनानाथ मेरा मालिक होगा और मैं उसका गुलाम बनकर रहूँगा ! यह नहीं होने का। कागज लिए हुए देवकी के पास आए और बोले—लालाजी ने दीनानाथ को मैनेजर बनाया है, उन्हें मुझ पर इतना एतबार भी नहीं है, लेकिन मैं इस मौके को हाथ से न जाने दूँगा। उनकी बीमारी का अफसोस तो जरूर है मगर शायद परमात्मा ने मुझे अपनी योग्यता दिखलाने का यह अवसर दिया है, और इससे मैं जरूर फायदा उठाऊँगा। कारखाने के कर्मचारियों ने इस दुर्घटना की खबर सुनी तो बहुत घबराए। उनमें कई निकम्मे, बेमसरफ आदमी भरे हुए थे, जो सिर्फ खुशामद और चिकनी-चुपड़ी बातों की रोटी खाते थे। मिस्त्री ने कई दूसरे कारखानों में मरम्मत का काम उठा लिया और रोज किसी-न-किसी बहाने से खिसक जाता था। फायरमैन और मशीनमैन दिन को तो झूठ-मूठ चक्की की सफाई में काटते थे और रात को काम करके ओवरटाइम की मजदूरी ले लिया करते थे। दीनानाथ जरूर होशियार और तजर्बेकार आदमी था, मगर उसे भी काम करने के मुकाबले में 'जी हाँ' रटते रहने में ज्यादा मजा आता था। लाला हरनामदास मजदूरी देने में बहुत हीले-हवाले किया करते थे और अक्सर काट-कपट के भी आदी थे। इसी को वह कारबार का अच्छा उसूल

समझते थे।

हरिदास ने कारखाने में पहुँचते ही साफ शब्दों में कह दिया कि तुम लोगों को मेरे वक्त में जी लगाकर काम करना होगा। मैं इसी महीने में काम देखकर सबकी तरक्की करूँगा। मगर अब टाल-मटोल का गुजर नहीं, जिन्हें मंजूर न हो वह अपना बोरिया-बिस्तर सम्हालें और फिर दीनानाथ को बुलाकर कहा—भाई साहब, मुझे खूब मालूम है कि आप होशियार और सूझबूझ रखने वाले आदमी हैं। आपने अब तक यहाँ का जो रंग देखा, वही अख्तियार किया है। लेकिन अब मुझे आपके तजुर्बे और मेहनत की जरूरत है। पुराने हिसाबों को जाँच-पड़ताल कीजिए। बाहर से काम लाना मेरा जिम्मा है लेकिन यहाँ का इंतजाम आपके सुपुर्द है। जो कुछ नफा होगा, उसमें आपका भी हिस्सा होगा। मैं चाहता हूँ कि दादा की अनुपस्थिति में कुछ अच्छा काम करके दिखाऊँ।

इस मुस्तैदी और चुस्ती का असर बहुत जल्द कारखाने में नजर आने लगा। हरिदास ने खूब इश्तहार बँटवाए। उनका असर यह हुआ कि काम आने लगा। दीनानाथ की मुस्तैदी की बदौलत ग्राहकों को नियत समय पर और किफायत से आटा मिलने लगा। पहला महीना भी खत्म न हुआ था कि हरिदास ने नई मशीन मँगवाई। थोड़े अनुभवी आदमी रख लिए, फिर क्या था सारे शहर में इस कारखाने की धूम मच गई। हरिदास ग्राहकों से इतनी अच्छी तरह पेश आता कि जो एक बार उससे मुआमला करता वह हमेशा के लिए उसका खरीददार बन जाता। कर्मचारियों के साथ उसका सिद्धांत था—काम सख्त और मजदूरी ठीक। उसके ऊँचे व्यक्तित्व का भी स्पष्ट प्रभाव दिखाई पड़ा। करीब-करीब सभी कारखानों का रंग फीका पड़ गया। उसने बहुत ही कम नफे पर कई ठेके ले लिए। मशीन को दम मारने की मोहलत न थी, रात और दिन काम होता था। तीसरा महीना खत्म होते-होते उस कारखाने की शक्ल ही बदल गई। हाते में घुसते ही ठेले और गाड़ियों की भीड़ नजर आती थी। कारखाने में बड़ी चहल-पहल थी—हर आदमी अपने-अपने काम में लगा हुआ। इसके साथ ही प्रबंध कौशल का यह वरदान था कि भद्दी हड़बड़ी और जल्दबाजी का कहीं निशान न था।

3

लाला हरनामदास धीरे-धीरे ठीक होने लगे। एक महीने के बाद वह रुक-रुककर कुछ बोलने लगे। डॉक्टर की सख्त ताकीद थी कि उन्हें पूरी शांति की स्थिति में रखा जाए मगर जब से उनकी जबान खुली उन्हें एक दम को भी चैन न था। देवकी से कहा करते—सारा कारोबार मिट्टी में मिला जाता है। यह लड़का नहीं मालूम क्या कर रहा है, सारा काम अपने हाथ में ले रखा है। मैंने ताकीद कर दी थी कि दीनानाथ को मैनेजर बनाना लेकिन उसने जरा भी परवाह न की। मेरी सारी उम्र की कमाई बरबाद हुई जाती है।

देवकी उनको सांत्वना देती कि आप इन बातों की आशंका न करें। कारबार बहुत खूबी से चल रहा है और खूब नफा हो रहा है। पर वह भी इस मामले को तूल देते हुए डरती थी कि कहीं लकवे का फिर हमला न जो जाए। हूँ-हाँ कहकर टालना चाहती थी। हरिदास ज्यों ही घर में आता, लालाजी उस पर सवालों की बौछार कर देते और जब वह टालकर कोई दूसरा जिक्र छेड़ देता तो बिगड़ जाते और कहते–जालिम, तू जीते-जी मेरे गले पर छुरी फेर रहा है। मेरी पूँजी उड़ा रहा है। तुझे क्या मालूम कि मैंने एक-एक कौड़ी किस मशक्कत से जमा की है। तूने दिल में ठान ली है कि इस बुढ़ापे में मुझे गली-गली ठोकर खिलाए, मुझे कौड़ी-कौड़ी का मुहताज बनाए।

हरिदास फटकार का कोई जवाब न देता क्योंकि बात से बात बढ़ती है। उसकी चुप्पी से लाला साहब को यकीन हो जाता कि जरूर कारखाना तबाह हो गया।

एक रोज देवकी ने हरिदास ने कहा–अभी कितने दिन और इन बातों को लालाजी से छिपाओगे ?

हरिदास ने जवाब दिया–मैं चाहता हूँ कि नई मशीन का रुपया अदा हो जाए तो उन्हें ले जाकर सब कुछ दिखा दूँ। तब तक डॉक्टर साहब की हिदायत के अनुसार तीन महीने भी पूरे हो जाएँगे।

देवकी–लेकिन इस छिपाने से क्या फायदा, जब वे आठों पहर इसी की रट लगाए रहते हैं। इससे तो चिंता और बढ़ती ही है, कम नहीं होती। इससे तो यही अच्छा है कि उनसे सब कुछ कह दिया जाए।

हरिदास–मेरे कहने का तो उन्हें यकीन आ चुका। हाँ, दीनानाथ कहें तो शायद यकीन हो।

देवकी–अच्छा तो कल दीनानाथ को यहाँ भेज दो। लालाजी उसे देखते ही खुद बुला लेंगे, तुम्हें इस रोज-रोज की डाँट-फटकार से तो छुट्टी मिल जाएगी।

हरिदास–अब मुझे इन फटकारों का जरा भी दुःख नहीं होता। मेरी मेहनत और योग्यता का नतीजा आँखों के सामने मौजूद है। जब मैंने कारखाना अपने हाथ में लिया था, आदमनी और खर्च का मीजान मुश्किल से बैठता था। आज पाँच सौ नफा है। तीसरा महीना खत्म होने वाला है और मैं मशीन की आधी कीमत अदा कर चुका। शायद अगले दो महीनों में पूरी कीमत अदा हो जाएगी। उस वक्त से कारखाने का खर्च तिगुने से ज्यादा है लेकिन आमदनी पाँच गुनी हो गई है। हजरत देखेंगे तो आँखें खुल जाएँगी। कहीं हाते में उल्लू बोलते थे। एक मेज पर बैठे आप ऊँघा करते थे, एक पर दीनानाथ कान कुरेदा करता था। मिस्त्री और फायरमैन ताश खेलते थे। बस, दिन में दो-चार घंटे चक्की चल जाती थी। अब दम मारने की फुर्सत नहीं है। सारी जिंदगी में जो कुछ न कर सके वह मैंने तीन महीने में करके दिखा दिया। इसी तजुर्बे और कार्रवाई पर आपको इतना घमण्ड था। जितना काम वह एक महीने में करते थे

उतना मैं रोज कर डालता हूँ।

देवकी ने भर्त्सनापूर्ण नेत्रों से देखकर कहा–अपने मुँह मियाँ मिट्ठू बनना कोई तुमसे सीख ले ! जिस तरह माँ अपने बेटे को हमेशा दुबला ही समझती है, उसी तरह बाप भी बेटे को हमेशा नादान समझा करता है। वह उनकी ममता है, बुरा मानने की बात नहीं है।

हरिदास ने लज्जित होकर सर चुका लिया।

4

दूसरे रोज दीनानाथ उनको देखने के बहाने से लाला हरनामदास की सेवा में उपस्थित हुआ। लालाजी उसे देखते ही तकिए के सहारे उठ बैठे और पागलों की तरह बेचैन होकर पूछा–क्यों, कारोबार सब तबाह हो गया कि अभी कुछ कसर बाकी है ! तुम लोगों ने तो मुझे मुर्दा समझ लिया है। कभी बात तक न पूछी। कम-से-कम तुमसे मुझे ऐसी उम्मीद न थी। बहू ने मेरी तीमारदारी न की होती तो मर ही गया होता।

दीनानाथ–आपका कुशल-मंगल रोज बाबू साहब से पूछ लिया करता था। आपने मेरे साथ जो नेकियाँ की हैं, उन्हें मैं भूल नहीं सकता। मेरा एक-एक रोआँ आपका एहसान-मंद है। मगर इस बीच काम ही कुछ ऐसा था कि हाजिर होने की मोहलत न मिली।

हरनामदास–खैर, कारखाने का क्या हाल है ? दीवाला होने में क्या कसर बाकी है ?

दीनानाथ ने ताज्जुब के साथ कहा–यह आपसे किसने कह दिया कि दीवाला होने वाला है? इस अरसे में कारोबार में जो तरक्की हुई है, वह आप खुद अपनी आँखों से देख लेंगे।

हरनामदास व्यंग्यपूर्वक बोले–शायद तुम्हारे बाबू साहब ने तुम्हारी मनचाही तरक्की कर दी ! अच्छा, अब स्वामिभक्ति छोड़ो और साफ बतलाओ। मैंने ताकीद कर दी थी कि कारखाने का इंतजाम तुम्हारे हाथ में रहेगा। मगर शायद हरिदास ने सब कुछ अपने ही हाथ में रखा।

दीनानाथ–जी हाँ, मगर मुझे इसका जरा भी दुःख नहीं। वही इस काम के लिए ठीक भी थे। जो कुछ उन्होंने कर दिखाया, वह मुझसे हर्गिज न हो सकता।

हरनामदास–मुझे यह सुन-सुनकर हैरत होती है। बतलाओ, क्या तरक्की हुई ?

दीनानाथ–तफसील तो बहुत ज्यादा होगी, मगर थोड़े में यह समझ लीजिए कि पहले हम लोग जितना काम एक महीने में करते थे उतना अब रोज होता है। नई मशीन आई थी, उसकी आधी कीमत अदा हो चुकी है। वह अक्सर रात को भी चलती है। ठाकुर कंपनी का पाँच हजार मन आटे का ठेका लिया था, वह पूरा होने वाला है। जगतराम बनवारीलाल से कमसरियट का ठेका लिया है। उन्होंने हमको पाँच सौ बोरे

माहवार का बयाना दिया है। इसी तरह और फुटकर काम कई गुना बढ़ गया है।। आदमनी के साथ खर्च भी बढ़े हैं। कई आदमी नए रखे गए हैं, मुलाजिमों को मजदूरी के साथ कमीशन भी मिलता है मगर खालिस नफा पहले के मुकाबले में चौगुने के करीब है।

हरनामदास ने बड़े ध्यान से यह बातें सुनीं। वह गौर से दीनानाथ के चेहरे की तरफ देख रहे थे। शायद उसके दिल में पैठकर सच्चाई की तह तक पहुँचना चाहते थे। संदेहपूर्ण स्वर में बोले—दीनानाथ, तुम कभी मुझसे झूठ नहीं बोलते थे लेकिन तो भी मुझे इन बातों पर यकीन नहीं आता और जब तक अपनी आँखों से देख न लूँगा, यकीन न आएगा।

दीनानाथ कुछ निराश होकर विदा हुआ। उसे आशा थी कि लाला साहब तरक्की और कारगुजारी की बात सुनते ही फूले न समाएँगे और मेरी मेहनत की दाद देंगे। उस बेचारे को न मालूम था कि कुछ दिलों में संदेह की जड़ इतनी मजबूत होती है कि सबूत और दलील के हमले उस पर कुछ असर नहीं कर सकते। यहाँ तक कि वह अपनी आँख से देखने को भी धोखा या तिलिस्म समझता है।

दीनानाथ के चले जाने के बाद लाला हरनामदास कुछ देर तक गहरे विचार में डूबे रहे और फिर यकायक कहार से बग्घी मँगवाई, लाठी के सहारे बग्घी में आ बैठे और उसे अपने चक्कीघर चलने का हुक्म दिया।

दोपहर का वक्त था। कारखानों के मजदूर खाना खाने के लिए गोल-के-गोल भागे चले आते थे। मगर हरिदास के कारखाने में काम जारी था। बग्घी अहाते में दाखिल हुई। दोनों तरफ फूलों की कतारें नजर आईं, माली क्यारियों में पानी दे रहा था। ठेले और गाड़ियों के मारे बग्घी को निकलने की जगह न मिलती थी। जिधर निगाह जाती थी, सफाई और हरियाली नजर आती थी।

हरिदास अपने मुहर्रिर को कुछ खतों का मसौदा लिखा रहा था कि बूढ़े लालाजी लाठी टेकते हुए कारखाने में दाखिल हुए। हरिदास फौरन उठ खड़ा हुआ और उन्हें हाथों का सहारा देते हुए बोला—आपने कहला क्यों न भेजा कि मैं आना चाहता हूँ, पालकी मँगवा देता। आपको बहुत तकलीफ हुई। यह कहकर उसने एक आरामकुर्सी बैठने के लिए खिसका दी। कारखाने के कर्मचारी दौड़े और उनके चारों तरफ बहुत अदब के साथ खड़े हो गए। हरनामदास कुर्सी पर बैठ गए और बोरों के छत चूमने वाले ढेर पर नजर दौड़ाकर बोले—मालूम होता है कि दीनानाथ सच कहता था। मुझे यहाँ कई नई सूरतें नजर आती हैं। भला कितना काम रोज होता है ?

हरिदास—आजकल काम ज्यादा आ गया था इसलिए कोई पाँच सौ मन रोजाना तैयार हो जाता था लेकिन औसत ढाई सौ मन का रहेगा। मुझे नई मशीन की कीमत अदा करनी थी इसलिए अक्सर रात को भी काम होता है।

हरनामदास—कुछ कर्ज लेना पड़ा ?

हरिदास—एक कौड़ी नहीं। सिर्फ मशीन की आधी कीमत बाकी है।

हरनामदास के चेहरे पर इत्मीनान का रंग नजर आया। संदेह ने विश्वास को जगह दी। प्यार भरी आँखों से लड़के की तरफ देखा और करुण स्वर में बोले—बेटा, मैंने तुम्हारे ऊपर बड़ा जुल्म किया, मुझे माफ करो। मुझे आदमियों की पहचान का बड़ा घमंड था, लेकिन मुझे बहुत धोखा हुआ। मुझे अब से बहुत पहले इस काम से हाथ खींच लेना चाहिए था। मैंने तुम्हें बहुत नुकसान पहुँचाया। यह बीमारी बड़ी मुबारक है जिसने मुझे तुम्हारी परख का मौका दिया और तुम्हें अपनी लियाकत दिखाने का। काश, यह हमला पाँच साल पहले ही हुआ होता। ईश्वर तुम्हें खुश रखे और हमेशा उन्नति दे, यही तुम्हारे बूढ़े बाप का आशीर्वाद है।

❐

लाग-डाँट

प्रथम प्रकाशन हिन्दी मासिक 'प्रभा' जुलाई 1921 में

1

जोखू भगत और बेचन चौधरी में तीन पीढ़ियों से अदावत चली आती थी। कुछ डाँड़-मेंड़ का झगड़ा था। उनके परदादों में कई बार खून-खच्चर हुआ। बापों के समय से मुकदमेबाजी शुरू हुई। दोनों कई बार हाईकोर्ट तक गये। लड़कों के समय में संग्राम की भीषणता और भी बढ़ी, यहाँ तक कि दोनों ही अशक्त हो गये। पहले दोनों इसी गाँव में आधे-आधे के हिस्सेदार थे। अब उनके पास उस झगड़नेवाले खेत को छोड़कर एक अंगुल जमीन न थी। भूमि गयी, धन गया, मान-मर्यादा गये लेकिन वह विवाद ज्यों का त्यों बना रहा। हाईकोर्ट के धुरंधर नीतिज्ञ एक मामूली-सा झगड़ा तय न कर सके।

इन दोनों सज्जनों ने गाँव को दो विरोधी दलों में विभक्त कर दिया था। एक दल की भंग-बूटी चौधरी के द्वार पर छनती; तो दूसरे दल के चरस-गाँजे के दम भगत के द्वार पर लगते थे। स्त्रियों और बालकों के भी दो दल हो गये थे। यहाँ तक कि दोनों सज्जनों के सामाजिक और धार्मिक विचारों में भी विभाजक रेखा खिंची हुई थी। चौधरी कपड़े पहने सत्तू खा लेते और भगत को ढोंगी कहते। भगत बिना कपड़े उतारे पानी भी न पीते और चौधरी को भ्रष्ट बतलाते। भगत सनातनधर्मी बने तो चौधरी ने आर्यसमाज का आश्रय लिया। जिस बजाज, पन्सारी या कुंजड़े से चौधरी सौदे लेते उसकी ओर भगतजी ताकना भी पाप समझते थे। और भगतजी की हलवाई की मिठाइयाँ, उनके ग्वाले का दूध और तेली का तेल चौधरी के लिए त्याज्य थे। यहाँ तक कि उनके आरोग्यता के सिद्धान्तों में भी भिन्नता थी। भगत जी वैद्यक के कायल थे, चौधरी यूनानी प्रथा के मानने वाले। दोनों चाहे रोग से मर जाते, पर अपने सिद्धांतों को न तोड़ते।

2

जब देश में राजनैतिक आंदोलन शुरू हुआ तो उसकी भनक उस गाँव में आ पहुँची। चौधरी ने आंदोलन का पक्ष लिया, भगत उनके विपक्षी हो गये। एक सज्जन ने आकर गाँव में किसान-सभा खोली। चौधरी उसमें शरीक हुए, भगत अलग रहे। जागृति और बढ़ी, स्वराज्य की चर्चा होने लगी। चौधरी स्वराज्यवादी हो गये, भगत ने राजभक्ति का पक्ष लिया। चौधरी का घर स्वराज्यवादियों का अड्डा हो गया, भगत का घर

राजभक्तों का क्लब बन गया।

चौधरी जनता में स्वराज्यवाद का प्रचार करने लगे :

"मित्रो, स्वराज्य का अर्थ है अपना राज। अपने देश में अपना राज हो वह अच्छा है कि किसी दूसरे का राज हो वह ?"

जनता ने कहा—अपना राज हो, वह अच्छा है।

चौधरी—तो यह स्वराज्य कैसे मिलेगा ? आत्मबल से, पुरुषार्थ से, मेल से, एक दूसरे से द्वेष करना छोड़ दो। अपने झगड़े आप मिल कर निपटा लो।

एक शंका—आप तो नित्य अदालत में खड़े रहते हैं।

चौधरी—हाँ, पर आज से अदालत जाऊँ तो मुझे गऊहत्या का पाप लगे। तुम्हें चाहिए कि तुम अपनी गाढ़ी कमाई अपने बाल-बच्चों को खिलाओ, और बचे तो परोपकार में लगाओ, वकील-मुखतारों की जेब क्यों भरते हो, थानेदार को घूस क्यों देते हो, अमलों की चिरौरी क्यों करते हो ? पहले हमारे लड़के अपने धर्म की शिक्षा पाते थे ; वह सदाचारी, त्यागी, पुरुषार्थी बनते थे। अब वह विदेशी मदरसों में पढ़ कर चाकरी करते हैं, घूस खाते हैं, शौक करते हैं, अपने देवताओं और पितरों की निंदा करते हैं, सिगरेट पीते हैं, साल बनाते हैं और हाकिमों की गोड़धरिया करते हैं। क्या यह हमारा कर्त्तव्य नहीं है कि हम अपने बालकों को धर्मानुसार शिक्षा दें ?

जनता—चंदा करके पाठशाला खोलनी चाहिए।

चौधरी—हम पहले मदिरा का छूना पाप समझते थे। अब गाँव-गाँव और गली-गली में मदिरा की दूकानें हैं। हम अपनी गाढ़ी कमाई के करोड़ों रुपये गाँजे-शराब में उड़ा देते हैं।

जनता—जो दारू-भाँग पिये उसे डाँड लगाना चाहिए !

चौधरी—हमारे दादा-बाबा, छोटे-बड़े सब गाढ़ा-गंजी पहनते थे। हमारी दादियाँ-नानियाँ चरखा काता करती थीं। सब धन देश में रहता था, हमारे जुलाहे भाई चैन की वंशी बजाते थे। अब हम विदेश के बने हुए महीन रंगीन कपड़ों पर जान देते हैं। इस तरह दूसरे देश वाले हमारा धन ढो ले जाते हैं ; बेचारे जुलाहे कंगाल हो गये। क्या हमारा यही धर्म है कि अपने भाइयों की थाली छीन कर दूसरों के सामने रख दें ?

जनता—गाढ़ा कहीं मिलता ही नहीं।

चौधरी—अपने घर का बना हुआ गाढ़ा पहनो, अदालतों को त्यागो, नशेबाजी छोड़ो, अपने लड़कों को धर्म-कर्म सिखाओ, मेल से रहो—बस, यही स्वराज्य है। जो लोग कहते हैं कि स्वराज्य के लिए खून की नदी बहेगी, वे पागल हैं—उनकी बातों पर ध्यान मत दो।

जनता यह बातें चाव से सुनती थी। दिनोंदिन श्रोताओं की संख्या बढ़ती जाती

थी। चौधरी के सब श्रद्धाभाजन बन गये।

3

भगत जी भी राजभक्ति का उपदेश करने लगे–

"भाइयो, राजा का काम राज करना और प्रजा का काम उसकी आज्ञा का पालन करना है। इसी को राजभक्ति कहते हैं। और हमारे धार्मिक ग्रंथों में हमें इसी राजभक्ति की शिक्षा दी गई है। राजा ईश्वर का प्रतिनिधि है, उसकी आज्ञा के विरुद्ध चलना महान पातक है। राजविमुख प्राणी नरक का भागी होता है।

एक शंका–राजा को भी तो अपने धर्म का पालन करना चाहिए ?

दूसरी शंका–हमारे राजा तो नाम के हैं, असली राजा तो विलायत के बनिये-महाजन हैं।

तीसरी शंका–बनिये धन कमाना जानते हैं, राज करना क्या जानें।

भगत–लोग तुम्हें शिक्षा देते हैं कि अदालतों में मत जाओ, पंचायतों में मुकदमे ले जाओ; लेकिन ऐसे पंच कहाँ हैं, जो सच्चा न्याय करें, दूध का दूध और पानी का पानी कर दें ! यहाँ मुँह-देखी बातें होंगी। जिनका कुछ दबाव है, उनकी जीत होगी, जिनका कुद दबाव नहीं है, वह बेचारे मारे जायँगे। अदालतों में सब कारवाई कानून पर होती है, वहाँ छोटे-बड़े सब बराबर हैं, शेर-बकरी एक घाट पर पानी पीते हैं।

दूसरी शंका–अदालतों का न्याय कहने ही को है, जिसके पास बने हुए गवाह और दाँव-पेंच खेले हुए वकील होते हैं, उसी की जीत होती है, झूठे-सच्चे की परख कौन करता है ? हाँ, हैरानी अलबत्ता होती है।

भगत–कहा जाता है कि विदेशी चीजों का व्यवहार मत करो। यह गरीबों के साथ घोर अन्याय है। हमको बाजार में जो चीज सस्ती और अच्छी मिले, वह लेनी चाहिए। चाहे स्वदेशी हो या विदेशी। हमारा पैसा सेंत में नहीं आता है कि उसे रद्दी-भद्दी स्वदेशी चीजों पर फेंकें।

एक शंका–अपने देश में तो रहता है, दूसरों के हाथ में तो नहीं जाता।

दूसरी शंका–अपने घर में अच्छा खाना न मिले तो क्या विजातियों के घर का अच्छा भोजन खाने लगेंगे ?

भगत–लोग कहते हैं, लड़कों को सरकारी मदरसों में मत भेजो। सरकारी मदरसे में न पढ़ते तो आज हमारे भाई बड़ी-बड़ी नौकरियाँ कैसे पाते, बड़े-बड़े कारखाने कैसे बना लेते ? बिना नयी विद्या पढ़े अब संसार में निबाह नहीं हो सकता, पुरानी विद्या पढ़ कर पत्रा देखने और कथा बाँचने के सिवाय और क्या आता है ? राज-काज क्या पट्टी-पोथी बाँचने वाले लोग करेंगे।

एक शंका–हमें राज-काज न चाहिए। हम अपनी खेती-बारी ही में मगन हैं, किसी के गुलाम तो नहीं।

दूसरी शंका—जो विद्या घमंडी बना दे, उससे मूरख ही अच्छा, यही नयी विद्या पढ़कर तो लोग सूट-बूट, घड़ी-छड़ी, हैट-कैट लगाने लगते हैं और अपने शौक के पीछे देश का धन विदेशियों की जेब में भरते हैं। ये देश के द्रोही हैं।

भगत—गाँजा-शराब की ओर आजकल लोगों की कड़ी निगाह है। नशा बुरी लत है, इसे सब जानते हैं। सरकार को नशे की दूकानों से करोड़ों रुपये साल की आमदनी होती है। नशे की दूकानों में न जाने से लोगों की नशे की लत छूट जाय तो बड़ी अच्छी बात हे। वह दूकान पर न जायेगा तो चोरी-छिपे किसी-न-किसी तरह दूने-चौगुने दाम दे कर, सजा काटने पर तैयार हो कर, अपनी लत पूरी करेगा। तो ऐसा काम क्यों करो कि सरकार का नुकसान अलग हो, और गरीब रैयत का नुकसान अलग हो। और फिर किसी-किसी को नशा खाने से फायदा होता है। मैं ही एक दिन अफीम न खाऊँ तो गाँठों में दर्द होने लगे, दम उखड़ जाय और सरदी पकड़ ले।

एक आवाज—शराब पीने से बदन में फुर्ती आ जाती है।

एक शंका—सरकार अधर्म से रुपया कमाती है। उसे यह उचित नहीं। अधर्मी के राज में रह कर प्रजा का कल्याण कैसे हो सकता है ?

दूसरी शंका—पहले दारू पिला कर पागल बना दिया। लत पड़ी तो पैसे की चाट हुई। इतनी मजूरी किसको मिलती है कि रोटी-कपड़ा भी चले और दारू-शराब भी उड़े ? या तो बाल-बच्चों को भूखों मारो या चोरी करो, जुआ खेलो और बेईमानी करो। शराब की दूकान क्या है ? हमारी गुलामी का अड्डा है।

4

चौधरी के उपदेश सुनने के लिए जनता टूटती थी। लोगों को खड़े होने को जगह न मिलती। दिनोंदिन चौधरी का मान बढ़ने लगा। उनके यहाँ नित्य पंचायतों की राष्ट्रोन्नति की चर्चा रहती, जनता को इन बातों में बड़ा आनंद और उत्साह होता। उनके राजनैतिक ज्ञान की वृद्धि होती है। वह अपना गौरव और महत्त्व समझने लगे, उन्हें अपनी सत्ता का अनुभव होने लगा। निरंकुशता और अन्याय पर अब उनकी तिउरियाँ चढ़ने लगीं। उन्हें स्वतंत्रता का स्वाद मिला। घर की रुई, घर का सूत, घर का कपड़ा, घर का भोजन, घर की अदालत, न पुलिस का भय, न अमला की खुशामद, सुख और शांति से जीवन व्यतीत करने लगे। कितनों ही ने नशेबाजी छोड़ दी और सद्‌भावों की एक लहर-सी दौड़ने लगी।

लेकिन भगत जी इतने भाग्यशाली न थे। जनता को दिनोंदिन उनके उपदेशों से अरुचि होती जाती थी। यहाँ तक कि बहुधा उनके श्रोताओं में पटवारी, चौकीदार, मुदर्रिस और इन्हीं कर्मचारियों के मित्रों के अतिरिक्त और कोई न होता था। कभी-कभी बड़े हाकिम भी आ निकलते और भगत जी का बड़ा-आदर-सत्कार करते। जरा देर के लिए भगत जी के आँसू पुँछ जाते, लेकिन क्षण-भर का सम्मान आठों पहर के अपमान

की बराबरी कैसे करता ! जिधर निकल जाते उधर ही उँगलियाँ उठने लगतीं। कोई कहता, खुफिया पुलिस का भेदी है। भगत जी अपने प्रतिद्वंद्वी की बड़ाई और अपनी लोकनिंदा पर दाँत पीस-पीस कर रह जाते थे। जीवन में यह पहला ही अवसर था कि उन्हें सबके सामने नीचे देखना पड़ा। चिरकाल से जिस कुल-मर्यादा की रक्षा करते आये थे और जिस पर अपना सर्वस्व अर्पण कर चुके थे, वह धूल में मिल गयी। यह दाहमय चिंता उन्हें एक क्षण के लिए चैन न लेने देती। नित्य समस्या सामने रहती कि अपना खोया हुआ सम्मान क्योंकर पाऊँ, अपने प्रतिपक्षी को क्योंकर पददलित करूँ, कैसे उसका गरूर तोड़ूँ ?

अंत में उन्होंने सिंह को उसी की माँद में पछाड़ने का निश्चय किया।

5

संध्या का समय था। चौधरी के द्वार पर एक बड़ी सभा हो रही थी। आस-पास के गाँवों के किसान भी आ गये, हजारों आदमियों की भीड़ थी। चौधरी उन्हें स्वराज्य-विषयक उपदेश दे रहे थे। बार-बार भारतमाता की जय-जयकार की ध्वनि उठती थी। एक ओर स्त्रियों का जमाव था। चौधरी ने अपना उपदेश समाप्त किया और अपनी जगह पर बैठे। स्वयं सेवकों ने स्वराज्य फंड के लिए चंदा जमा करना शुरू किया कि इतने में भगत जी न जाने किधर से लपके हुए आये और श्रोताओं के सामने खड़े हो कर उच्च स्वर से बोले :

'भाइयो, मुझे यहाँ देखकर अचरज मत करो, मैं स्वराज्य का विरोधी नहीं हूँ। ऐसा पतित कौन प्राणी होगा जो स्वराज्य का निंदक हो; लेकिन इसके प्राप्त करने का यह उपाय नहीं है जो चौधरी ने बताया है और जिस पर तुम लोग लट्टू हो रहे हो। जब आपस में फूट और रार है, पंचायतों से क्या होगा ? जब विलासिता का भूत सिर पर सवार है तो नशा कैसे छूटेगा, मदिरा की दूकानों का बहिष्कार कैसे होगा ? सिगरेट, साबुन, मोजे, बनियान, अद्धी, तंजेब से कैसे पिंड छूटेगा ? जब रोब और हुकूमत की लालसा बनी हुई है तो सरकारी मदरसे कैसे छोड़ोगे, विधर्मी शिक्षा की बेड़ी से कैसे मुक्त हो सकोगे ? स्वराज्य लेने का केवल एक ही उपाय है और वह आत्म-संयम है। यही महौषधि तुम्हारे समस्त रोगों को समूल नष्ट करेगी। आत्मा को बलवान बनाओ, इंद्रियों को साधो, मन को वश में करो, तुममें भातृभाव पैदा होगा, तभी वैमनस्य मिटेगा, तभी ईर्ष्या और द्वेष का नाश होगा, तभी भोग-विलास से मन हटेगा, तभी नशेबाजी का दमन होगा। आत्मबल के बिना स्वराज्य कभी उपलब्ध न होगा। स्वयंसेवा सब पापों का मूल है, यही तुम्हें अदालतों में ले जाता है, यह तुम्हें विधर्मी शिक्षा का दास बनाये हुए है। इस पिशाच को आत्मबल से मारो और तुम्हारी कामना पूरी हो जायगी। सब जानते हैं, मैं 40 साल से अफीम का सेवन करता हूँ। आज से मैं अफीम को गऊ का रक्त समझता हूँ। चौधरी से मेरी तीन पीढ़ियों की अदावत है। आज से चौधरी मेरे भाई हैं। आज से मुझे या मेरे घर के

किसी प्राणी को घर के कते सूत से बुने हुए कपड़े के सिवाय कुछ और पहनते देखो तो मुझे जो दंड चाहो, दो। बस, मुझे यही कहना है, परमात्मा हम सब की इच्छा पूरी करे।'

यह कहकर भगत जी घर की ओर चले कि चौधरी दौड़कर उनके गले से लिपट गये। तीन पुश्तों की अदावत एक क्षण में शांत हो गयी।

उस दिन से चौधरी और भगत साथ-साथ स्वराज्य का उपदेश करने लगे। उनमें गाढ़ी मित्रता हो गयी और यह निश्चय करना कठिन था कि दोनों में जनता किसका अधिक सम्मान करती है।

प्रतिद्वंद्विता वह चिनगारी थी जिसने दोनों पुरुषों के हृदय-दीपक को प्रकाशित कर दिया था।

❒

हार की जीत

प्रथम प्रकाशन हिन्दी पत्रिका 'मर्यादा' मई 1922 में

1

केशव से मेरी पुरानी लाग-डाँट थी। लेख और वाणी, हास्य और विनोद सभी क्षेत्रों में मुझसे कोसों आगे था। उसके गुणों की चंद्र-ज्योति में मेरे दीपक का प्रकाश कभी प्रस्फुटित न हुआ। एक बार उसे नीचा दिखाना मेरे जीवन की सबसे बड़ी अभिलाषा थी। उस समय मैंने कभी स्वीकार नहीं किया, अपनी त्रुटियों को कौन स्वीकार करता है—पर वास्तव में मुझे ईश्वर ने उसकी जैसी बुद्धि-शक्ति न प्रदान की थी। अगर मुझे कुछ तस्कीन थी तो यह कि विद्याक्षेत्र में चाहे मुझे उनसे कंधा मिलाना कभी नसीब न हो, पर व्यवहार की रंगभूमि में सेहरा मेरे ही सिर रहेगा। लेकिन दुर्भाग्य से जब प्रणय-सागर में भी उसने मेरे साथ गोता मारा और रत्न उसी के हाथ लगता हुआ नजर आया तो मैं हताश हो गया। हम दोनों ने ही एम॰ ए॰ के लिए साम्यवाद का विषय लिया था। हम दोनो ही साम्यवादी थे। केशव के विषय में तो यह स्वाभविक बात थी। उसका कुल बहुत प्रतिष्ठित न था, न वह समृद्धि ही थी जो इस कमी को पूरा कर देती। मेरी अवस्था इसके प्रतिकूल थी। मैं खानदान का ताल्लुकेदार और रईस था। मेरी साम्यवादिता पर लोगों को कुतूहल होता था। हमारे साम्यवाद के प्रोफेसर बाबू हरिदास भाटिया साम्यवाद के सिद्धांतों के कायल थे, लेकिन शायद धन की अवहेलना न कर सकते थे। अपनी लज्जावती के लिए उन्होंने कुशाग्र बुद्धि केशव को नहीं, मुझे पसंद किया। एक दिन संध्या-समय वह मेरे कमरे में आये और चिंतित भाव से बोले—शारदाचरण, मैं महीनों से एक बड़ी चिंता में पड़ा हुआ हूँ। मुझे आशा है कि तुम उसका निवारण कर सकते हो ! मेरे कोई पुत्र नहीं है। मैंने तुम्हें और केशव दोनों ही को पुत्र-तुल्य समझा है। यद्यपि केशव तुमसे चतुर है, पर मुझे विश्वास है कि विस्तृत संसार में तुम्हें जो सफलता मिलेगी, वह उसे नहीं मिल सकती। अतएव मैंने तुम्हीं को अपनी लज्जा के लिए वरा है। क्या मैं आशा करूँ कि मेरा मनोरथ पूरा होगा।

मैं स्वतंत्र था। मेरे माता-पिता मुझे लड़कपन ही में छोड़ कर स्वर्ग चले गये थे। मेरे कुटुम्बियों में अब ऐसा कोई न था, जिसकी अनुमति लेने की मुझे जरूरत होती। लज्जावती जैसी सुशीला, सुन्दरी, सुशिक्षित स्त्री को पा कर कौन पुरुष होगा जो अपने भाग्य को न सराहता। मैं फूला न समाया। लज्जा एक कुसुमित वाटिका थी, जहाँ गुलाब की मनोहर सुगंधि थी और हरियाली की मनोरम शीतलता, समीर की शुभ्र तरंगें

थीं और पक्षियों का मधुर संगीत। वह स्वयं साम्यवाद पर मोहित थी। स्त्रियों के प्रतिनिधित्व और ऐसे ही अन्य विषयों पर उसने मुझसे कितनी ही बार बातें की थीं। लेकिन प्रोफेसर भाटिया की तरह केवल सिद्धान्तों की भक्त न थी, उनको व्यवहार में भी लाना चाहती थी। उसने चतुर केशव को अपना स्नेह-पात्र बनाया था, यद्यपि मैं जानता था कि प्रोफेसर भाटिया के आदेश को वह कभी नहीं टाल सकती। तथापि उसकी इच्छा के विरुद्ध मैं उसे अपनी प्रणयिनी बनाने के लिए तैयार न था। इस विषय में मैं स्वेच्छा के सिद्धान्त का कायल था। इसलिए मैं केशव की विरक्ति और क्षोभ से आशातीत आनन्द न उठा सका। हम दोनों ही दुःखी थे, और मुझे पहली बार केशव से सहानुभूति हुई। मैं लज्जावती से केवल इतना पूछना चाहता था कि उसने मुझे क्यों नजरों से गिरा दिया। पर उसके सामने ऐसे नाजुक प्रश्नों को छेड़ते हुए मुझे संकोच होता था, और यह स्वाभाविक था, क्योंकि कोई रमणी अपने अंतःकरण के रहस्यों को नहीं खोल सकती। लेकिन शायद लज्जावती इस परिस्थिति को मेरे सामने प्रकट करना अपना कर्तव्य समझ रही थी। वह इसका अवसर ढूँढ़ रही थी। संयोग से उसे शीघ्र ही अवसर मिल गया।

संध्या का समय था। केशव राजपूत हॉस्टल में साम्यवाद पर एक व्याख्यान देने गया हुआ था। प्रोफेसर भाटिया उस जलसे के प्रधान थे, लज्जा अपने बँगले में अकेली बैठी हुई थी। मैं अपने अशांत हृदय के भाव छिपाये हुए, शोक और नैराश्य की दाह से जलता हुआ उसके समीप आ कर बैठ गया। लज्जा ने मेरी ओर एक उड़ती हुई निगाह डाली और सदय भाव से बोली–कुछ चिंतित जान पड़ते हो ?

मैंने कृत्रिम उदासीनता से कहा–तुम्हारी बला से।

लज्जा–केशव का व्याख्यान सुनने नहीं गये !

मेरी आँखों से ज्वाला सी निकलने लगी। जब्त करके बोला–आज सिर में दर्द हो रहा था।

यह कहते-कहते अनायास ही मेरे नेत्रों से आँसू की कई बूँदें टपक पड़ीं। मैं अपने शोक को प्रदर्शित करके उसका करुणापात्र बनना नहीं चाहता था। मेरे विचार में रोना स्त्रियों के ही स्वभावानुकूल था। मैं उस पर क्रोध प्रकट करना चाहता था और निकल पड़े आँसू। मन के भाव इच्छा के अधीन नहीं होते।

मुझे रोते देख कर लज्जा की आँखों से आँसू गिरने लगे।

मैं कीना नहीं रखता, मलिन हृदय नहीं हूँ, लेकिन न मालूम क्यों लज्जा के रोने पर मुझे इस समय एक आनन्द का अनुभव हुआ। उस शोकावस्था में भी मैं उस पर व्यंग्य करने से बाज न रह सका। बोला–लज्जा, मैं तो अपने भाग्य को रोता हूँ। शायद तुम्हारे अन्याय की दुहाई दे रहा हूँ; लेकिन तुम्हारे आँसू क्यों ?

लज्जा ने मेरी ओर तिरस्कार-भाव से देखा और बोली–मेरे आँसुओं का रहस्य तुम न समझोगे क्योंकि तुमने कभी समझने की चेष्टा नहीं की। तुम मुझे कटु वचन

सुना कर अपने चित्त को शांत कर लेते हो। मैं किसे जलाऊँ। तुम्हें क्या मालूम है कि मैंने कितना आगा-पीछा सोचकर, हृदय को कितना दबाकर, कितनी रातें करवटें बदल कर और कितने आँसू बहा कर यह निश्चय किया है। तुम्हारी कुल-प्रतिष्ठा, तुम्हारी रियासत एक दीवार की भाँति मेरे रास्ते में खड़ी है। उस दीवार को मैं पार नहीं कर सकती। मैं जानती हूँ कि इस समय तुम्हें कुल-प्रतिष्ठा और रियासत का लेशमात्र भी अभिमान नहीं है। लेकिन यह भी जानती हूँ कि तुम्हारा कालेज की शीतल छाया में पला हुआ साम्यवाद बहुत दिनों तक सांसारिक जीवन की लू और लपट को न सह सकेगा। उस समय तुम अवश्य अपने फैसले पर पछताओगे और कुढ़ोगे। मैं तुम्हारे दूध की मक्खी और हृदय का काँटा बन जाऊँगी।

मैंने आर्द्र होकर कहा—जिन कारणों से मेरा साम्यवाद लुप्त हो जायगा, क्या वह तुम्हारे साम्यवाद को जीता छोड़ेगा ?

लज्जा—हाँ, मुझे पूरा विश्वास है कि मुझ पर उनका ज़रा भी असर न होगा। मेरे घर में कभी रियासत नहीं रही और कुल की अवस्था तुम भलीभाँति जानते हो। बाबू जी ने केवल अपने अविरल परिश्रम और अध्यवसाय से यह पद प्राप्त किया है। मुझे वह नहीं भूला है जब मेरी माता जीवित थीं और बाबू जी ग्यारह बजे रात को प्राइवेट ट्यूशन कर के घर आते थे। तो मुझे रियासत और कुल-गौरव का अभिमान कभी नहीं हो सकता, उसी तरह जैसे तुम्हारे हृदय से यह अभिमान कभी मिट नहीं सकता। यह घमंड मुझे उसी दशा में होगा जब मैं स्मृतिहीन हो जाऊँगी।

मैंने उद्दंडता से कहा—कुल-प्रतिष्ठा को तो मैं मिटा नहीं सकता, मेरे वश की बात नहीं है, लेकिन तुम्हारे लिए मैं आज रियासत की तिलांजलि दे सकता हूँ।

लज्जा क्रूर मुस्कान से बोली—फिर वही भावुकता ! अगर यह बात तुम किसी अबोध बालिका से करते तो कदाचित् वह फूली न समाती। मैं एक ऐसे गहन विषय में, जिस पर दो प्राणियों के समस्त जीवन का सुख-दुःख निर्भर है, भावुकता का आश्रय नहीं ले सकती। शादी बनावट नहीं है। परमात्मा साक्षी है मैं विवश हूँ, मुझे अभी तक स्वयं मालूम नहीं है कि मेरी डोंगी किधर जायेगी; लेकिन मैं तुम्हारे जीवन को कंटकमय नहीं बना सकती।

मैं यहाँ से चला तो इतना निराश न था जितना सचिंत। लज्जा ने मेरे सामने एक नयी समस्या उपस्थित कर दी थी।

2

हम दोनों साथ-साथ एम॰ ए॰ हुए। केशव प्रथम श्रेणी में आया, मैं द्वितीय श्रेणी में। उसे नागपुर के एक कालेज में अध्यापक का पद मिल गया। मैं घर आ कर अपनी रियासत का प्रबंध करने लगा। चलते समय हम दोनों गले मिल कर और रो कर विदा हुए। विरोध और ईर्ष्या को कालेज में छोड़ दिया।

मैं अपने प्रांत का पहला ताल्लुकेदार था, जिसने एम॰ ए॰ पद प्राप्त किया हो।

पहले तो राज्याधिकारियों ने मेरी खूब आवभगत की; लेकिन जब मेरे सामाजिक सिद्धांतों से अवगत हुए तो उनकी कृपादृष्टि कुछ शिथिल पड़ गयी। मैंने भी उनसे मिलना-जुलना छोड़ दिया। अपना अधिकांश समय असामियों के ही बीच में व्यतीत करता।

पूरा साल भर भी न गुजरने पाया कि एक ताल्लुकेदार की परलोक-यात्रा ने कौंसिल में एक स्थान खाली कर दिया। मैंने कौंसिल में आने की अपनी तरफ से कोई कोशिश नहीं की। लेकिन काश्तकारों ने अपने प्रतिनिधित्व का भार मेरे ही सिर रखा। बेचारा केशव तो अपने कालेज में लेक्चर देता था, किसी को खबर भी न थी कि वह कहाँ और क्या कर रहा है और मैं अपने कुल-मर्यादा की बदौलत कौंसिल का मेम्बर हो गया। मेरी वक्तृताएँ समाचार-पत्रों में छपने लगीं। मेरे प्रश्नों की प्रशंसा होने लगी। कौंसिल में मेरा विशेष सम्मान होने लगा, कई सज्जन ऐसे निकल आये जो जनतावाद के भक्त थे। पहले वह परिस्थितियों से कुछ दबे हुए थे, अब वह खुल पड़े। हम लोगों ने लोकवादियों का अपना एक पृथक् दल बना लिया और कृषकों के अधिकारों को जोरों के साथ व्यक्त करना शुरू किया। अधिकांश भूपतियों ने मेरी अवहेलना की। कई सज्जनों ने धमकियाँ भी दीं; लेकिन मैंने अपने निश्चित पथ को न छोड़ा। सेवा के इस सुअवसर को क्योंकर हाथ से जाने देता। दूसरा वर्ष समाप्त होते-होते जाति के प्रधान नेताओं में मेरी गणना होने लगी। मुझे बहुत परिश्रम करना, बहुत पढ़ना, बहुत लिखना और बहुत बोलना पड़ता, पर जरा भी न घबराता। इस परिश्रमशीलता के लिए केशव का ऋणी था। उसी ने मुझे इतना अभ्यस्त बना दिया था।

मेरे पास केशव और प्रोफेसर भाटिया के पत्र बराबर आते रहते थे। कभी-कभी लज्जावती भी मिलती थी। उसके पत्रों में श्रद्धा और प्रेम की मात्रा दिनोंदिन बढ़ती जाती थी। वह मेरी राष्ट्र सेवा का बड़े उदार, बड़े उत्साहमय शब्दों में बखान करती। मेरे विषय में उसे पहले जो शंकाएँ थीं, वह मिटती जाती थीं। मेरी तपस्या देवी को आकर्षित करने लगी थी। केशव के पत्रों से उदासीनता टपकती थी। उसके कालेज में धन का अभाव था। तीन वर्ष हो गये थे, पर उसकी तरक्की न हुई थी। पत्रों से ऐसा प्रतीत होता था मानो वह जीवन से असंतुष्ट है। कदाचित् इसका मुख्य कारण यह था कि अभी तक उसके जीवन का सुखमय स्वप्न चरितार्थ न हुआ था।

तीसरे वर्ष गर्मियों की तातील में प्रोफेसर भाटिया मुझसे मिलने आये और बहुत प्रसन्न हो कर गये। उसके एक ही सप्ताह पीछे लज्जावती का पत्र आया, अदालत ने तजवीज सुना दी, मेरी डिग्री हो गयी। केशव की पहली बार मेरे मुकाबले में हार हुई। मेरे हर्षोल्लास की कोई सीमा न थी। प्रो॰ भाटिया का इरादा भारतवर्ष के सब प्रांतों में भ्रमण करने का था। वह साम्यवाद पर एक ग्रन्थ लिख रहे थे जिसके लिए प्रत्येक बड़े नगर में कुछ अन्वेषण करने की जरूरत थी। लज्जा को अपने साथ ले जाना चाहते थे। निश्चय हुआ कि उनके लौट आने पर आगामी चैत के महीने में हमारा संयोग हो जाय। मैं यह वियोग के दिन बड़ी बेसब्री से काटने लगा। अब तक मैं जानता था कि

बाजी केशव के हाथ रहेगी कि मैं निराश था, पर शांत था। अब आशा थी और उसके साथ घोर अशांति थी।

3

मार्च का महीना था। प्रतीक्षा की अवधि पूरी हो चुकी थी। कठिन परिश्रम के दिन गये, फसल काटने का समय आया। प्रोफेसर साहब ने ढाका से पत्र लिखा था कि कई अनिवार्य कारणों से मेरा लौटना मार्च में नहीं मई में होगा। इसी बीच में कश्मीर के दीवान लाला सोमनाथ कपूर नैनीताल आये। बजट पेश था। उन पर व्यवस्थापक सभा में वाद-विवाद हो रहा था। गवर्नर की ओर से दीवान साहब को पार्टी दी गयी। सभा के प्रतिनिधियों को भी निमंत्रण मिला। कौंसिल की ओर से मुझे अभिवादन करने का सौभाग्य प्राप्त हुआ। मेरी बकवास को दीवान साहब ने बहुत पसंद किया। चलते समय मुझसे कई मिनट तक बातें कीं और मुझे अपने डेरे पर आने का आदेश दिया। उनके साथ उनकी पुत्री सुशीला भी थी। वह पीछे सिर झुकाये खड़ी रही। जान पड़ता था, भूमि को पढ़ रही है। पर मैं अपनी आँखों को काबू में न रख सका। वह उतनी ही देर में एक बार नहीं, कई बार उठी और जैसे बच्चा किसी अजनबी की चुमकार से उसकी ओर लपकता है, पर फिर डर कर माँ की गोद में चिमट जाता है; वह भी डर कर आधे रास्ते में लौट गयी। लज्जा अगर कुसुमित वाटिका थी तो सुशीला शीतल सलिल-धारा थी जहाँ वृक्षों के कुंज थे, विनोदशील मृगों के झुंड, विहगावली की अनंत शोभा और तरंगों मधुर संगीत।

मैं घर पर आया तो ऐसा थका हुआ था जैसे कोई मंजिल मारकर आया हूँ । सौंदर्य जीवन-सुधा है। मालूम नहीं क्यों इसका असर इतना प्राणघातक होता है।

लेटा तो वही सूरत सामने थी। मैं उसे हटाना चाहता था। मुझे भय था कि एक क्षण भी उस भँवर में पड़ कर मैं अपने को सँभाल न सकूँगा। मैं अब लज्जावती का हो चुका था, वही अब मेरे हृदय की स्वामिनी थी। मेरा उस पर कोई अधिकार न था लेकिन मेरे सारे संयम, सारी दलीलें निष्फल हुईं। जल के उद्वेग में नौका को धागे से कौन रोक सकता है। अंत में हताश हो कर मैंने अपने को विचारों के प्रवाह में डाल दिया। कुछ दूर तक नौका वेगवती तरंगों के साथ चली, फिर उसी प्रवाह में विलीन हो गयी।

दूसरे दिन मैं नियत समय पर दीवान साहब के डेरे पर जा पहुँचा, इस भाँति काँपता और हिचकता जैसे कोई बालक दामिनी की चमक से चौंक-चौंक कर आँख बंद कर लेता है कि कहीं वह चमक न जाय, कहीं मैं उसकी चमक न देख लूँ; भोला-भाला किसान भी अदालत के सामने इतना सशंक न होता होगा। यथार्थ यह था कि मेरी आत्मा परास्त हो चुकी थी, उसमें अब प्रतिकार की शक्ति न रही थी।

दीवान साहब ने मुझसे हाथ मिलाया और कोई घंटे भर तक आर्थिक और सामाजिक प्रश्नों पर वार्तालाप करते रहे। मुझे उनकी बहुज्ञता पर आश्चर्य होता था। ऐसा वाक्-चतुर पुरुष मैंने कभी न देखा था। साठ वर्ष की वयस थी, पर हास्य और

विनोद के मानो भंडार थे। न जाने कितने श्लोक, कितने कवित्त, कितने शेर उन्हें याद थे। बात-बात पर कोई न कोई सुयुक्ति निकाल लाते थे। खेद है उस प्रकृति के लोग अब गायब होते जाते हैं। वह शिक्षा प्रणाली न जाने कैसी थी, जो ऐसे-ऐसे रत्न उत्पन्न करती थी। अब तो सजीवता कहीं दिखायी ही नहीं देती। प्रत्येक प्राणी चिन्ता की मूर्ति है, उसके होठों पर कभी हँसी आती ही नहीं। खैर, दीवान साहब ने पहले चाय मँगवायी, फिर फल और मेवे मँगवाये। मैं रह-रह कर इधर-उधर उत्सुक नेत्रों से देखता था। मेरे कान उसके स्वर का रसपान करने के लिए मुँह खोले हुए थे, आँखें द्वार की ओर लगी हुई थीं। भय भी था और लगाव भी, झिझक भी थी और खिंचाव भी। बच्चा झूले से डरता है पर उस पर बैठना भी चाहता है।

लेकिन रात के नौ बज गये, मेरे लौटने का समय आ गया। मन में लज्जित हो रहा था कि दीवान साहब दिल में क्या कह रहे होंगे। सोचते होंगे इसे कोई काम नहीं है ? जाता क्यों नहीं, बैठे-बैठे दो ढाई घंटे तो हो गये।

सारी बातें समाप्त हो गयीं। उनके लतीफे भी खत्म हो गये। वह नीरवता उपस्थित हो गयी, जो कहती है कि अब चलिए फिर मुलाकात होगी। यार जिंदा व सोहबत बाकी। मैंने कई बार उठने का इरादा किया, लेकिन इंतजार में आशिक की जान भी नहीं निकलती, मौत को भी इंतजार का सामना करना पड़ता है। यहाँ तक कि साढ़े नौ बज गये और अब मुझे विदा होने के सिवाय कोई मार्ग न रहा, जैसे दिल बैठ गया।

जिसे मैंने भय कहा है, वह वास्तव में भय नहीं था, वह उत्सुकता की चरम सीमा थी।

यहाँ से चला तो ऐसा शिथिल और निर्जीव था मानो प्राण निकल गये हों। अपने को धिक्कारने लगा। अपनी क्षुद्रता पर लज्जित हुआ। तुम समझते हो कि हम भी कुछ हैं। यहाँ किसी को तुम्हारे मरने-जीने की परवाह नहीं। माना उसके लक्षण क्वाँरियों के-से हैं। संसार में क्वाँरी लड़कियों की कमी नहीं। सौंदर्य भी ऐसी दुर्लभ वस्तु नहीं। अगर प्रत्येक रूपवती और क्वाँरी युवती को देखकर तुम्हारी यही हालत होती रही तो ईश्वर ही मालिक है।

वह भी तो अपने दिल में यही विचार करती होगी। प्रत्येक रूपवान युवक पर उसकी आँखें क्यों उठें। कुलवती स्त्रियों के यह ढंग नहीं होते। पुरुषों के लिए अगर यह रूप-तृष्णा निंदाजनक है तो स्त्रियों के लिए विनाशकारक है। द्वैत से अद्वैत को भी इतना आघात नहीं पहुँच सकता, जितना सौंदर्य को।

दूसरे दिन शाम को मैं अपने बरामदे में बैठा पत्र देख रहा था। क्लब जाने का भी जी नहीं चाहता था। चित्त कुछ उदास था। सहसा मैंने दीवान साहब को फिटन पर जाते देखा। मोटर से उन्हें घृणा थी। वह उसे पैशाचिक उड़नखटोला कहा करते थे। उनके बगल में सुशीला थी। मेरा हृदय धक्-धक् करने लगा। उसकी निगाह मेरी तरफ उठी हो या न उठी हो, पर मेरी टकटकी उस वक्त तक लगी रही जब तक फिटन

अदृश्य न हो गयी।

तीसरे दिन मैं फिर बरामदे में आ बैठा। आँखें सड़क की ओर लगी हुई थीं। फिटन आयी और चली गयी। अब यही उसका नित्यप्रति का नियम हो गया है। मेरा अब यही काम था कि सारे दिन बरामदे में बैठा रहूँ। मालूम नहीं फिटन कब निकल जाय। विशेषतः तीसरे पहर तो मैं अपनी जगह से हिलने का नाम भी न लेता था।

इस प्रकार एक मास बीत गया। मुझे अब कौंसिल के कामों में कोई उत्साह न था। समाचार पत्रों में, उपन्यासों में जी न लगता। कहीं सैर करने का भी जी न चाहता। प्रेमियों को न जाने जंगल-पहाड़ में भटकने की, काँटों में उलझने की सनक कैसे सवार होती है। मेरे तो जैसे पैरों में बेड़ियाँ-सी पड़ गयी थीं। बस बरामदा था और मैं, और फिटन का इंतजार। मेरी विचारशक्ति भी शायद अंतर्धान हो गयी थी। मैं दीवान साहब को या अँगरेजी शिष्टता के अनुसार सुशीला को ही, अपने यहाँ निमंत्रित कर सकता था, पर वास्तव में मैं अभी तक उससे भयभीत था। अब भी लज्जावती को अपनी प्रणयिनी समझता था। वह अब भी मेरे हृदय की रानी थी, चाहे उस पर किसी दूसरी शक्ति का अधिकार ही क्यों न हो गया हो !

एक महीना और निकल गया, लेकिन मैंने लज्जा को कोई पत्र न लिखा। मुझमें अब उसे पत्र लिखने की भी सामर्थ्य न थी। शायद उससे पत्र व्यवहार करने को मैं नैतिक अत्याचार समझता था। मैंने उससे दगा की थी। मुझे अब उसे अपने मलिन अंतःकरण में भी अपवित्र करने का कोई अधिकार न था। इसका अन्त क्या होगा ? यही चिंता अहर्निश मेरे मन पर कुहर मेघ की भाँति शून्य हो गयी थी। चिंता-दाह से दिनोंदिन घुलता जाता था। मित्रजन अक्सर पूछा करते आपको क्या मरज है ? मुख निस्तेज , कांतिहीन हो गया। भोजन औषधि के समान लगता। सोने जाता तो जान पड़ता, किसी ने पिंजरे में बंद कर दिया है। कोई मिलने आता तो चित्त उससे कोसों भागता। विचित्र दशा थी।

एक दिन शाम को दीवान साहब की फिटन मेरे द्वार पर आ कर रुकी। उन्होंने अपने व्याख्यानों का एक संग्रह प्रकाशित कराया था उसकी प्रति मुझे भेंट करने के लिये आये थे। मैंने उन्हें बैठने के लिए बहुत आग्रह किया, लेकिन उन्होंने यही कहा, सुशीला को यहाँ आने में संकोच होगा और फिटन पर अकेली वह घबरायेगी। वह चले तो मैं भी साथ हो लिया और फिटन तक पीछे-पीछे आया। जब वह फिटन पर बैठने लगे तो मैंने सुशीला को निःशंक हो आँख भर कर देखा, जैसे कोई प्यासा पथिक गर्मी के दिन में अफर कर पानी पिये कि न जाने कब उसे जल मिलेगा। मेरी उस एक चितवन में उग्रता, वह याचना, वह उद्वेग, वह करुणा, वह श्रद्धा, वह आग्रह, वह दीनता थी, जो पत्थर की मूर्ति को भी पिघला देती। सुशीला तो फिर स्त्री थी। उसने भी मेरी ओर देखा, निर्भीक सरल नेत्रों से, जरा भी झेंप नही, जरा भी झिझक नहीं। मेरे परास्त होने में जो कसर रह गयी थी, वह पूरी हो गयी। इसके साथ उसने मुझ पर मानो

अमृत वर्षा कर दी। मेरे हृदय और आत्मा में एक नयी शक्ति का संचार हो गया। मैं लौटा तो ऐसा प्रसन्नचित्त था मानो कल्पवृक्ष मिल गया हो।

एक दिन मैंने प्रोफेसर भाटिया को पत्र लिखा– मैं थोड़े दिनों से किसी गुप्त रोग से ग्रस्त हो गया हूँ। सम्भव है, तपेदिक (क्षय) का आरम्भ हो, इसलिए मैं इस मई में विवाह करना उचित नहीं समझता। मैं लज्जावती से इस भाँति पराङ्मुख होना चाहता था कि उनकी निगाहों में मेरी इज्जत कम न हो।

मैं कभी-कभी अपनी स्वार्थपरता पर क्रुद्ध होता। लज्जा के साथ यह छल-कपट, यह बेवफाई करते हुए मैं अपनी ही नज़रों में गिर गया था। लेकिन मन पर कोई वश न था। उस अबला को कितना दुःख होगा, यह सोच कर मैं कई बार रोया। अभी तक मैं सुशीला के स्वभाव, विचार, मनोवृत्तियों से जरा भी परिचित न था। केवल उसके रूप-लावण्य पर अपनी लज्जा की चिरसंचित अभिलाषाओं का बलिदान कर रहा था। अबोध बालकों की भाँति मिठाई के नाम पर अपने दूध-चावल को ठुकराये देता था। मैंने प्रोफेसर को लिखा था, लज्जावती से मेरी बीमारी का जिक्र न करें, लेकिन प्रोफेसर साहब इतने गहरे न थे। चौथे ही दिन लज्जा का पत्र आया, जिसमें उसने अपना हृदय खोल कर रख दिया था। वह मेरे लिए अब कुछ यहाँ तक कि वैधव्य की यंत्रणाएँ भी सहने के लिए तैयार थी। उसकी इच्छा थी कि अब हमारे संयोग में एक क्षण का भी विलम्ब न हो, अस्तु ! इस पत्र को लिये घंटों एक संज्ञाहीन दशा में बैठा रहा। इस अलौकिक आत्मोत्सर्ग के सामने अपनी क्षुद्रता, अपनी स्वार्थपरता, अपनी दुर्बलता कितनी घृणित थी!

❐

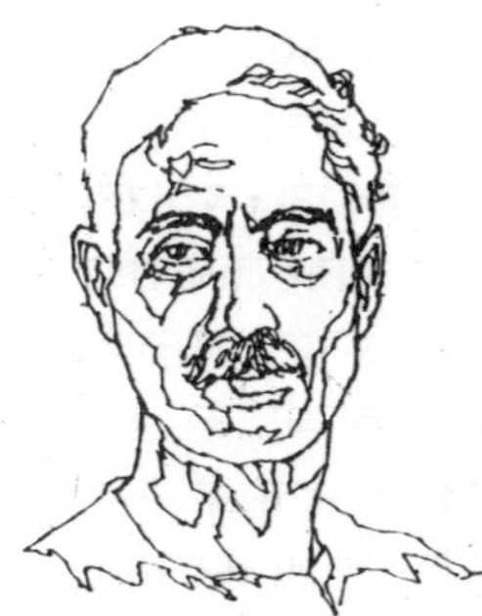

शतरंज के खिलाड़ी

प्रथम प्रकाशन हिन्दी मासिक 'माधुरी' अक्टूबर 1924 में

1

वाजिदअली शाह का समय था। लखनऊ विलासिता के रंग में डूबा हुआ था। छोटे-बड़े, ग़रीब-अमीर सभी विलासिता में डूबे हुए थे। कोई नृत्य और गान की मजलिस सजाता था, तो कोई अफ़ीम की पीनक ही में मजे लेता था। जीवन के प्रत्येक विभाग में आमोद-प्रमोद का प्राधान्य था। शासन-विभाग में, साहित्य-क्षेत्र में, सामाजिक-अवस्था में, कला-कौशल में, उद्योग-धन्धों में, आचार-व्यवहार में सर्वत्र विलासिता व्याप्त हो रही थी। राजकर्मचारी विषय-वासना में, कविगण प्रेम और विरह के वर्णन में, कारीगर कलाबत्तू और चिकन बनाने में, व्यवसायी सुरमे, इत्र और उबटन का रोजगार करने में लिप्त थे। सभी की आँखों में विलासिता का मद छाया हुआ था। संसार में क्या हो रहा है, इसकी किसी को खबर न थी। बटेर लड़ रहे हैं। तीतरों की लड़ाई के लिए पाली बदी जा रही है। कहीं चौसर बिछी हुई है; पौ-बारह का शोर मचा हुआ है। कहीं शतरंज का घोर संग्राम छिड़ा हुआ है। राजा से लेकर रंक तक इसी धुन में मस्त थे। यहाँ तक कि फकीरों को पैसे मिलते तो वे रोटियाँ न लेकर अफ़ीम खाते या मदक पीते। शतरंज, ताश, गंजीफ़ा खेलने से बुद्धि तीव्र होती है, विचार-शक्ति का विकास होता है, पेचीदा मसलों को सुलझाने की आदत पड़ती है—ये दलीलें जोरों के साथ पेश की जाती थीं (इस सम्प्रदाय के लोगों से दुनिया अब भी ख़ाली नहीं है)। इसलिए अगर मिरज़ा सज्जाद अली और मीर रौशनअली अपना अधिकांश समय बुद्धि तीव्र करने में व्यतीत करते थे, तो किसी विचारशील पुरुष को क्या आपत्ति हो सकती थी ? दोनों के पास मौरूनी जागीरें थीं; जीविका की कोई चिंता न थी; घर में बैठे चखौतियाँ करते थे। आखिर और करते ही क्या ? प्रातःकाल दोनों मित्र नाश्ता करके बिसात बिछा कर बैठ जाते, मुहरे सज जाते, और लड़ाई के दाँव-पेंच होने लगते। फिर खबर न होती थी कि कब दोपहर हुई, कब तीसरा पहर, कब शाम ! घर के भीतर से बार-बार बुलावा आता कि खाना तैयार है। यहाँ से जवाब मिलता—चलो, आते हैं दस्तरख्वान बिछाओ। यहाँ तक कि बावरची विवश हो कि कमरे ही में खाना रख जाता था, और दोनों मित्र दोनों काम साथ-साथ करते थे। मिरज़ा सज्जाद अली के घर में कोई बड़ा-बूढ़ा न था, इसलिए उन्हीं के दीवानखाने में बाजियाँ होती थीं। मगर यह बात न थी मिरज़ा के घर के और लोग उनके इस व्यवहार से खुश हों। घरवालों का तो कहना ही क्या,

मुहल्लेवाले, घर के नौकर-चाकर तक नित्य द्वेषपूर्ण टिप्पणियाँ किया करते थे—बड़ा मनहूस खेल है। घर को तबाह कर देता है। खुदा न करे, किसी को इसकी चाट पड़े, आदमी दीन-दुनिया किसी के काम का नहीं रहता, न घर का, न घाट का। बुरा रोग है। यहाँ तक कि मिरज़ा की बेगम साहबा को इससे इतना द्वेष था कि अवसर खोज-खोज कर पति को लताड़ती थीं। पर उन्हें इसका अवसर मुश्किल से मिलता था। वह सोती रहती थीं, तब तक बाज़ी बिछ जाती थी। और रात को जब सो जाती थीं, तब कहीं मिरज़ा जी घर में आते थे। हाँ, नौकरों पर वह अपना गुस्सा उतारती रहती थीं—क्या पान माँगे हैं ? कह दो, आ कर ले जायँ। खाने की फुरसत नहीं है ? ले जा कर खाना सिर पर पटक दो, खायँ चाहे कुत्ते को खिलायें। पर रूबरू वह भी कुछ न कर सकती थीं। उनको अपने पति से उतना मलाल न था, जितना मीर साहब से। उन्होंने उनका नाम मीर बिगाड़ू रख छोड़ा था। शायद मिरज़ा जी अपनी सफाई देने के लिए सारा इलजाम मीर साहब ही के सर थोप देते थे।

एक दिन बेगम साहबा के सिर में दर्द होने लगा। उन्होंने लौंडी से कहा—जा कर मिरज़ा साहब को बुला ला। किसी हकीम के यहाँ से दवा लायें। दौड़, जल्दी कर। लौंडी गयी तो मिरज़ा जी ने कहा—चल, अभी आते हैं। बेगम साहबा का मिजाज गरम था। इतनी ताब कहाँ कि उनके सिर में दर्द हो और पति शतरंज खेलता रहे। चेहरा सुर्ख हो गया। लौंडी से कहा— जा कर कह, अभी चलिए, नहीं तो वह आप ही हकीम के यहाँ चली जायेंगी। मिरज़ा जी बड़ी दिलचस्प बाजी खेल रहे थे, दो ही किस्तों में मीर साहब की मात हुई जाती थी। झुंझला कर बोले—क्या ऐसा दम लबों पर है ? ज़रा सब्र नहीं होता ?

मीर —अरे, तो जा कर सुन ही आइए न। औरतें नाजुक-मिजाज होती ही हैं।

मिरज़ा—जी हाँ, चला क्यों न जाऊँ ! दो किस्तों में आपकी मात होती है।

मीर—जनाब, इस भरोसे न रहिएगा। वह चाल सोची है कि आपके मुहरे धरे रहें और मात हो जाय। पर जाइए, सुन आइए। क्यों खामख्वाह उनका दिल दुखाइएगा ?

मिरज़ा—इसी बात पर मात ही करके जाऊँगा।

मीर—मैं खेलूँगा ही नहीं। आप जा कर सुन आइए।

मिरज़ा— अरे यार, जाना पड़ेगा हकीम के यहाँ; सिर-दर्द खाक नहीं है, मुझे परेशान करने का बहाना है।

मीर—कुछ भी हो, उनकी खातिर तो करनी ही पड़ेगी।

मिरज़ा— अच्छा, एक चाल और चल लूँ।

मीर— हरगिज़ नहीं, जब तक आप सुनकर न आयेंगे, मैं मुहरे में हाथ ही न लगाऊँगा।

मिरज़ा साहब मजबूर हो कर अंदर गये तो बेगम साहबा ने त्योरियाँ बदल कर, लेकिन कराहते हुए कहा—तुम्हें निगोड़ी शतरंज इतनी प्यारी है। चाहे कोई मर ही जाय,

पर उठने का नाम नहीं लेते ! नौज, कोई तुम-जैसा आदमी हो !

मिरज़ा—क्या कहूँ मीर साहब मानते ही न थे। बड़ी मुश्किल से पीछा छुड़ा कर आया हूँ।

बेगम—क्या जैसे वह खुद निखट्टू हैं, वैसे ही सबको समझते हैं। उनके भी तो बाल-बच्चे हैं; या सबका सफ़ाया कर डाला ?

मिरज़ा—बड़ा लती आदमी है। जब आ जाता है, तब मजबूर हो कर मुझे भी खेलना पड़ता है।

बेगम—दुत्कार क्यों नहीं देते ?

मिरज़ा—बराबर के आदमी हैं, उम्र में, दर्जे में मुझसे दो अंगुल ऊँचे। मुलाहिज़ा करना ही पड़ता है।

बेगम—तो मैं ही दुत्कारे देती हूँ। नाराज हो जायँगे, जो जायँ। कौन किसी की रोटियाँ चला देता है। रानी रूठेंगी, अपना सुहाग लेंगी। हरिया, ज़ा बाहर से शतरंज उठा ला। मीर साहब से कहना, मियाँ अब न खेलेंगे ; आप तशरीफ ले जाइए।

मिरज़ा—हाँ-हाँ, कहीं ऐसा गज़ब भी न करना ! ज़लील करना चाहती हो क्या ? ठहर हरिया, कहाँ जाती है।

बेगम—जाने क्यों नहीं देते ? मेरा ही खून पिये, जो उसे रोके। अच्छा, उसे रोका, मुझे रोको, तो जानूँ ?

यह कह कर बेगम साहबा झल्लाई हुई दीवानखाने की तरफ चलीं। मिरज़ा बेचारे का रंग उड़ गया। बीवी की मिन्नतें करने लगे—खुदा के लिए, तुम्हें हजरत हुसेन की कसम है। मेरी ही मैयत देखे, जो उधर जाय। लेकिन बेगम ने एक न मानी। दीवानख़ाने के द्वार तक गयीं, पर एकाएक पर-पुरुष के सामने जाते हुए पाँव बँध से गये। भीतर झाँका, संयोग से कमरा खाली था। मीर साहब ने दो-एक मुहरे इधर-उधर कर दिये थे, और अपनी सफाई जताने के लिए बाहर टहल रहे थे। फिर क्या था, बेगम ने अंदर पहुँच कर बाजी उलट दी, मुहरे कुछ तख्त के नीचे फेंक दिये, कुछ बाहर और किवाड़ अंदर से बंद करके कुंडी लगा दी। मीर साहब दरवाज़े पर तो थे ही, मुहरे बाहर फेंके जाते देखे, चूड़ियों की झनक भी कान में पड़ी। फिर दरवाजा बंद हुआ, तो समझ गये, बेगम साहबा बिगड़ गयीं। चुपके से घर की राह ली।

मिरज़ा ने कहा—तुमने ग़जब किया।

बेगम—अब मीर साहब इधर आये, तो खड़े-खड़े निकलवा दूँगी। इतनी लौ ख़ुदा से लगाते, तो वली हो जाते ! आप तो शतरंज खेलें, और मैं यहाँ चूल्हे-चक्की की फिक्र में सिर खपाऊँ ! जाते हो हकीम साहब के यहाँ कि अब भी ताम्मुल है।

मिरज़ा घर से निकले, तो हकीम के घर जाने के बदले मीर साहब के घर पहुँचे और सारा वृत्तांत कहा। मीर साहब बोले—मैंने तो जब मुहरे बाहर आते देखे, तभी ताड़ गया। फौरन भागा। बड़ी गुस्सेवर मालूम होती हैं। मगर आपने उन्हें यों सिर चढ़ा

रखा है, यह मुनासिब नहीं। उन्हें इससे क्या मतलब कि आप बाहर क्या करते हैं। घर का इंतजाम करना उनका काम है; दूसरी बातों से उन्हें क्या सरोकार ?

मिरज़ा—खैर, यह तो बताइए, अब कहाँ जमाव होगा ?

मीर—इसका क्या ग़म है। इतना बड़ा घर पड़ा हुआ है। बस यहीं जमे।

मिरज़ा—लेकिन बेगम साहबा को कैसे मनाऊँगा ? घर पर बैठा रहता था, तब तो वह इतना बिगड़ती थीं; यहाँ बैठक होगी, तो शायद जिंदा न छोड़ेंगी।

मीर—अजी बकने भी दीजिए, दो-चार रोज में आप ठीक हो जायेंगी। हाँ, आप इतना कीजिए कि आज से ज़रा तन जाइए।

2

मीर साहब की बेगम किसी अज्ञात कारण से मीर साहब का घर से दूर रहना ही उपयुक्त समझती थीं। इसलिए वह उनके शतरंज-प्रेम की कभी आलोचना न करती थीं, बल्कि कभी-कभी मीर साहब को देर हो जाती, तो याद दिला देती थीं। इन कारणों से मीर साहब को भ्रम हो गया था कि मेरी स्त्री अत्यन्त विनयशील और गम्भीर है। लेकिन जब दीवानखाने में बिसात बिछने लगी, और मीर साहब दिन-भर घर में रहने लगे, तो बेगम साहबा को बड़ा कष्ट होने लगा। उनकी स्वाधीनता में बाधा पड़ गयी। दिन-भर दरवाजे पर झाँकने को तरस जातीं।

उधर नौकरों में भी कानाफूसी होने लगी। अब तक दिन-भर पड़े-पड़े मक्खियाँ मारा करते थे। घर में कोई आये, कोई जाये, उनसे कुछ मतलब न था। अब आठों पहर की धौंस हो गयी। पान लाने का हुक्म होता, कभी मिठाई का। और हुक्का तो किसी प्रेम के हृदय की भाँति नित्य जलता ही रहता था। वे बेगम साहबा से जा-जा कर कहते—हुजूर, मियाँ की शतरंज तो हमारे जी का जंजाल हो गयी। दिन-भर दौड़ते-दौड़ते पैरों में छाले पड़ गये। यह भी कोई खेल कि सुबह को बैठे तो शाम कर दी। घड़ी-आध-घड़ी दिल-बहलाव के लिए खेल खेलना बहुत है। खैर, हमें तो कोई शिकायत नहीं; हुजूर के गुलाम हैं, जो हुक्म होगा, बजा ही लायेंगे; मगर यह खेल मनहूस है। इसका खेलने वाला कभी पनपता नहीं; घर पर कोई-न-कोई आफ़त जरूर आती है। यहाँ तक कि एक के पीछे महल्ले-के-महल्ले तबाह होते देखे गये हैं। सारे महल्ले में यही चरचा रहती है। हुजूर का नमक खाते हैं, अपने आक़ा की बुराई सुन-सुन कर रंज होता है ? मगर क्या करें ? इस पर बेगम साहबा कहती हैं—मैं तो खुद इसको पसंद नहीं करती। पर वह किसी की सुनते ही नहीं, क्या किया जाय।

मुहल्ले में भी जो दो-चार पुराने जमाने के लोग थे, आपस में भाँति-भाँति की अमंगल कल्पनाएँ करने लगे—अब खैरियत नहीं। जब हमारे रईसों का यह हाल है, तो मुल्क का खुदा ही हाफ़िज है। यह बादशाहत शतरंज के हाथों तबाह होगी। आसार बुरे हैं।

राज्य में हाहाकार मचा हुआ था। प्रजा दिन-दहाड़े लूटी जाती थी। कोई फ़रियाद

सुनने वाला न था। देहातों की सारी दौलत लखनऊ में खिंची आती थी और वह वेश्याओं में, भाँडों में और विलासिता के अन्य अंगों की पूर्ति में उड़ जाती थी। अंग्रेज कम्पनी का ऋण दिन-दिन बढ़ता जाता था। कमली दिन-दिन भीग कर भारी होती जाती थी। देश में सुव्यवस्था न होने के कारण वार्षिक कर भी वसूल न होता था। रेजीडेंट बार-बार चेतावनी देता था, पर यहाँ तो लोग विलासिता के नशे में चूर थे, किसी के कानों पर जूँ न रेंगती थी।

खैर, मीर साहब के दीवानखाने में शतरंज होते कई महीने गुजर गये। नये-नये नक्शे हल किये जाते; नये-नये किले बनाये जाते; नित्य व्यूह-रचना होती; कभी-कभी खेलते-खेलते झौड़ हो जाती; तू-तू मैं-मैं तक की नौबत आ जाती; पर शीघ्र ही दोनों मित्रों में मेल हो जाता। मीर साहब अपने घर में जा बैठते। पर रात भर की निद्रा के साथ सारा मनोमालिन्य शांत हो जाता था। प्रातःकाल दोनों मित्र दीवानखाने में आ पहुँचते थे।

एक दिन दोनों मित्र बैठे हुए शतरंज की दल-दल में गोते खा रहे थे कि इतने में घोड़े पर सवार एक बादशाही फ़ौज का अफसर मीर साहब का नाम पूछता हुआ आ पहुँचा। मीर साहब के होश उड़ गये। यह क्या बला सिर पर आयी ! यह तलबी किस लिए हुई है ? अब खैरियत नहीं नजर आती। घर के दरवाजे बंद कर लिये। नौकरों से बोले—कह दो, घर में नहीं हैं।

सवार—घर में नहीं, तो कहाँ हैं ?

नौकर—यह मैं नहीं जानता। क्या काम है ?

सवार—काम तुझे क्या बताऊँगा ? हुजूर में तलबी है। शायद फौज के लिए कुछ सिपाही माँगे गये हैं। जागीरदार हैं कि दिल्लगी ! मोरचे पर जाना पड़ेगा तो आटे-दाल का भाव मालूम हो जायगा !

नौकर—अच्छा, तो जाइए, कह दिया जायेगा ?

सवार—कहने की बात नहीं है। मैं कल खुद आऊँगा, साथ ले जाने का हुक्म हुआ है।

सवार चला गया। मीर साहब की आत्मा काँप उठी। मिरज़ा जी से बोले—कहिए जनाब, अब क्या होगा ?

मिरज़ा—बड़ी मुसीबत है। कहीं मेरी तलबी भी न हो।

मीर—कम्बख्त कल फिर आने को कह गया है।

मिरज़ा—आफ़त है, और क्या। कहीं मोरचे पर जाना पड़ा तो बेमौत मरे।

मीर—बस, यही एक तदबीर है कि घर पर मिलो ही नहीं। कल से गोमती पर कहीं वीराने में नख्शा जमे। वहाँ किसे खबर होगी। हज़रत आ कर आप लौट जायँगे।

मिरज़ा—वल्लाह, आपको खूब सूझी ! इसके सिवाय और कोई तदबीर ही नहीं है।

इधर मीर साहब की बेगम उस सवार से कह रही थी, तुमने खूब धता बताया।

उसने जवाब दिया—ऐसे गावदियों को तो चुटकियों पर नचाता हूँ। इनकी सारी अक्ल और हिम्मत तो शतरंज ने चर ली। अब भूल कर भी घर पर न रहेंगे।

3

दूसरे दिन से दोनों मित्र मुँह-अँधेरे घर से निकल खड़े होते। बगल में एक छोटी-सी दरी दबाये, डिब्बे में गिलौरियाँ भरे, गोमती-पार की एक पुरानी वीरान मसज़िद में चले जाते, जिसे शायद नबाव आसफ़उद्दौला ने बनवाया था। रास्ते में तम्बाकू, चिलम और मदरिया ले लेते, और मसज़िद में पहुँच, दरी बिछा, हुक्का भर कर शतरंज खेलने बैठ जाते थे। फिर उन्हें दीन-दुनिया की फ़िक्र न रहती थी। किश्त, शह आदि दो-एक शब्दों के सिवा उनके मुँह से और कोई वाक्य नहीं निकलता था। कोई योगी भी समाधि में इतना एकाग्र न होता होगा। दोपहर को जब भूख मालूम होती तो दोनों मित्र किसी नानबाई की दूकान पर जा कर खाना खाते, और एक चिलम हुक्का पी कर फिर संग्राम-क्षेत्र में डट जाते। कभी-कभी तो उन्हें भोजन का भी ख्याल न रहता था।

इधर देश की राजनीतिक दशा भयंकर होती जा रही थी। कम्पनी की फ़ौजे लखनऊ की तरफ़ बढ़ी चली आती थीं। शहर में हलचल मची हुई थी। लोग बाल-बच्चों को लेकर देहातों मे भाग रहे थे। पर हमारे दोनों खिलाड़ियों को इनकी ज़रा भी फ़िक्र न थी। वे घर से आते तो गलियों में हो कर। डर था कि कहीं किसी बादशाही मुलाजिम की निगाह न पड़ जाय, तो बेकार में पकड़ जायँ। हजारों रुपये सालाना की जागीर मुफ्त ही हजम करना चाहते थे।

एक दिन दोनों मित्र मसज़िद के खंडहर में बैठे हुए शतरंज खेल रहे थे। मिरज़ा की बाजी कुछ कमजोर थी। मीर साहब उन्हें किश्त-पर-किश्त दे रहे थे। इतने में कम्पनी के सैनिक आते हुए दिखायी दिये। वह गोरों की फ़ौज थी, जो लखनऊ पर अधिकार जमाने के लिए आ रही थी।

मीर साहब बोले—अंग्रेजी फ़ौज आ रही है; खुदा खैर करे।

मिरज़ा—आने दीजिए, किश्त बचाइए। यह किश्त।

मीर—जरा देखना चाहिए, यहीं आड़ में खड़े हो जायँ !

मिरज़ा—देख लीजिएगा, जल्दी क्या है, फिर किश्त !

मीर—तोपखाना भी है। कोई पाँच हजार आदमी होंगे, कैसे-कैसे जवान हैं। लाल बन्दरों के से मुँह। सूरत देख कर खौफ मालूम होता है।

मिरज़ा—जनाब, हीले न कीजिए। ये चकमे किसी और को दीजिएगा। यह किश्त !

मीर—आप भी अजीब आदमी हैं। यहाँ तो शहर पर आफत आयी हुई है और आपको किश्त की सूझी है ! कुछ इसकी भी खबर है कि शहर घिर गया, तो घर कैसे चलेंगे ?

मिरज़ा—जब घर चलने का वक्त आयेगा, तो देखा जायगा—यह किश्त ! बस, अब की शह में मात है।

फ़ौज निकल गयी। दस बजे का समय था। फिर बाजी बिछ गयी।

मिरज़ा—आज खाने की कैसे ठहरेगी ?

मीर—अजी, आज तो रोज़ा है। क्या आपको ज्यादा भूख मालूम होती है ?

मिरज़ा—जी नहीं। शहर में न जाने क्या हो रहा है !

मीर—शहर में कुछ न हो रहा होगा। लोग खाना खा-खा कर आराम से सो रहे होंगे। हुज़ूर नवाब साहब भी ऐशगाह में होंगे।

दोनों सज्जन फिर जो खेलने बैठे, तो तीन बज गये। अब की मिरज़ा जी की बाजी कमजोर थी। चार का गजर बज ही रहा था कि फ़ौज की वापसी की आहट मिली। नवाब वाजिदअली पकड़ लिये गये थे, और सेना उन्हें किसी अज्ञात स्थान को लिये जा रही थी। शहर में न कोई हलचल थी, न मार-काट। एक बूँद भी खून नहीं गिरा था। आज तक किसी स्वाधीन देश के राजा की पराजय इतनी शांति से, इस तरह खून बहे बिना न हुई होगी। यह वह अहिंसा न थी, जिस पर देवगण प्रसन्न होते हैं। यह वह कायरपन था, जिस पर बड़े-बड़े कायर भी आँसू बहाते हैं। अवध के विशाल देश का नवाब बन्दी चला जाता था, और लखनऊ ऐश की नींद में मस्त था। यह राजनीतिक अधःपतन की चरम सीमा थी।

मिरज़ा ने कहा—हुज़ूर नवाब साहब को जालिमों ने कैद कर लिया है।

मीर—होगा, यह लीजिए शह।

मिरज़ा—जनाब, ज़रा ठहरिए। इस वक्त इधर तबीयत नहीं लगती। बेचारे नवाब साहब इस वक्त खून के आँसू रो रहे होंगे।

मीर—रोया ही चाहें। यह ऐश वहाँ कहाँ नसीब होगा। यह किश्त !

मिरज़ा—किसी के दिन बराबर नहीं जाते। कितनी दर्दनाक हालत है।

मीर—हाँ; सो तो है ही—यह लो, फिर किश्त ! बस, अब की किश्त में मात है, बच नहीं सकते।

मिरज़ा—खुदा की क़सम, आप बड़े बेदर्द हैं। इतना बड़ा हादसा देख कर भी आपको दुःख नहीं होता। हाय, ग़रीब वाजिदअली शाह !

मीर—पहले अपने बादशाह को तो बचाइए फिर नवाब साहब का मातम कीजिएगा। यह किश्त और यह मात ! लाना हाथ !

बादशाह को लिये हुए सेना सामने से निकल गयी। उनके जाते ही मिरज़ा ने फिर बाजी बिछा दी। हार की चोट बुरी होती है। मीर ने कहा—आइए, नवाब साहब के मातम में एक मरसिया कह डालें। लेकिन मिरज़ा की राजभक्ति अपनी हार के साथ लुप्त हो चुकी थी। वह हार का बदला चुकाने के लिएँ अधीर हो रहे थे।

4

शाम हो गयी। खंडहर में चमगादड़ों ने चीखना शुरू किया। अबाबीलें आ-आ कर अपने-अपने घोंसलों में चिमटीं। पर दोनों खिलाड़ी डटे हुए थे, मानो दो खून के प्यासे

सूरमा आपस में लड़ रहे हों। मिरज़ा जी तीन बाजियाँ लगातार हार चुके थे; इस चौथी बाजी का रंग भी अच्छा न था। वह बार-बार जीतने का दृढ़ निश्चय करके सँभल कर खेलते थे। लेकिन एक-न-एक चाल ऐसी बेढब आ पड़ती थी, जिससे बाज़ी खराब हो जाती थी। हर बार हार के साथ प्रतिकार की भावना और भी उग्र होती थी। उधर मीर साहब मारे उमंग के ग़ज़लें गाते थे, चुटकियाँ लेते थे, मानो कोई गुप्त धन पा गये हों। मिरज़ा जी सुन-सुन कर झुँझलाते और हार की झेंप को मिटाने के लिए उनकी दाद देते थे। पर ज्यों-ज्यों बाजी कमजोर पड़ती थी, धैर्य हाथ से निकला जाता था। यहाँ तक कि वह बात-बात पर झुँझलाने लगे—जनाब, आप चाल बदला न कीजिए। यह क्या कि एक चाल चले, और फिर उसे बदल दिया। जो कुछ चलना हो एक बार चल दीजिए; यह आप मुहरे पर हाथ क्यों रखते हैं ? मुहरे को छोड़ दीजिए। जब तक आपको चाल न सूझे, मुहरा छुइये ही नहीं। आप एक-एक चाल आध घंटे में चलते हैं। इसकी सनद नहीं। जिसे एक चाल चलने में पाँच मिनट से ज्यादा लगे, उसकी मात समझी जाय। फिर आपने चाल बदली ! चुपके से मुहरा वहीं रख दीजिए।

मीर साहब का फ़रजी पिटता था। बोले—मैंने चाल चली ही कब थी ?

मिरज़ा—आप चाल चल चुके हैं। मुहरा वहीं रख दीजिए—उसी घर में !

मीर—उस घर में क्यों रखूँ ? मैंने हाथ से मुहरा छोड़ा ही कब था।

मिरज़ा—मुहरा आप कयामत तक न छोड़ें, तो क्या चाल ही न होगी ? फरजी पिटते देखा तो धाँधली करने लगे।

मीर—धाँधली आप करते हैं। हार-जीत तकदीर से होती है, धाँधली करने से कोई नहीं जीतता ?

मिरज़ा—तो इस बाजी में तो आपकी मात हो गयी।

मीर—मुझे क्यों मात होने लगी ?

मिरज़ा—तो आप मुहरा उसी घर में रख दीजिए, जहाँ पहले रक्खा था।

मीर—वहाँ क्यों रखूँ ? नहीं रखता।

मिरज़ा—क्यों न रखिएगा ? आपको रखना होगा।

तकरार बढ़ने लगी। दोनों अपनी-अपनी टेक पर अड़े थे। न यह दबता था न वह। अप्रासंगिक बातें होने लगीं, मिरज़ा बोले—किसी ने खानदान में शतरंज खेली होती, तब तो इसके कायदे जानते। वे तो हमेशा, घास छीला करते, आप शतरंज क्या खेलिएगा। रियासत और ही चीज है। जागीर मिल जाने से कोई रईस नहीं हो जाता।

मीर—क्या ? घास आपके अब्बाजान छीलते होंगे। यहाँ तो पीढ़ियों से शतरंज खेलते चले आ रहे हैं।

मिरज़ा—अजी, जाइए भी, गाजीउद्दीन हैदर के यहाँ बावरची का काम करते-करते उम्र गुजर गयी, आज रईस बनने चले हैं। रईस बनना कुछ दिल्लगी नहीं है।

मीर—क्यों अपने बुजुर्गों के मुँह में कालिख लगाते हो—वे ही बावरची का काम

करते होंगे। यहाँ तो हमेशा बादशाह के दस्तरख्वान पर खाना खाते चले आये हैं।

मिरज़ा—अरे चल चरकटे, बहुत बढ़ बढ़ कर बातें न कर।

मीर—जबान सँभालिये, वरना बुरा होगा। मैं ऐसी बातें सुनने का आदी नहीं हूँ। यहाँ तो किसी ने आँखें दिखायीं कि उसकी आँखें निकालीं। है हौसला ?

मिरज़ा—आप मेरा हौसला देखना चाहते हैं, तो फिर, आइए। आज दो-दो हाथ हो जायँ, इधर या उधर।

मीर—तो यहाँ तुमसे दबनेवाला कौन है ?

दोनों दोस्तों ने कमर से तलवारें निकाल लीं। नवाबी जमाना था; सभी तलवार, पेशकब्ज, कटार वगैरह बाँधते थे। दोनों विलासी थे, पर कायर न थे। उनमें राजनीतिक भावों का अधःपतन हो गया था—बादशाह के लिए, बादशाहत के लिए क्यों मरें; पर व्यक्तिगत वीरता का अभाव न था। दोनों जख्म खा कर गिरे, और दोनों ने वहीं तड़प-तड़प कर जानें दे दीं। अपने बादशाह के लिए जिनकी आँखों से एक बूँद आँसू न निकला, उन्हीं दोनों प्राणियों ने शतरंज के वजीर की रक्षा में प्राण दे दिये।

अँधेरा हो चला था। बाजी बिछी हुई थी। दोनों बादशाह अपने-अपने सिंहासनों पर बैठे हुए मानो इन दोनों वीरों की मृत्यु पर रो रहे थे !

चारों तरफ सन्नाटा छाया हुआ था। खंडहर की टूटी हुई मेहराबें, गिरी हुई दीवारें और धूल-धूसरित मीनारें इन लाशों को देखतीं और सिर धुनती थीं।

❐

सवा सेर गेहूँ

प्रथम प्रकाशन हिन्दी मासिक 'चाँद' नवम्बर 1924 में

1

किसी गाँव में शंकर नाम का एक कुरमी किसान रहता था। सीधा-सादा गरीब आदमी था, अपने काम-से-काम, न किसी से लेने में, न किसी के देने में। छक्का-पंजा न जानता था, छल-प्रपंच की उसे छूत भी न लगी थी, ठगे जाने की चिन्ता न थी, ठगविद्या न जानता था, भोजन मिला, खा लिया, न मिला, चबेने पर काट दी, चबेना भी न मिला, तो पानी पी लिया और राम का नाम लेकर सो रहा। किन्तु जब कोई अतिथि द्वार पर आ जाता था तो उसे इस निवृत्ति मार्ग का त्याग करना पड़ता था। विशेषकर जब साधु-महात्मा पदार्पण करते थे, तो उसे अनिवार्यतः सांसारिकता की शरण लेनी पड़ती थी। खुद भूखा सो सकता था, पर साधु को कैसे भूखा सुलाता, भगवान् के भक्त जो ठहरे !

एक दिन संध्या समय एक महात्मा ने आकर उसके द्वार पर डेरा जमाया। तेजस्वी मूर्ति थी, पीताम्बर गले में, जटा सिर पर, पीतल का कमंडल हाथ में, खडाऊँ पैर में, ऐनक आँखों पर, सम्पूर्ण वेष उन महात्माओं का-सा था जो रईसों के प्रासादों में तपस्या, हवागाड़ियों पर देवस्थानों की परिक्रमा और योग-सिद्धि प्राप्त करने के लिए रुचिकर भोजन करते हैं। घर में जौ का आटा था, वह उन्हें कैसे खिलाता। प्राचीनकाल में जौ का चाहे जो कुछ महत्त्व रहा हो, पर वर्तमान युग में जौ का भोजन सिद्ध पुरुषों के लिए दुष्पाच्य होता है। बड़ी चिन्ता हुई, महात्माजी को क्या खिलाऊँ। आखिर निश्चय किया कि कहीं से गेहूँ का आटा उधार लाऊँ, पर गाँव-भर में गेहूँ का आटा न मिला। गाँव में सब मनुष्य-ही-मनुष्य थे, देवता एक भी न था, अतएव देवताओं का खाद्य पदार्थ कैसे मिलता। सौभाग्य से गाँव के विप्र महाराज के यहाँ से थोड़े-से गेहूँ मिल गये। उनसे सवा सेर गेहूँ उधार लिया और स्त्री से कहा कि पीस दे। महात्मा ने भोजन किया, लम्बी तान कर सोये। प्रातःकाल आशीर्वाद देकर अपनी राह ली।

विप्र महाराज साल में दो बार खलिहानी लिया करते थे। शंकर ने दिल में कहा, सवा सेर गेहूँ इन्हें क्या लौटाऊँ, पंसेरी बदले कुछ ज्यादा खलिहानी दे दूँगा, यह भी समझ जायँगे, मैं भी समझ जाऊँगा। चैत में जब विप्रजी पहुँचे तो उन्हें डेढ़ पंसेरी के लगभग गेहूँ दे दिया और अपने को उऋण समझ कर उसकी कोई चरचा न की। विप्रजी ने फिर कभी न माँगा। सरल शंकर को क्या मालूम था कि यह सवा सेर गेहूँ चुकाने

के लिए मुझे दूसरा जन्म लेना पड़ेगा।

2

सात साल गुजर गये। विप्रजी विप्र से महाजन हुए, शंकर किसान से मजूर हो गया। उसका छोटा भाई मंगल उससे अलग हो गया था। एक साथ रहकर दोनों किसान थे, अलग होकर मजूर हो गये थे। शंकर ने चाहा कि द्वेष की आग भड़कने न पाये, किन्तु परिस्थिति ने उसे विवश कर दिया। जिस दिन अलग-अलग चूल्हे जले, वह फूट-फूटकर रोया। आज से भाई-भाई शत्रु हो जायँगे। एक रोयेगा, दूसरा हँसेगा, एक के घर मातम होगा तो दूसरे के घर गुलगुले पकेंगे, प्रेम का बंधन, खून का बंधन, दूध का बंधन आज टूटा जाता है। उसने भगीरथ परिश्रम से कुल-मर्यादा का वृक्ष लगाया था, उसे अपने रक्त से सींचा था, उसको जड़ से उखड़ता देखकर उसके हृदय के टुकड़े हुए जाते थे। सात दिनों तक उसने दाने की सूरत तक न देखी। दिन-भर जेठ की धूप में काम करता और रात को मुँह लपेटकर सो रहता। इस भीषण वेदना और दुस्सह कष्ट ने रक्त को जला दिया, माँस और मज्जा को घुला दिया। बीमार पड़ा तो महीनों खाट से न उठा। अब गुजर-बसर कैसे हो ? पाँच बीघे के आधे रह गये, एक बैल रह गया, खेती केवल मर्यादा-रक्षा का साधन-मात्र रह गयी, जीविका का भार मजूरी पर आ पड़ा।

सात वर्ष बीत गये, एक दिन शंकर मजूरी करके लौटा, तो राह में विप्रजी ने टोककर कहा—शंकर, कल आकर के अपने बीज-बेंग का हिसाब कर ले। तेरे यहाँ साढ़े पाँच मन गेहूँ कब के बाकी पड़े हुए हैं और तू देने का नाम नहीं लेता, हजम करने का मन है क्या ?

शंकर ने चकित होकर कहा—मैंने तुमसे कब गेहूँ लिऐ थे जो साढ़े पाँच मन हो गये ? तुम भूलते हो, मेरे यहाँ किसी का छटाँक भर न अनाज है, न एक पैसा उधार।

विप्र—इसी नीयत का तो यह फल भोग रहे हो कि खाने को नहीं जुड़ता।

यह कहकर विप्रजी ने उस सवा सेर गेहूँ का जिक्र किया, जो आज के सात वर्ष पहले शंकर को दिये थे। शंकर सुनकर अवाक् रह गया। ईश्वर, मैंने इन्हें कितनी बार खलिहानी दी, इन्होंने मेरा कौन-सा काम किया ? जब पोथी-पत्रा देखने, साइत-सगुन विचारने द्वार पर आते थे, कुछ-न-कुछ 'दक्षिणा' ले ही जाते थे। इतना स्वार्थ ! सवा सेर अनाज को अंडे की भाँति सेकर आज यह पिशाच खड़ा कर दिया, जो मुझे निगल ही जायगा। इतने दिनों में एक बार भी कह देते तो मैं गेहूँ-तौलकर दे देता, क्या इसी नीयत से चुप साधे बैठे रहे ? बोला—महाराज, नाम लेकर तो मैंने उतना अनाज नहीं दिया, पर कई बार खलिहानों से सेर-सेर, दो-दो सेर दिया है। अब आप आज साढ़े पाँच मन माँगते हैं, मैं कहाँ से दूँगा ?

विप्र—लेखा जौ-जौ, बखसीस सौ-सौ, तुमने जो कुछ दिया होगा, उसका कोई हिसाब नहीं, चाहे एक ही जगह चार पसेरी दे दो। तुम्हारे नाम बही में साढ़े पाँच मन लिखा हुआ है; जिससे चाहे हिसाब लगवा लो। दे दो तो तुम्हारा नाम छेक दूँ, नहीं तो

और भी बढ़ता रहेगा।

शंकर—पाँडे, क्यों एक गरीब को सताते हो, मेरे खाने का ठिकाना नहीं, इतना गेहूँ किसके घर से लाऊँगा ?

विप्र—जिसके घर से चाहे लाओ, मैं छटाँक-भर भी न छोड़ूँगा, यहाँ न दोगे, भगवान् के घर तो दोगे।

शंकर काँप उठा। हम पढ़े-लिखे आदमी होते तो कह देते, अच्छी बात है, ईश्वर के घर ही देंगे ; वहाँ की तौल यहाँ से कुछ बड़ी तो न होगी। कम-से-कम इसका कोई प्रमाण हमारे पास नहीं, फिर उसकी क्या चिन्ता; किन्तु शंकर इतना तार्किक, इतना व्यवहार-चतुर न था। एक तो ऋण—वह भी ब्राह्मण का—बही में नाम रह गया तो सीधे नरक में जाऊँगा, इस खयाल ही से उसे रोमांच हो गया। बोला—महाराज, तुम्हारा जितना होगा यहीं दूँगा, ईश्वर के यहाँ क्यों दूँ, इस जनम में तो ठोकर खा ही रहा हूँ, उस जनम के लिए क्यों काँटे बोऊँ ? मगर यह कोई नियाव नहीं। तुमने राई का पर्वत बना दिया, ब्राह्मण हो के तुम्हें ऐसा नहीं करना चाहिए था। उसी घड़ी तगादा करके ले लिया होता, तो आज मेरे सिर पर इतना बड़ा बोझ क्यों पड़ता। मैं तो दे दूँगा, लेकिन तुम्हें भगवान् के यहाँ जवाब देना पड़ेगा।

विप्र—वहाँ का डर तुम्हें होगा, मुझे क्यों होने लगा। वहाँ तो सब अपने ही भाई-बन्धु हैं। ऋषि-मुनि, सब तो ब्राह्मण ही हैं, देवता ब्राह्मण हैं, जो कुछ बने बिगड़ेगी, सँभाल लेंगे। तो कब देते हो ?

शंकर—मेरे पास रक्खा तो है नहीं, किसी से माँग-जाँचकर लाऊँगा तभी न दूँगा !

विप्र—मैं यह न मानूँगा। सात साल हो गये, अब एक दिन का भी मुलाहिजा न करूँगा। गेहूँ नहीं दे सकते, तो दस्तावेज लिख दो।

शंकर—मुझे तो देना है, चाहे गेहूँ लो चाहे दस्तावेज लिखाओ; किस हिसाब से दाम रक्खोगे ?

विप्र—बाजार-भाव पाँच सेर का है, तुम्हें सवा पाँच सेर का काट दूँगा।

शंकर—जब दे ही रहा.हूँ तो बाजार-भाव काटूँगा, पाव-भर छुड़ाकर क्यों दोषी बनूँ।

हिसाब लगाया तो गेहूँ के दाम साठ रुपये हुए। साठ रुपये का दस्तावेज लिखा गया, तीन रुपये सैकड़े सूद। साल-भर में न देने पर सूद की दर दो सौ ग्यारह रुपये सैकड़े। ग्यारह रुपये का स्टाम्प, एक रुपया दस्तावेज की तहरीर शंकर को ऊपर से देनी पड़ी।

गाँव भर ने विप्रजी की निन्दा की, लेकिन मुँह पर नहीं। महाजन से सभी का काम पड़ता है, उसके मुँह कौन आये।

3

शंकर ने सालभर तक कठिन तपस्या की। मीयाद के पहले रुपये अदा करने का उसने

व्रत-सा कर लिया। दोपहर को पहले भी चूल्हा न जलता था, चबेने पर बसर होती थी, अब वह भी बंद हुआ। केवल लड़के के लिए रात को रोटियाँ रख दी जातीं ! पैसे रोज का तंबाकू पी जाता था, यही एक व्यसन था जिसका वह कभी न त्याग कर सका था। अब वह व्यसन भी इस कठिन व्रत की भेंट हो गया। उसने चिलम पटक दी, हुक्का तोड़ दिया और तमाखू की हाँडी चूर-चूर कर डाली। कपड़े पहले भी त्याग की चरम सीमा तक पहुँच चुके थे, अब वह प्रकृति की न्यूनतम रेखाओं में आबद्ध हो गये। शिशिर की अस्थिबेधक शीत को उसने आग तापकर काट दिया। इस ध्रुव-संकल्प का फल आशा से बढ़कर निकला। साल के अन्त में उसके पास साठ रुपये जमा हो गये। उसने समझा पंडितजी को इतने रुपये दे दूँगा और कहूँगा महाराज, बाकी रुपये भी जल्द ही आपके सामने हाजिर करूँगा। पन्द्रह रुपये की तो और बात है, क्या पंडितजी इतना भी न मानेंगे ! उसने रुपये लिये और ले जाकर पंडितजी के चरण-कमलों पर अर्पण कर दिये। पंडितजी ने विस्मित होकर पूछा—किसी से उधार लिये क्या ?

शंकर—नहीं महाराज, आपके असीस से अबकी मजूरी अच्छी मिली।

विप्र—लेकिन यह तो साठ रुपये ही हैं !

शंकर—हाँ महाराज, इतने अभी ले लीजिए, बाकी मैं दो-तीन महीने में दे दूँगा, मुझे उरिन कर दीजिए।

विप्र—उरिन तो जभी होगे जब कि मेरी कौड़ी-कौड़ी चुका दोगे। जाकर मेरे पन्द्रह रुपये और लाओ।

शंकर—महाराज, इतनी दया करो; अब साँझ की रोटियों का भी ठिकाना नहीं है, गाँव में हूँ तो कभी-न-कभी दे ही दूँगा।

विप्र—मैं यह रोग नहीं पालता, न बहुत बातें करना जानता हूँ। अगर मेरे पूरे रुपये न मिलेंगे तो आज से तीन रुपये सैकड़े का ब्याज लगेगा। अपने रुपये चाहे अपने घर में रक्खो, चाहे मेरे यहाँ छोड़ जाओ।

शंकर—अच्छा, जितना लाया हूँ उतना रख लीजिए। मैं जाता हूँ, कहीं से पन्द्रह रुपये और लाने की फिक्र करता हूँ।

शंकर ने सारा गाँव छान मारा, मगर किसी ने रुपये न दिये, इसलिए नहीं कि उसका विश्वास न था, या किसी के पास रुपये न थे, बल्कि इसलिए कि पंडितजी के शिकार को छेड़ने की किसी की हिम्मत न थी।

4

क्रिया के पश्चात् प्रतिक्रिया नैसर्गिक नियम है। शंकर साल भर तक तपस्या करने पर भी जब ऋण से मुक्त होने में सफल न हो सका तो उसका संयम निराशा के रूप में परिणत हो गया। उसने समझ लिया कि जब इतना कष्ट सहने पर भी साल भर में साठ रुपये से अधिक न जमा कर सका, तो अब और कौन सा उपाय है जिसके द्वारा

इसके दूने रुपये जमा हों। जब सिर पर ऋण का बोझ ही लादना है तो क्या मन भर का और क्या सवा मन का। उसका उत्साह क्षीण हो गया, मेहनत से घृणा हो गयी। आशा उत्साह की जननी है, आशा में तेज है, बल है, जीवन है। आशा ही संसार की संचालक शक्ति है। शंकर आशा-हीन होकर उदासीन हो गया। वह जरूरतें जिनको उसने साल-भर तक टाल रखा था, अब द्वार पर खड़ी होने वाली भिखारिणी न थीं, बल्कि छाती पर सवार होने वाली पिशाचनियाँ थीं, जो अपनी भेंट लिये बिना जान नहीं छोड़तीं। कपड़ों में चकत्तियों के लगने की भी एक सीमा होती है। अब शंकर को चिट्ठा मिलता तो वह रुपये जमा न करता, कभी कपड़े लाता, कभी खाने की कोई वस्तु। जहाँ पहले तमाखू ही पिया करता था, वहाँ अब गाँजे और चरस का चस्का भी लगा। उसे अब रुपये अदा करने की कोई चिन्ता न थी मानो उसके ऊपर किसी का एक पैसा भी नहीं आता। पहले जूड़ी चढ़ी होती थी, पर वह काम करने अवश्य जाता था, अब काम पर न जाने के लिए बहाना खोजा करता।

इस भाँति तीन वर्ष निकल गये। विप्रजी महाराज ने एक बार भी तकाजा न किया। वह चतुर शिकारी की भाँति अचूक निशाना लगाना चाहते थे। पहले से शिकार को चौंकाना उनकी नीति के विरुद्ध था।

एक दिन पंडितजी ने शंकर को बुलाकर हिसाब दिखाया। साठ रुपये जो जमा थे वह मिनहा करने पर अब भी शंकर के जिम्मे एक सौ बीस रुपये निकले।

शंकर—इतने रुपये तो उसी जन्म में दूँगा, इस जन्म में नहीं हो सकते।

विप्र—मैं इसी जन्म में लूँगा। मूल न सही, सूद तो देना ही पड़ेगा।

शंकर—एक बैल है, वह ले लीजिए, और मेरे पास रक्खा क्या है।

विप्र—मुझे बैल-बधिया लेकर क्या करना है। मुझे देने को तुम्हारे पास बहुत कुछ है।

शंकर—और क्या है महाराज ?

विप्र—कुछ नहीं, तुम तो हो। आखिर तुम भी कहीं मजूरी करने जाते ही हो, मुझे भी खेती के लिए मजूर रखना ही पड़ता है। सूद में तुम हमारे यहाँ काम किया करो, जब सुभीता हो मूल को दे देना। सच तो यों है कि अब तुम किसी दूसरी जगह काम करने नहीं जा सकते, जब तक मेरे रुपये नहीं चुका दो। तुम्हारे पास कोई जायदाद नहीं है, इतनी बड़ी गठरी मैं किस एतबार पर छोड़ दूँ। कौन इसका जिम्मा लेगा कि तुम मुझे महीने-महीने सूद देते जाओगे। और कहीं कमाकर जब तुम मुझे सूद भी नहीं दे सकते, तो मूल की कौन कहे।

शंकर—महाराज, सूद में तो काम करूँगा और खाऊँगा क्या ?

विप्र—तुम्हारी घरवाली है, लड़के हैं, क्या वे हाथ-पाँव कटाके बैठेंगे। रहा मैं, तुम्हें आध सेर जौ रोज कलेवा के लिए दे दिया करूँगा। ओढ़ने को साल में एक कम्बल पा जाओगे, एक मिरजई भी बनवा दिया करूँगा, और क्या चाहिए। यह सच है कि

और लोग तुम्हें छः आने देते हैं लेकिन मुझे ऐसी गरज नहीं है, मैं तो तुम्हें रुपये भरने के लिए रखता हूँ।

शंकर ने कुछ देर तक गहरी चिन्ता में पड़े रहने के बाद कहा—महाराज यह तो जन्म-भर की गुलामी हुई।

विप्र—गुलामी समझो, चाहे मजूरी समझो। मैं अपने रुपये भराये बिना तुमको कभी न छोडूँगा। तुम भागोगे तो तुम्हारा लड़का भरेगा। हाँ, जब कोई न रहेगा तब की बात दूसरी है।

इस निर्णय की कहीं अपील न थी। मजूर की जमानत कौन करता, कहीं शरण न थी, भागकर कहाँ जाता, दूसरे दिन से अपने विप्रजी के यहाँ काम करना शुरू कर दिया। सवा सेर गेहूँ की बदौलत उम्र-भर के लिए गुलामी की बेड़ी पैरों में डालनी पड़ी। उस अभागे को अब अगर किसी विचार से संतोष होता था तो यह था कि वह मेरे पूर्व-जन्म का संस्कार है। स्त्री को वे काम करने पड़ते थे, जो उसने कभी न किये थे, बच्चे दानों को तरसते थे, लेकिन शंकर चुपचाप देखने के सिवा और कुछ न कर सकता था। वह गेहूँ के दाने किसी देवता के शाप की भाँति यावज्जीवन उसके सिर से न उतरे।

5

शंकर ने विप्रजी के यहाँ बीस वर्ष तक गुलामी करने के बाद इस दुस्सार संसार से प्रस्थान किया। एक सौ बीस रुपये अभी तक उसके सिर पर सवार थे। पंडित जी ने उस गरीब को ईश्वर के दरबार में कष्ट देना उचित न समझा, इतने अन्यायी, इतने निर्दयी न थे। उसके जवान बेटे की गरदन पकड़ी। आज तक वह विप्रजी के यहाँ काम करता है। उसका उद्धार कब होगा; होगा भी या नहीं, ईश्वर ही जाने।

पाठक ! इस वृत्तांत को कपोल-कल्पित न समझिए। यह सत्य घटना है। ऐसे शंकरों और ऐसे विप्रों से दुनिया खाली नहीं है।

❒

मंत्र

प्रथम प्रकाशन उर्दू मासिक 'ज़माना' फरवरी 1928 में

1

संध्या का समय था। डाक्टर चड्ढा गोल्फ खेलने के लिए तैयार हो रहे थे। मोटर द्वार के सामने खड़ी थी कि दो कहार एक डोली लिये आते दिखायी दिये। डोली के पीछे एक बूढ़ा लाठी टेकता चला आता था। डोली औषधालय के सामने आ कर रुक गयी। बूढ़े ने धीरे-धीरे आकर द्वार पर पड़ी हुई चिक से झाँका। ऐसी साफ-सुथरी जमीन पर पैर रखते हुए भय हो रहा था कि कोई घुड़क न बैठे। डाक्टर साहब को सामने खड़े देख कर भी उसे कुछ कहने का साहस न हुआ।

डाक्टर साहब ने चिक के अंदर से गरज कर कहा—कौन है ? क्या चाहता है ?

बूढ़े ने हाथ जोड़कर कहा—हुजूर, बड़ा गरीब आदमी हूँ। मेरा लड़का कई दिन से...

डाक्टर साहब ने सिगार जला कर कहा—कल सबेरे आओ, कल सबेरे; हम इस वक्त मरीजों को नहीं देखते।

बूढ़े ने घुटने टेक कर जमीन पर सिर रख दिया और बोला—दुहाई है सरकार की, लड़का मर जायगा ! हुजूर, चार दिन से आँखें नहीं...

डाक्टर चड्ढा ने कलाई पर नजर डाली। केवल दस मिनट समय और बाकी था। गोल्फ-स्टिक खूँटी से उतारते हुए बोले—कल सबेरे आओ, कल सबेरे; यह हमारे खेलने का समय है।

बूढ़े ने पगड़ी उतार कर चौखट पर रख दी और रो कर बोला—हुजूर, एक निागह देख लें। बस, एक निगाह ! लड़का हाथ से चला जायगा, हुजूर, सात लड़कों में यही एक बच रहा है हुजूर। हम दोनों आदमी रो-रो कर मर जायेंगे, सरकार ! आपकी बढ़ाई होय, दीनबन्धू !

ऐसे उजड्ड देहाती यहाँ प्रायः रोज आया करते थे। डाक्टर साहब उनके स्वभाव से खूब परिचित थे। कोई कितना ही कुछ कहे; पर वे अपनी ही रट लगाते जायँगे। किसी की सुनेंगे नहीं। धीरे से चिक उठायी और बाहर निकल कर मोटर की तरफ चले। बूढ़ा यह कहता हुआ उनके पीछे दौड़ा—सरकार, बड़ा धरम होगा। हुजूर, दया कीजिए, बड़ा दीन-दुखी हूँ; संसार में कोई और नहीं है, बाबू जी !

मगर डाक्टर साहब ने उसकी ओर मुँह फेर कर देखा तक नहीं। मोटर पर बैठकर

बोले—कल सबेरे आना।

मोटर चली गयी। बूढ़ा कई मिनट तक मूर्ति की भाँति निश्चल खड़ा रहा। संसार में ऐसे मनुष्य भी होते हैं, जो अपने आमोद-प्रमोद के आगे किसी की जान की भी परवा नहीं करते, शायद इसका उसे अब भी विश्वास न आता था। सभ्य संसार इतना निर्मम, इतना कठोर है, इसका ऐसा मर्मभेदी अनुभव अब तक न हुआ था। वह उन पुराने जमाने के जीवों में था, जो लगी हुई आग को बुझाने, मुर्दे को कंधा देने, किसी के छप्पर को उठाने और किसी कलह को शांत करने के लिए सदैव तैयार रहते थे। जब तक बूढ़े को मोटर दिखायी दी, वह खड़ा टकटकी लगाये उस ओर ताकता रहा। शायद उसे अब भी डाक्टर साहब के लौट आने की आशा थी। फिर उसने कहारों से डोली उठाने को कहा। डोली जिधर से आयी थी, उधर ही चली गयी। चारों ओर से निराश होकर वह डाक्टर चड्ढा के पास आया था। इनकी बड़ी तारीफ सुनी थी। यहाँ से निराश हो कर फिर वह किसी दूसरे डाक्टर के पास न गया। किस्मत ठोक ली !

उसी रात को उसका हँसता-खेलता सात साल का बालक अपनी बाल-लीला समाप्त करके इस संसार से सिधार गया। बूढ़े माँ-बाप के जीवन का यही एक आधार था। इसी का मुँह देख कर जीते थे। इस दीपक के बुझते ही जीवन की अँधेरी रात भाँय-भाँय करने लगी। बुढ़ापे की विशाल ममता टूटे हुए हृदय से निकल कर अंधकार में आर्त-स्वर से रोने लगी।

2

कई साल गुजर गये। डॉक्टर चड्ढा ने खूब यश और धन कमाया ; लेकिन इसके साथ ही अपने स्वास्थ्य की रक्षा भी की, जो एक असाधारण बात थी। यह उनके नियमित जीवन का आशीर्वाद था कि पचास वर्ष की अवस्था में उनकी चुस्ती और फुर्ती युवकों को भी लज्जित करती थी। उनके हर एक काम का समय नियत था, इस नियम से वह जौ-भर भी न टलते थे। बहुधा लोग स्वास्थ्य के नियमों का पालन उस समय करते हैं, जब रोगी हो जाते हैं। डाक्टर चड्ढा उपचार और संयम का रहस्य खूब समझते थे। उनकी संतान-संख्या भी इसी नियम के अधीन थी। उनके केवल दो बच्चे हुए, एक लड़का और एक लड़की; तीसरी संतान न हुई, इसीलिए श्रीमती चड्ढा भी अभी जवान मालूम होती थीं। लड़की का तो विवाह हो चुका था। लड़का कालेज में पढ़ता था। वही माता-पिता के जीवन का आधार था। शील और विनय का पुतला, बड़ा ही रसिक, बड़ा ही उदार, विद्यालय का गौरव, युवक-समाज की शोभा। मुखमंडल से तेज की छटा-सी निकलती थी। आज उसकी बीसवीं सालगिरह थी।

संध्या का समय था। हरी-हरी घास पर कुर्सियाँ बिछी हुई थीं। शहर के रईस और हुक्काम एक तरफ, कालेज के छात्र दूसरी तरफ बैठे भोजन कर रहे थे। बिजली के प्रकाश से सारा मैदान जगमगा रहा था। आमोद-प्रमोद का सामान भी जमा था। छोटा-सा प्रहसन खेलने की तैयारी थी। प्रहसन स्वयं कैलाशनाथ ने लिखा था। वही

मुख्य ऐक्टर भी था। इस समय वह एक रेशमी कमीज पहने, नंगे सिर, नंगे पाँव, इधर से उधर मित्रों की आव-भगत में लगा हुआ था। कोई पुकारता—कैलाश, जरा इधर आना; कोई उधर से बुलाता—कैलाश क्या उधर ही रहोगे ? सभी उसे छेड़ते थे, चुहलें करते थे, बेचारे को जरा दम मारने का अवकाश न मिलता था। सहसा एक रमणी ने उसके पास आ कर कहा—क्यों कैलाश, तुम्हारे साँप कहाँ हैं ? जरा मुझे दिखा दो।

कैलाश ने उससे हाथ मिला कर कहा—मृणालिनी, इस वक्त क्षमा करो, कल दिखा दूँगा।

मृणालिनी ने आग्रह किया—जी नहीं, तुम्हें दिखाना पड़ेगा, मैं आज नहीं मानने की। तुम रोज 'कल-कल' करते हो।

मृणलिनी और कैलाश दोनों सहपाठी थे और एक दूसरे के प्रेम में पगे हुए। कैलाश को साँपों के पालने, खेलाने और नचाने का शौक था। तरह-तरह के साँप पाल रखे थे। उनके स्वभाव और चरित्र की परीक्षा करता रहता था। थोड़े दिन हुए, उसने विद्यालय में 'साँपों' पर एक मार्के का व्याख्यान दिया था। साँपों को नचा कर दिखाया भी था ! प्राणिशास्त्र के बड़े-बड़े पंडित भी यह व्याख्यान सुन कर दंग रह गये थे ! यह विद्या उसने एक बड़े सँपेरे से सीखी थी। साँपों की जड़ी-बूटियाँ जमा करने का उसे मरज था। इतना पता भर मिल जाय कि किसी व्यक्ति के पास कोई अच्छी जड़ी है, फिर उसे चैन न आता था। उसे ले कर ही छोड़ता था। यही व्यसन था। इस पर हजारों रुपये फूँक चुका था। मृणालिनी कई बार आ चुकी थी; पर कभी साँपों को देखने के लिए इतनी उत्सुक न हुई थी। कह नहीं सकते, आज उसकी उत्सुकता सचमुच जाग गयी थी, या वह कैलाश पर अपने अधिकार का प्रदर्शन करना चाहती थी; पर उसका आग्रह बेमौका था। उस कोठरी में कितनी भीड़ लग जायगी, भीड़ को देख कर साँप कितने चौंकेंगे और रात के समय उन्हें छेड़ा जाना कितना बुरा लगेगा, इन बातों का उसे जरा भी ध्यान न आया।

कैलाश ने कहा—नहीं, कल जरूर दिखा दूँगा। इस वक्त अच्छी तरह दिखा भी तो न सकूँगा, कमरे में तिल रखने को भी जगह न मिलेगी।

एक महाशय ने और रद्दा चढ़ाया—मिस गोविन्द इतनी सीधी और भोली हैं, तभी आप इतना मिजाज करते हैं ; दूसरी सुंदरी होती, तो इसी बात पर बिगड़ खड़ी होती।

तीसरे साहब ने मजाक उड़ाया—अजी बोलना छोड़ देती। भला, कोई बात है ! इस पर आपका दावा है कि मृणालिनी के लिए जान हाजिर है।

मृणालिनी ने देखा कि ये शोहदे उसे रंग पर चढ़ा रहे हैं, तो बोली—आप लोग मेरी वकालत न करें, मैं खुद अपनी वकालत कर लूँगी। मैं इस वक्त साँपों का तमाशा नहीं देखना चाहती। चलो, छुट्टी हुई।

इस पर मित्रों ने ठट्ठा लगाया। एक साहब बोले—देखना तो आप सब कुछ चाहें, पर कोई दिखाये भी तो ?

कैलाश को मृणालिनी की झेंपी हुई सूरत देखकर मालूम हुआ कि इस वक्त उसका इनकार वास्तव में उसे बुरा लगा है। ज्यों ही प्रीति-भोज समाप्त हुआ और गाना शुरू हुआ, उसने मृणालिनी और अन्य मित्रों को साँपों के दरबे के सामने ले जाकर महुअर बजाना शुरू किया। फिर एक-एक खाना खोलकर एक-एक साँप को निकालने लगा। वाह ! क्या कमाल था ! ऐसा जान पड़ता था कि वे कीड़े उसकी एक-एक बात, उसके मन का एक-एक भाव समझते हैं। किसी को उठा लिया, किसी को गरदन में डाल लिया, किसी को हाथ में लपेट लिया। मृणालिनी बार-बार मना करती कि इन्हें गर्दन में न डालो, दूर ही से दिखा दो। बस, जरा नचा दो। कैलाश की गरदन में साँपों को लिपटते देख कर उसकी जान निकली जाती थी। पछता रही थी कि मैंने व्यर्थ ही इनसे साँप दिखाने को कहा; मगर कैलाश एक न सुनता था। प्रेमिका के सम्मुख अपने सर्प-कला-प्रदर्शन का ऐसा अवसर पाकर वह कब चूकता ! एक मित्र ने टीका की—दाँत तोड़ डाले होंगे।

कैलाश हँसकर बोला—दाँत तोड़ डालना मदारियों का काम है। किसी के दाँत नहीं तोड़े गये। कहिए तो दिखा दूँ ? कह कर उसने एक काले साँप को पकड़ लिया और बोला—मेरे पास इससे बड़ा और जहरीला साँप दूसरा नहीं है, अगर किसी को काट ले, तो आदमी आनन-फानन में मर जाय। लहर भी न आये। इसके काटे पर मंत्र नहीं। इसके दाँत दिखा दूँ ?

मृणालिनी ने उसका हाथ पकड़कर कहा—नहीं, नहीं, कैलाश, ईश्वर के लिए इसे छोड़ दो। तुम्हारे पैरों पड़ती हूँ।

इस पर एक दूसरे मित्र बोले—मुझे तो विश्वास नहीं आता, लेकिन तुम कहते हो, तो मान लूँगा।

कैलाश ने साँप की गरदन पकड़कर कहा—नहीं साहब, आप आँखों से देखकर मानिए। दाँत तोड़कर वश में किया तो क्या किया। साँप बड़ा समझदार होता है ! अगर उसे विश्वास हो जाये कि इस आदमी से मुझे कोई हानि न पहुँचेगी, तो वह उसे हर्गिज न काटेगा।

मृणालिनी ने जब देखा कि कैलाश पर इस वक्त भूत सवार है, तो उसने यह तमाशा न करने के विचार से कहा—अच्छा भाई, अब यहाँ से चलो। देखो गाना शुरू हो गया है। आज मैं भी कोई चीज सुनाऊँगी। यह कहते हुए उसने कैलाश का कंधा पकड़ कर चलने को इशारा किया और कमरे से निकल गयी; मगर कैलाश विरोधियों का शंका-समाधान करके ही दम लेना चाहता था। उसने साँप की गरदन पकड़ कर जोर से दबायी, इतनी जोर से दबायी कि उसका मुँह लाल हो गया, देह की सारी नसें तन गयीं। साँप ने अब तक उसके हाथों ऐसा व्यवहार न देखा था। उसकी समझ में न आता था कि यह मुझसे क्या चाहते हैं। उसे शायद भ्रम हुआ कि मुझे मार डालना चाहते हैं, अतएव वह आत्मरक्षा के लिए तैयार हो गया।

कैलाश ने उसकी गर्दन खूब दबा कर मुँह खोल दिया और उसके जहरीले दाँत दिखाते हुए बोला—जिन सज्जनों को शक हो, आ कर देख लें। आया विश्वास या अब भी कुछ शक है ? मित्रों ने आ कर उसके दाँत देखे और चकित हो गये। प्रत्यक्ष-प्रमाण के सामने संदेह का स्थान कहाँ। मित्रों का शंका-निवारण करके कैलाश ने साँप की गर्दन ढीली कर दी और उसे जमीन पर रखना चाहा, पर वह काला गेहुँवन क्रोध से पागल हो रहा था। गर्दन नरम पड़ते ही उसने सिर उठा कर कैलाश की उँगली में जोर से काटा और वहाँ से भागा। कैलाश की उँगली से टप-टप खून टपकने लगा। उसने जोर से उँगली दबा ली और अपने कमरे की तरफ दौड़ा। वहाँ मेज की दराज में एक जड़ी रखी हुई थी, जिसे पीस कर लगा देने से घातक विष भी रफू हो जाता था। मित्रों में हलचल पड़ गयी। बाहर महफिल में भी खबर हुई। डाक्टर साहब घबरा कर दौड़े। फौरन उँगली की जड़ कस कर बाँधी गयी और जड़ी पीसने के लिए दी गयी। डाक्टर साहब जड़ी के कायल न थे। वह उँगली का डसा भाग नश्तर से काट देना चाहते थे, मगर कैलाश को जड़ी पर पूर्ण विश्वास था। मृणालिनी प्यानो पर बैठी हुई थी। यह खबर सुनते ही दौड़ी, और कैलाश की उँगली से टपकते हुए खून को रूमाल से पोंछने लगी। जड़ी पीसी जाने लगी; पर उसी एक मिनट में कैलाश की आँखें झपकने लगीं, ओठों पर पीलापन दौड़ने लगा। यहाँ तक कि वह खड़ा न रह सका। फर्श पर बैठ गया। सारे मेहमान कमरे में जमा हो गये। कोई कुछ कहता था, कोई कुछ। इतने में जड़ी पीस कर आ गयी। मृणालिनी ने उँगली पर लेप किया। एक मिनट और बीता। कैलाश की आँखें बंद हो गयीं। वह लेट गया और हाथ से पंखा झलने का इशारा किया। माँ ने दौड़ कर उसका सिर गोद में रख लिया और बिजली का टेबुल-फैन लगा दिया।

डाक्टर साहब ने झुक कर पूछा—कैलाश, कैसी तबीयत है ? कैलाश ने धीरे से हाथ उठा लिया; पर कुछ बोल न सका। मृणालिनी ने करुण स्वर में कहा—क्या जड़ी कुछ असर न करेगी ? डाक्टर साहब ने सिर पकड़ कर कहा—क्या बतलाऊँ, मैं इसकी बातों में आ गया। अब तो नश्तर से भी कुछ फायदा न होगा।

आध घंटे तक यही हाल रहा। कैलाश की दशा प्रतिक्षण बिगड़ती जाती थी। यहाँ तक कि उसकी आँखें पथरा गयीं, हाथ-पाँव ठंडे हो गये, मुख की कांति मलिन पड़ गयी, नाड़ी का कहीं पता नहीं। मौत के सारे लक्षण दिखायी देने लगे। घर में कुहराम मच गया। मृणालिनी एक ओर सिर पीटने लगी; माँ अलग पछाड़े खाने लगी। डाक्टर चड्ढा को मित्रों ने पकड़ लिया, नहीं तो वह नश्तर अपनी गर्दन पर मार लेते।

एक महाश्य बोले—कोई मंत्र झाड़ने वाला मिले, तो सम्भव है, अब भी जान बच जाय।

एक मुसलमान सज्जन ने इसका समर्थन किया—अरे साहब कब्र में पड़ी हुई लाशें जिंदा हो गयी हैं। ऐसे-ऐसे बाकमाल पड़े हुए हैं।

डाक्टर चड्ढा बोले—मेरी अक्ल पर पत्थर पड़ गया था कि इसकी बातों में आ गया। नश्तर लगा देता, तो यह नौबत ही क्यों आती। बार-बार समझाता रहा कि बेटा, साँप न पालो, मगर कौन सुनता था ! बुलाइए, किसी झाड़-फूँक करनेवाले ही को बुलाइए। मेरा सब कुछ ले ले, मैं अपनी सारी जायदाद उसके पैरों पर रख दूँगा। लँगोटी बाँध कर घर से निकल जाऊँगा; मगर मेरा कैलाश, मेरा प्यारा कैलाश उठ बैठे। ईश्वर के लिए किसी को बुलवाइए।

एक महाशय का किसी झाड़नेवाले से परिचय था। वह दौड़कर उसे बुला लाये; मगर कैलाश की सूरत देखकर उसे मंत्र चलाने की हिम्मत न पड़ी। बोला—अब क्या हो सकता है, सरकार ? जो कुछ होना था, हो चुका !

अरे मूर्ख, यह क्यों नहीं कहता कि जो कुछ न होना था, हो चुका। जो कुछ होना था, वह कहाँ हुआ ? माँ-बाप ने बेटे का सेहरा कहाँ देखा ? मृणालिनी का कामना-तरु क्या पल्लव और पुष्प से रंजित हो उठा ? मन के वह स्वर्ण-स्वप्न जिनसे जीवन आनंद का स्रोत बना हुआ था, क्या पूरे हो गये ? जीवन के नृत्यमय तारिका-मंडित सागर में आमोद की बहार लूटते हुए क्या उनकी नौका जलमग्न नहीं हो गयी ? जो न होना था, वह हो गया।

वही हरा-भरा मैदान था, वही सुनहरी चाँदनी एक निःशब्द संगीत की भाँति प्रकृति पर छायी हुई थी, वही मित्र समाज था; वही मनोरंजन के सामान थे; मगर जहाँ हास्य की ध्वनि थी, वहाँ करुण क्रंदन और अश्रु-प्रवाह था।

3

शहर से कई मील दूर एक छोटे-से घर में एक बूढ़ा और बुढ़िया अँगीठी के सामने बैठे जाड़े की रात काट रहे थे। बूढ़ा नारियल पीता था और बीच-बीच में खाँसता था। बुढ़िया दोनों घुटनियों में सिर डाले आग की ओर ताक रही थी। एक मिट्टी के तेल की कुप्पी ताक पर जल रही थी। घर में न चारपाई थी, न बिछौना। एक किनारे थोड़ी-सी पुआल पड़ी हुई थी। इसी कोठरी में एक चूल्हा था। बुढ़िया दिन-भर उपले और सूखी लकड़ियाँ बटोरती थी। बूढ़ा रस्सी बट कर बाजार में बेच आता था। यही उनकी जीविका थी। उन्हें न किसी ने रोते देखा, न हँसते। उनका सारा समय जीवित रहने में कट जाता था। मौत द्वार पर खड़ी थी, रोने या हँसने की कहाँ फुरसत ! बुढ़िया ने पूछा—कल के लिए सन तो है नहीं, काम क्या करोगे ?

'जा कर झगडू साह से दस सेर सन उधार लाऊँगा।'

'उसके पहले के पैसे तो दिये ही नहीं, और उधार कैसे देगा ?'

'न देगा न सही। घास तो कहीं नहीं गयी है। दोपहर तक क्या दो आने की भी न काटूँगा ?'

इतने में एक आदमी ने द्वार पर आवाज दी—भगत, भगत, क्या सो गये ? जरा किवाड़ खोलो।

भगत से उठकर किवाड़ खोल दिये। एक आदमी ने अंदर आ कर कहा—कुछ सुना, डाक्टर चड्ढा बाबू के लड़के को साँप काट लिया।

भगत ने चौंककर कहा—चड्ढा बाबू के लड़के को ! वही चड्ढा बाबू हैं न, जो छावनी में बँगले में रहते हैं ?

'हाँ-हाँ वही। शहर में हल्ला मचा हुआ है। जाते हो तो जाओ, आदमी बन जाओगे।'

बूढ़े ने कठोर भाव से सिर हिला कर कहा—मैं नहीं जाता ! मेरी बला जाय ! वही चड्ढा है। खूब जानता हूँ। भैया को लेकर उन्हीं के पास गया था। खेलने जा रहे थे। पैरों पर गिर पड़ा कि एक नजर देख लीजिए; मगर सीधे मुँह से बात तक न की। भगवान् बैठे सुन रहे थे। अब जान पड़ेगा कि बेटे का गम कैसा होता है। कई लड़के हैं ?

'नहीं जी, यही तो एक लड़का था। सुना है, सबने जवाब दे दिया है।'

'भगवान् बड़ा कारसाज है। उस बखत मेरी आँखों से आँसू निकल पड़े थे, पर उन्हें तनिक भी दया न आयी थी। मैं तो उनके द्वार पर होता, तो भी बात न पूछता।'

'तो न जाओगे ? हमने जो सुना था, सो कह दिया।'

'अच्छा किया—अच्छा किया। कलेजा ठंडा हो गया, आँखें ठंडी हो गयीं। लड़का भी ठंडा हो गया होगा ! तुम जाओ। आज चैन की नींद सोऊँगा। (बुढ़िया से) जरा तम्बाखू ले ले ! एक चिलम और पीऊँगा। अब मालूम होगा लाला को ! सारी साहबी निकल जायेगी, हमारा क्या बिगड़ा। लड़के के मर जाने से कुछ राज तो नहीं चला गया ? जहाँ छः बच्चे गये थे, वहाँ एक और चला गया, तुम्हारा तो राज सूना हो जायगा। उसी के वास्ते सबका गला दबा-दबा कर जोड़ा था न ! अब क्या करोगे ? एक बार देखने जाऊँगा; पर कुछ दिन बाद मिजाज का हाल पूछूँगा।'

आदमी चला गया। भगत ने किवाड़ बंद कर लिये, तब चिलम पर तम्बाखू रख कर पीने लगा।

बुढ़िया ने कहा—इतनी रात गये जाड़े-पाले में कौन जायगा ?

'अरे, दोपहर ही होता तो मैं न जाता। सवारी दरवाजे पर लेने आती, तो भी न जाता। भूल नहीं गया हूँ। पन्ना की सूरत आज भी आँखों में फिर रही है। इस निर्दयी ने उसे एक नजर देखा तक नहीं। क्या मैं न जानता था कि वह न बचेगा ? खूब जानता था। चड्ढा भगवान् नहीं थे, कि उनके एक निगाह देख लेने से अमृत बरस जाता। नहीं, खाली मन की दौड़ थी। जरा तसल्ली हो जाती। बस, इसीलिए उनके पास गया था। अब किसी दिन जाऊँगा और कहूँगा—क्यों साहब, कहिए, क्या रंग है ? दुनिया बुरा कहेगी, कहे; कोई परवाह नहीं। छोटे आदमियों में तो सब ऐब होते हैं। बड़ों में कोई ऐब नहीं होता, देवता होते हैं।

भगत के लिए यह जीवन में पहला अवसर था कि ऐसा समाचार पा कर वह

बैठा रह गया हो। अस्सी वर्ष के जीवन में ऐसा कभी न हुआ था कि साँप की खबर पा कर वह दौड़ न गया हो। माघ-पूस की अँधेरी रात, चैत-बैसाख की धूप और लू, सावन-भादों की चढ़ी हुई नदी और नाले, किसी की उसने कभी परवाह न की। वह तुरंत घर से निकल पड़ता था—निःस्वार्थ, निष्काम ! लेन-देन का विचार कभी दिल में आया नहीं। यह ऐसा काम ही न था। जान का मूल्य कौन दे सकता है ? वह एक पुण्य-कार्य था। सैकड़ों निराशों को उसके मंत्रों ने जीवन-दान दे दिया था; पर आज वह घर से कदम नहीं निकाल सका। यह खबर सुन कर सोने जा रहा है।

बुढ़िया ने कहा—तमाखू अँगीठी के पास रखी हुई है। उसके भी आज ढाई पैसे हो गये। देती ही न थी।

बुढ़िया यह कह कर लेटी। बूढ़े ने कुप्पी बुझायी, कुछ देर खड़ा रहा, फिर बैठ गया। अंत में लेट गया; पर यह खबर उसके हृदय पर बोझे की भाँति रखी हुई थी। उसे मालूम हो रहा था, उसकी कोई चीज खो गयी है, जैसे सारे कपड़े गीले हो गये हैं या पैरों में कीचड़ लगा हुआ है, जैसे कोई उसके मन में बैठा हुआ उसे घर से निकालने के लिए कुरेद रहा है। बुढ़िया जरा देर में खर्राटे लेने लगी। बूढ़े बातें करते-करते सोते हैं और जरा-सा खटका होते ही जागते हैं। तब भगत उठा, अपनी लकड़ी उठा ली, और धीरे के किवाड़ खोले।

बुढ़िया ने पूछा—कहाँ जाते हो ?

'कहीं नहीं, देखता था कि कितनी रात है।'

'अभी बहुत रात है, सो जाओ।'

'नींद नहीं आती।'

'नींद काहे को आवेगी ? मन तो चड्ढा के घर पर लगा हुआ है।'

'चड्ढा ने मेरे साथ कौन-सी नेकी कर दी है, जो वहाँ जाऊँ ? वह आ कर पैरों पड़े, तो भी न जाऊँ।'

'उठे तो तुम इसी इरादे से हो ?'

'नहीं री, ऐसा पागल नहीं हूँ कि जो मुझे काँटे बोये, उसके लिए फूल बोता फिरूँ।'

बुढ़िया फिर सो गयी। भगत ने किवाड़ लगा दिये और फिर आ कर बैठा। पर उसके मन की कुछ ऐसी दशा थी, जो बाजे की आवाज कान में पड़ते ही उपदेश सुननेवालों की होती है। आँखें चाहे उपदेशक की ओर हों, पर कान बाजे ही की ओर होते हैं। दिल में भी बाजे की ध्वनि गूँजती रहती है। शर्म के मारे जगह से नहीं उठता। निर्दयी प्रतिघात का भाव भगत के लिए उपदेशक था, पर हृदय उस अभागे युवक की ओर था, जो इस समय मर रहा था, जिसके लिए एक-एक पल का विलम्ब घातक था।

उसने फिर किवाड़ खोले, इतने धीरे से कि बुढ़िया को खबर भी न हुई। बाहर निकल आया। उसी वक्त गाँव का चौकीदार गश्त लगा रहा था, बोला—कैसे उठे

भगत ? आज तो बड़ी सरदी है ! कहीं जा रहे हो क्या ?

भगत ने कहा—नहीं जी, जाऊँगा कहाँ ! देखता था, अभी कितनी रात है। भला, कै बजे होंगे ?

चौकीदार बोला—एक बजा होगा और क्या, अभी थाने से आ रहा था, तो डाक्टर चड्ढा बाबू के बँगले पर बड़ी भीड़ लगी हुई थी। उनके लड़के का हाल तो तुमने सुना होगा, कीड़े ने छू लिया है। चाहे मर भी गया हो। तुम चले जाओ, तो साइत बच जाय। सुना है, दस हजार तक देने को तैयार हैं।

भगत—मैं तो न जाऊँ, चाहे वह दस लाख भी दे। मुझे दस हजार या दस लाख ले कर करना क्या है ? कल मर जाऊँगा, फिर कौन भोगनेवाला बैठा हुआ है।

चौकीदार चला गया। भगत ने आगे पैर बढ़ाया। जैसे नशे में आदमी की देह अपने काबू में नहीं रहती, पैर कहीं रखता है, पड़ता कहीं है, कहता कुछ है, जबान से निकलता कुछ है—वही हाल इस समय भगत का था। मन में प्रतिकार था, पर कर्म मन के अधीन न था। जिसने कभी तलवार नहीं चलायी, वह इरादा करने पर भी तलवार नहीं चला सकता। उसके हाथ काँपते हैं, उठते ही नहीं।

भगत लाठी खट-खट करता लपका चला जाता था। चेतना रोकती थी पर उपचेतना ठेलती थी। सेवक स्वामी पर हावी था।

आधी राह निकल जाने के बाद सहसा भगत रुक गया। हिंसा ने क्रिया पर विजय पायी—मैं यों ही इतनी दूर चला आया। इस जाड़े-पाले में मरने की मुझे क्या पड़ी थी ? आराम से सोया क्यों नहीं ? नींद न आती, न सही; दो चार भजन ही गाता। व्यर्थ इतनी दूर दौड़ा आया। चड्ढ़ा का लड़का रहे या मरे, मेरी बला से। मेरे साथ उन्होंने ऐसा कौन-सा सलूक किया था कि मैं उनके लिए मरूँ ? दुनिया में हजारों मरते हैं, हजारों जीते हैं। मुझे किसी के मरने-जीने से मतलब !

मगर उपचेतना ने अब एक दूसरा रूप धारण किया, जो हिंसा से बहुत कुछ मिलता-जुलता था—वह झाड़-फूँक करने नहीं जा रहा है; वह देखेगा, कि लोग क्या कर रहे हैं। डॉक्टर साहब का रोना-पीटना देखेगा, किस तरह सिर पीटते हैं, किस तरह पछाड़ें खाते हैं ! यह देखेगा कि बड़े लोग भी छोटों ही की भाँति रोते हैं, या सबर कर जाते हैं ! वे लोग तो विद्वान् होते हैं, सबर कर जाते होंगे ! हिंसा-भाव को यों धीरज देता हुआ वह फिर आगे बढ़ा।

इतने में दो आदमी आते दिखायी दिये। दोनों बातें करते चले आ रहे थे—चड्ढा बाबू का घर उजड़ गया, वही तो एक लड़का था। भगत के कान में यह आवाज पड़ी। उसकी चाल और भी तेज हो गयी। थकान के मारे पाँव न उठते थे। शिरोभाग इतना बढ़ा जाता था, मानो अब मुँह के बल गिर पड़ेगा। इस तरह वह कोई दस मिनट चला होगा कि डाक्टर साहब का बँगला नजर आया। बिजली की बत्तियाँ जल रही थीं; मगर सन्नाटा छाया हुआ था। रोने-पीटने की आवाज भी न आती थी। भगत का कलेजा

धक्-धक् करने लगा। कहीं मुझे बहुत देर तो नहीं हो गयी ? वह दौड़ने लगा। अपनी उम्र में वह इतना तेज कभी न दौड़ा था। बस, यही मालूम होता था मानो उसके पीछे मौत दौड़ी आ रही है।

4

दो बज गये थे। मेहमान विदा हो गये। रोने वालों में केवल आकाश के तारे रह गये थे। और सभी रो-रो कर थक गये थे। बड़ी उत्सुकता के साथ लोग रह-रहकर आकाश की ओर देखते थे कि किसी तरह सुबह हो और लाश गंगा की गोद में दी जाय।

सहसा भगत ने द्वार पर पहुँच कर आवाज दी। डाक्टर साहब समझे, कोई मरीज आया होगा। किसी और दिन उन्होंने उस आदमी को दुत्कार दिया होता; मगर आज बाहर निकल आये। देखा एक बूढ़ा आदमी खड़ा है—कमर झुकी हुई, पोपला मुँह, भौंहें तक सफेद हो गयी थीं। लकड़ी के सहारे काँप रहा था। बड़ी नम्रता से बोले—क्या है भई, आज तो हमारे ऊपर ऐसी मुसीबत पड़ गयी है कि कुछ कहते नहीं बनता, फिर कभी आना। इधर एक महीना तक तो शायद मैं किसी को न देख सकूँगा।

भगत ने कहा—सुन चुका हूँ बाबू जी, इसीलिए आया हूँ। भैया कहाँ हैं ? जरा मुझे दिखा दीजिए। भगवान् बड़ा कारसाज है, मुरदे को भी जिला सकता है। कौन जाने, अब भी उसे दया आ जाय।

चड्ढा ने व्यथित स्वर में कहा—चलो, देख लो; मगर तीन चार घंटे हो गये। जो कुछ होना था, हो चुका। बहुतेरे झाड़ने-फूँकने वाले देख-देख कर चले गये।

डाक्टर साहब को आशा तो क्या होती। हाँ, बूढ़े पर दया आ गयी। अंदर ले गये। भगत ने लाश को एक मिनट तक देखा। तब मुस्करा कर बोला—अभी कुछ नहीं बिगड़ा है, बाबूजी ! वह नारायण चाहेंगे, तो आध घंटे में भैया उठ बैठेंगे। आप नाहक दिल छोटा कर रहे हैं। जरा कहारों से कहिए, पानी तो भरें।

कहारों ने पानी भर-भर कर कैलाश को नहलाना शुरू किया। पाइप बंद हो गया था। कहारों की संख्या अधिक न थी, इसलिए मेहमानों ने अहाते के बाहर के कुएँ से पानी भर-भर कर कहारों को दिया, मृणालिनी कलसा लिये पानी ला रही थी। बूढ़ा भगत खड़ा मुस्करा-मुस्करा कर मंत्र पढ़ रहा था, मानो विजय उसके सामने खड़ी है। जब एक बार मंत्र समाप्त हो जाता, तब वह एक जड़ी कैलाश को सुँघा देता। इस तरह न जाने कितने घड़े कैलाश के सिर पर डाले गये और न जाने कितनी बार भगत ने मंत्र फूँका। आखिर जब उषा ने अपनी लाल-लाल आँखें खोलीं तो कैलाश की भी लाल-लाल आँखें खुल गयीं। एक क्षण में उसने अंगड़ाई ली और पानी पीने को माँगा। डाक्टर चड्ढा ने दौड़ कर नारायणी को गले लगा लिया। नारायणी दौड़कर भगत के पैरों पर गिर पड़ी और मृणालिनी कैलाश के सामने आँखों में आँसू-भरे पूछने लगी—अब कैसी तबीयत है ?

एक क्षण में चारों तरफ खबर फैल गयी। मित्रगण मुबारकबाद देने आने लगे।

डाक्टर साहब बड़े श्रद्धा-भाव से हर एक के सामने भगत का यश गाते फिरते थे। सभी लोग भगत के दर्शनों के लिए उत्सुक हो उठे, मगर अंदर जा कर देखा, तो भगत का कहीं पता न था। नौकरों ने कहा—अभी तो यहीं बैठे चिलम पी रहे थे। हम लोग तमाखू देने लगे, तो नहीं ली; अपने पास से तमाखू निकाल कर भरी।

यहाँ तो भगत की चारों ओर तलाश होने लगी, और भगत लपका हुआ घर चला जा रहा था कि बुढ़िया के उठने से पहले पहुँच जाऊँ !

जब मेहमान लोग चले गये, तो डाक्टर साहब ने नारायणी से कहा—बुड्ढा न-जाने कहाँ चला गया। एक चिलम तमाखू का भी रवादार न हुआ।

नारायणी—मैंने तो सोचा था, इसे कोई बड़ी रकम दूँगी।

चड्ढा—रात को तो मैंने नहीं पहचाना, पर जरा साफ हो जाने पर पहचान गया। एक बार यह एक मरीज को लेकर आया था। मुझे अब याद आता है कि मैं खेलने जा रहा था और मरीज को देखने से इनकार कर दिया था। आज उस दिन की बात याद करके मुझे जितनी ग्लानि हो रही है, उसे प्रकट नहीं कर सकता। मैं उसे अब खोज निकालूँगा और उसके पैरों पर गिर कर अपना अपराध क्षमा कराऊँगा। वह कुछ लेगा नहीं, यह जानता हूँ। उसका जन्म यश की वर्षा करने ही के लिए हुआ है। उसकी सज्जनता ने मुझे ऐसा आदर्श दिखा दिया है, जो अब से जीवन-पर्यन्त मेरे सामने रहेगा।

❐

घासवाली

प्रथम प्रकाशन हिन्दी मासिक 'माधुरी' दिसम्बर 1929 में

1

मुलिया हरी-हरी घास का गट्ठा लेकर आयी, तो उसका गेहुँआ रंग कुछ तमतमाया हुआ था और बड़ी-बड़ी मद-भरी आँखों में शंका समाई हुई थी। महावीर ने उसका तमतमाया हुआ चेहरा देखकर पूछा—क्या है मुलिया, आज कैसा जी है।

मुलिया ने कुछ जवाब न दिया—उसकी आँखें डबडबा गयीं !

महावीर ने समीप आकर पूछा—क्या हुआ है, बताती क्यों नहीं ? किसी ने कुछ कहा है, अम्माँ ने डाँटा है, क्यों इतनी उदास है ?

मुलिया ने सिसककर कहा—कुछ नहीं, हुआ क्या है, अच्छी तो हूँ ?

महावीर ने मुलिया को सिर से पाँव तक देखकर कहा—चुपचाप रोयेगी, बतायेगी नहीं ?

मुलिया ने बात टालकर कहा—कोई बात भी हो, क्या बताऊँ।

मुलिया इस ऊसर में गुलाब का फूल थी। गेहुँआ रंग था, हिरन की सी आँखें, नीचे खिंचा हुआ चिबुक, कपोलों पर हलकी लालिमा, बड़ी-बड़ी नुकीली पलकें, आँखों में एक विचित्र आर्द्रता, जिसमें एक स्पष्ट वेदना, एक मूक व्यथा झलकती रहती थी। मालूम नहीं, चमारों के घर में एक अप्सरा कहाँ से आ गयी थी। क्या उसका कोमल फूल-सा गात इस योग्य था कि सर पर घास की टोकरी रखकर बेचने जाती ? उस गाँव में भी ऐसे लोग मौजूद थे, जो उसके तलवे के नीचे आँखें बिछाते थे, उसकी एक चितवन के लिए तरसते थे, जिनसे अगर वह एक शब्द भी बोलती, तो निहाल हो जाते; लेकिन उसे आये साल-भर से अधिक हो गया, किसी ने उसे युवकों की तरफ ताकते या बातें करते नहीं देखा। वह घास लिये निकलती, तो ऐसा मालूम होता, मानो उषा का प्रकाश, सुनहरे आवरण में रंजित, अपनी छटा बिखेरता जाता हो। कोई ग़ज़लें गाता, कोई छाती पर हाथ रखता; पर मुलिया नीची आँख किये अपनी राह चली जाती। लोग हैरान होकर कहते—इतना अभिमान ! महावीर में ऐसे क्या सुरखाब के पर लगे हैं, ऐसा अच्छा जवान भी तो नहीं, न जाने यह कैसे उसके साथ रहती है !

मगर आज ऐसी बात हो गयी, जो इस जाति की और युवतियों के लिए चाहे गुप्त संदेश होती, मुलिया के लिए हृदय का शूल थी। प्रभात का समय था, पवन आम की बौर की सुगन्धि से मतवाला हो रहा है, आकाश पृथ्वी पर सोने की वर्षा कर रहा

था। मुलिया सिर पर झौआ रक्खे घास छीलने चली, तो उसका गेहुआँ रंग प्रभात की सुनहरी किरणों से कुन्दन की तरह दमक उठा। एकाएक युवक चैनसिंह सामने से आता हुआ दिखाई दिया। मुलिया ने चाहा कि कतराकर निकल जाय; मगर चैनसिंह ने उसका हाथ पकड़ लिया और बोला—मुलिया, तुझे क्या मुझ पर जरा भी दया नहीं आती ?

मुलिया का वह फूल-सा खिला हुआ चेहरा ज्वाला की तरह दहक उठा। वह जरा भी नहीं डरी, जरा भी न झिझकी, झौआ जमीन पर गिरा दिया, और बोली—मुझे छोड़ दो, नहीं मैं चिल्लाती हूँ।

चैनसिंह को आज जीवन में एक नया अनुभव हुआ। नीची जातों में रूप-माधुर्य का इसके सिवा और काम ही क्या है कि वह ऊँची जातिवालों का खिलौना बने। ऐसे कितने ही मार्क उसने जीते थे; पर आज मुलिया के चेहरे का वह रंग, उसका वह क्रोध, वह अभिमान देखकर उसके छक्के छूट गये। उसने लज्जित होकर उसका हाथ छोड़ दिया। मुलिया वेग से आगे बढ़ गयी। संघर्ष की गरमी में चोट की व्यथा नहीं होती, पीछे से टीस होने लगती है। मुलिया जब कुछ दूर निकल गई, तो क्रोध और भय तथा अपनी बेकसी को अनुभव करके उसकी आँखों में आँसू भर आये। उसने कुछ देर जब्त किया, फिर सिसक-सिसक कर रोने लगी। अगर वह इतनी गरीब न होती, तो किसी की मजाल थी कि इस तरह उसका अपमान करता ! वह रोती जाती थी और घास छीलती जाती थी। महावीर का क्रोध वह जानती थी। अगर उससे कह दे, तो वह इस ठाकुर के खून का प्यासा हो जायगा। फिर न जाने क्या हो ! इस खयाल से उसके रोएँ खड़े हो गए। इसीलिए उसने महावीर के प्रश्नों का कोई उत्तर न दिया।

2

दूसरे दिन मुलिया घास के लिए न गई। सास ने पूछा—तू क्यों नहीं जाती ? और सब तो चली गयीं ?

मुलिया ने सिर झुकाकर कहा—मैं अकेली न जाऊँगी।

सास ने बिगड़कर कहा—अकेले क्या तुझे बाघ उठा ले जायेगा ?

मुलिया ने और भी सिर झुका लिया और दबी हुई आवाज में बोली—सब मुझे छेड़ते हैं।

सास ने डाँटा—न तू औरों के साथ जायगी, न अकेली जायगी, तो फिर जायगी कैसे ! वह साफ-साफ क्यों नहीं कहती कि मैं न जाऊँगी। तो यहाँ मेरे घर में रानी बन के निबाह न होगा। किसी को चाम नहीं प्यारा होता, काम प्यारा होता है। तू बड़ी सुन्दर है, तो तेरी सुन्दरता लेकर चाटूँ ? उठा झाबा और घास ला !

द्वार पर नीम के दरख्त के साये में महावीर खड़ा घोड़े को मल रहा था। उसने मुलिया को रोनी सूरत बनाये जाते देखा; पर कुछ बोल न सका। उसका बस चलता तो मुलिया को कलेजे में बिठा लेता, आँखों में छिपा लेता; लेकिन घोड़े का पेट भरना तो जरूरी था। घास मोल लेकर खिलाये, तो बारह आने रोज से कम न पड़े। ऐसी

मजदूरी ही कौन होती है। मुश्किल से डेढ़-दो रुपये मिलते हैं, वह भी कभी मिले, कभी न मिले। जब से यह सत्यानाशी लारियाँ चलने लगी हैं; इक्केवालों की बधिया बैठ गई है। कोई सेंत भी नहीं पूछता। महाजन से डेढ़-सौ रुपये उधार लेकर इक्का और घोड़ा खरीदा था; मगर लारियों के आगे इक्के को कौन पूछता है। महाजन का सूद भी तो न पहुँच सकता था, मूल का कहना ही क्या ! ऊपर मन से बोला—न मन हो, तो रहने दो, देखी जायगी।

इस दिलजोई से मुलिया निहाल हो गई। बोली—घोड़ा खायेगा क्या ?

आज उसने कल का रास्ता छोड़ दिया और खेतों की मेड़ों से होती हुई चली। बार-बार सतर्क आँखों से इधर-उधर ताकती जाती थी। दोनों तरफ ऊख के खेत खड़े थे। जरा भी खड़खड़ाहट होती, उसका जी सन्न हो जाता—कहीं कोई ऊख में छिपा न बैठा हो। मगर कोई नई बात न हुई ऊख के खेत निकल गये, आमों का बाग निकल गया; सिंचे हुए खेत नजर आने लगे। दूर के कुएँ पर पुर चल रहा था। खेतों की मेड़ों पर हरी-हरी घास जमी हुई थी। मुलिया का जी ललचाया। यहाँ आध घण्टे में जितनी घास छिल सकती है, सूखे मैदान में दोपहर तक न छिल सकेगी ! यहाँ देखता ही कौन है। कोई चिल्लायेगा, तो चली जाऊँगी। वह बैठकर घास छीलने लगी और एक घण्टे में उसका झाबा आधे से ज्यादा भर गया। वह अपने काम में इतनी तन्मय थी कि उसे चैनसिंह के आने की खबर ही न हुई। एकाएक उसने आहट पाकर सिर उठाया, तो चैनसिंह को खड़ा देखा।

मुलिया की छाती धक् से हो गयी। जी में आया भाग जाय, झाबा उलट दे और खाली झाबा लेकर चला जाय; पर चैनसिंह ने कई गज के फासले से ही रुककर कहा—डर मत, डर मत, भगवान जानता है ! मैं तुझसे कुछ न बोलूँगा। जितनी घास चाहे छील ले, मेरा ही खेत है।

मुलिया के हाथ सुन्न हो गये, खुरपी हाथ में जम-सी गयी, घास नजर ही न आती थी। जी चाहता था; जमीन फट जाय और मैं समा जाऊँ। जमीन आँखों के सामने तैरने लगी।

चैनसिंह ने आश्वासन दिया—छीलती क्यों नहीं ? मैं तुझसे कुछ कहता थोड़े ही हूँ। यहीं रोज चली आया कर, मैं छील दिया करूँगा।

मुलिया चित्रलिखित-सी बैठी रही।

चैनसिंह ने एक कदम आगे बढ़ाया और बोला—तू मुझसे इतना डरती क्यों है ! क्या तू समझती है, मैं आज भी तुझे सताने आया हूँ ? ईश्वर जानता है, कल भी तुझे सताने के लिए मैंने तेरा हाथ नहीं पकड़ा था। तुझे देखकर आप-ही आप हाथ बढ़ गये। मुझे कुछ सुध ही न रही। तू चली गयी, तो मैं वहीं बैठकर घण्टों रोता रहा। जी में आता था, हाथ काट डालूँ। कभी जी चाहता था, जहर खा लूँ। तभी से तुझे ढूँढ रहा हूँ; आज तू इस रास्ते से चली आयी। मैं सारा हार छानता हुआ यहाँ आया हूँ।

अब जो सजा तेरे जी में आवे, दे दे। अगर तू मेरा सिर भी काट ले, तो गर्दन न हिलाऊँगा। मैं शोहदा था, लुच्चा था, लेकिन जब से तुझे देखा है, मेरे मन से सारी खोट मिट गयी है। अब तो यही जी में आता है कि तेरा कुत्ता होता और तेरे पीछे-पीछे चलता; तेरा घोड़ा होता, तब तो तू अपने हाथों से मेरे सामने घास डालती। किसी तरह यह चोला तेरे काम आवे, मेरे मन की यह सबसे बड़ी लालसा है। मेरी जवानी काम न आवे, अगर मैं किसी खोट से ये बातें कर रहा हूँ। बड़ा भागवान था महावीर, जो ऐसी देवी उसे मिली।

मुलिया चुपचाप सुनती रही, फिर नीचा सिर करके भोलेपन से बोली—तो तुम मुझे क्या करने को कहते हो?

चैनसिंह और समीप आकर बोला—बस, तेरी दया चाहता हूँ।

मुलिया ने सिर उठाकर उसकी ओर देखा। उसकी लज्जा न जाने कहाँ गायब हो गयी। चुभते हुए शब्दों में बोली—तुमसे एक बात कहूँ, बुरा तो न मानोगे ? तुम्हारा ब्याह हो गया है या नहीं ?

चैनसिंह ने दबी जबान में कहा—ब्याह तो हो गया, लेकिन ब्याह क्या है, खिलवाड़ है।

मुलिया के होठों पर अवहेलना की मुसकराहट झलक पड़ी, बोली—फिर भी अगर मेरा आदमी तुम्हारी औरत से इसी तरह बातें करता, तो तुम्हें कैसा लगता ? तुम उसकी गर्दन काटने पर तैयार हो जाते कि नहीं ? बोलो ! क्या समझते हो कि महावीर चमार है तो उसकी देह में लहू नहीं है, उसे लज्जा नहीं है, अपनी मर्यादा का विचार नहीं है ? मेरा रूप-रंग तुम्हें भाता है। क्या घाट के किनारे मुझसे कहीं सुन्दर औरतें नहीं घूमा करतीं ? मैं उनके तलवों की बराबरी भी नहीं कर सकती। तुम उनमें से किसी से क्यों नहीं दया माँगते ! क्या उनके पास दया नहीं है ? मगर वहाँ तुम न जाओगे, क्योंकि वहाँ जाते तुम्हारी छाती दहलती है। मुझसे दया माँगते हो, इसलिए न कि मैं चमारिन हूँ, नीच जाति हूँ और नीच जाति की औरत जरा-सी घुड़की-धमकी वा जरा-सी लालच में तुम्हारी मुट्ठी में आ जायगी। कितना सस्ता सौदा है। ठाकुर हो न, ऐसा सस्ता सौदा क्यों छोड़ने लगे ?

चैनसिंह लज्जित होकर बोला—मूला, यह बात नहीं। मैं सच कहता हूँ, इसमें ऊँच-नीच की बात नहीं है। सब आदमी बराबर हैं। मैं तो तेरे चरणों पर सिर रखने को तैयार हूँ।

मुलिया—इसलिए न कि जानते हो, मैं कुछ कर नहीं सकती। जाकर किसी खतरानी के चरणों में सिर रक्खो, तो मालूम हो कि चरणों पर सिर रखने का क्या फल मिलता है। फिर यह सिर तुम्हारी गर्दन पर न रहेगा।

चैनसिंह मारे शर्म के जमीन में गड़ा जाता था। उसका मुँह ऐसा सूख गया था, मानो महीनों की बीमारी से उठा हो। मुँह से बात न निकलती थी। मुलिया इतनी

वाक्-पटु है, इसका उसे गुमान भी न था।

मुलिया फिर बोली—मैं भी रोज बाजार जाती हूँ। बड़े-बड़े घरों का हाल जानती हूँ। मुझे किसी बड़े घर का नाम बात दो, जिसमें कोई साईस, कोई कोचवान, कोई कहार, कोई पण्डा, कोई महाराज न घुसा बैठा हो ? यह सब बड़े घरों की लीला है। और यह औरतें जो कुछ करती हैं, ठीक करती हैं ! उनके घरवाले भी तो चमारिनों और कहारिनों पर जान देते फिरते हैं। लेना-देना बराबर हो जाता है। बेचारे गरीब आदमियों के लिए यह बातें कहाँ ? मेरे आदमी के लिए संसार में जो कुछ हूँ, मैं हूँ। वह किसी दूसरी मिहरिया की ओर आँख उठाकर भी नहीं देखता। संयोग की बात है कि मैं तनिक सुन्दर हूँ, लेकिन मैं काली-कलूटी भी होती, तब भी वह मुझे इसी तरह रखता। इसका मुझे विश्वास है। मैं चमारिन होकर भी इतनी नीच नहीं हूँ कि विश्वास का बदला खोट से दूँ। हाँ, वह अपने मन की करने लगे, मेरी छाती पर मूँग दलने लगे, तो मैं भी उसकी छाती पर मूँग दलूँगी। तुम मेरे रूप ही के दीवाने हो न ! आज मुझे माता निकल आयें, कानी हो जाऊँ, तो मेरी ओर ताकोगे भी नहीं। बोलो, झूठ कहती हूँ ?

चैनसिंह इनकार न कर सका।

मुलिया ने उसी गर्व से भरे हुए स्वर में कहा—लेकिन मेरी एक नहीं, दोनों आँखें फूट जायँ, तब भी वह मुझे इसी तरह रक्खेगा। मुझे उठावेगा, बैठावेगा, खिलावेगा। तुम चाहते हो, मैं ऐसे आदमी के साथ कपट करूँ ? जाओ, अब मुझे कभी न छेड़ना, नहीं अच्छा न होगा।

3

जवानी जोश है, बल है, दया है, साहस है, आत्म-विश्वास है, गौरव है और सब कुछ जो जीवन को पवित्र, उज्जवल और पूर्ण बना देता है। जवानी का नशा घमंड है, निदर्यता है, स्वार्थ है, शेखी है, विषय-वासना है, कटुता है और वह सब कुछ भी जीवन को पशुता, विकार और पतन की ओर ले जाता है, चैनसिंह पर जवानी का नशा था। मुलिया के शीतल छींटों ने नशा उतार दिया। जैसे उबलती हुई चाशनी में पानी के छींटे पड़ जाने से फेन मिट जाता है, मैल निकल जाता है और निर्मल, शुद्ध रस निकल आता है, जवानी का नशा जाता रहा, केवल जवानी रह गयी। कामिनी के शब्द जितनी आसानी से दीन और ईमान को गारत कर सकते हैं, उतनी ही आसानी से उनका उद्धार भी कर सकते हैं।

चैनसिंह उस दिन से दूसरा ही आदमी हो गया। गुस्सा उसकी नाक पर रहता था, बात-बात पर मजदूरों को गालियाँ देना, डाँटना और पीटना उसकी आदत थी। आसामी उससे थर-थर काँपते थे। मजदूर उसे आते देखकर अपने काम में चुस्त हो जाते थे; पर ज्योंही उसने इधर पीठ फेरी और उन्होंने चिलम पीना शुरू किया। सब दिल में उससे जलते थे, उसे गालियाँ देते थे। मगर उस दिन से चैनसिंह इतना दयालु,

इतना गंभीर, इतना सहनशील हो गया कि लोगों को आश्चर्य होता था।

कई दिन गुजर गये थे। एक दिन संन्ध्या समय चैनसिंह खेत देखने गया। पुर चल रहा था। उसने देखा कि एक जगह नाली टूट गयी है, और सारा पानी बहा चला जाता है। क्यारियों में पानी बिल्कुल नहीं पहुँचता, मगर क्यारी बनाने वाली बुढ़िया चुपचाप बैठी है। उसे इसकी जरा भी फिक्र नहीं है कि पानी क्यों नहीं आता। पहले यह दशा देखकर चैनसिंह आपे से बाहर हो जाता। उस औरत की उस दिन मजूरी काट लेता और पुर चलानेवालों को घुड़कियाँ जमाता, पर आज उसे क्रोध नहीं आया। उसने मिट्टी लेकर नाली बाँध दी और खेत में जाकर बुढ़िया से बोला—तू यहाँ बैठी है और पानी सब बहा जा रहा है।

बुढ़िया घबड़ाकर बोली—अभी खुल गयी होगी। राजा ! मैं अभी जाकर बन्द किये देती हूँ।

यह कहती हुई वह थर-थर काँपने लगी। चैनसिंह ने उसकी दिलजोई करते हुए कहा—भाग मत, भाग मत। मैंने नाली बन्द कर दी। बुढ़ऊ कई दिन से नहीं दिखाई दिये, कहीं काम पर जाते हैं कि नहीं ?

बुढ़िया गद्‌गद्‌ होकर बोली—आजकल तो खाली ही बैठे हैं भैया, कहीं काम नहीं लगता।

चैनसिंह ने नम्र भाव से कहा—तो हमारे यहाँ लगा दे। थोड़ा-सा सन रखा है, उसे काट दें।

यह कहता हुआ वह कुएँ की ओर चला गया। यहाँ चार पुर चल रहे थे; पर इस वक्त दो हँकेवे बेर खाने गये थे। चैनसिंह को देखते ही मजूरों के होश उड़ गये। ठाकुर ने पूछा, दो आदमी कहाँ गये, तो क्या जवाब देंगे ? सब-के-सब डाँटे जायँगे। बेचारे दिल में सहमे जा रहे थे। चैनसिंह ने पूछा—वह दोनों कहाँ चले गये ?

किसी के मुँह से आवाज न निकली। सहसा सामने से दोनों मजूर धोती के एक कोने में बेर भरे आते दिखाई दिए। खुश-खुश बात करते चले आ रहे थे। चैनसिंह पर निगाह पड़ी, तो दोनों के प्राण सूख गए। पाँव मन-मन भर के हो गए। अब न आते बनता है, न जाते। दोनों समझ गए कि आज डाँट पड़ी, शायद मजूरी भी कट जाय। चाल धीमी पड़ गई। इतने में चैनसिंह ने पुकारा—बढ़ आओ, बढ़ आओ, कैसे बेर हैं, लाओ जरा मुझे भी दो, मेरे ही पेड़ के हैं न ?

दोनों और भी सहम उठे। आज ठाकुर जीता न छोड़ेगा। कैसा मिठा-मिठाकर बोल रहा है। उतनी ही भिगो-भिगोकर लगायेगा। बेचारे और भी सिकुड़ गए।

चैनसिंह ने फिर कहा—जल्दी से आओ जी, पक्की-पक्की सब मैं ले लूँगा। जरा एक आदमी लपककर घर से थोड़ा-सा नमक तो ले लो ! (बाकी दोनों मजूरों से) तुम भी दोनों आ जाओ, उस पेड़ के बेर मीठे होते हैं। बेर खा लें, काम तो करना ही है।

अब दोनों भगोड़ों को कुछ ढारस हुआ। सभी ने जाकर सब बेर चैनसिंह के

आगे डाल दिए और पक्के-पक्के छाँटकर उसे देने लगे। एक आदमी नमक लाने दौड़ा। आध घण्टे तक चारों पुर बन्द रहे। जब सब बेर उड़ गए और ठाकुर चलने लगे, तो दोनों अपराधियों ने हाथ जोड़कर कहा—भैयाजी, आज जान बकसी हो जाय, बड़ी भूख लगी थी, नहीं तो कभी न जाते।

चैनसिंह ने नम्रता से कहा—तो इसमें बुराई क्या हुई ? मैंने भी तो बेर खाए। एक-आध घण्टे का हरज हुआ यही न ? तुम चाहोगे; तो घण्टे भर का काम आध घण्टे में कर दोगे। न चाहोगे, दिन-भर में घण्टे-भर का भी काम न होगा।

चैनसिंह चला गया, तो चारों बातें करने लगे।

एक ने कहा—मालिक इस तरह रहे, तो काम करने में जी लगता है। यह नहीं कि हरदम छाती पर सवार।

दूसरा—मैंने तो समझा; आज कच्चा ही खा जायँगे।

तीसरा—कई दिन से देखता हूँ, मिजाज नरम हो गया है।

चौथा—साँझ को पूरी मजूरी मिले तो कहना।

पहला—तुम तो हो गोबर-गनेस। आदमी का रुख नहीं पहचानते।

दूसरा—अब खूब दिल लगाकर काम करेंगे।

तीसरा—और क्या ! जब उन्होंने हमारे ऊपर छोड़ दिया, तो हमारा भी धरम है कि कोई कसर न छोड़ें।

चौथा—मुझे तो भैया, ठाकुर पर अब भी विश्वास नहीं आता।

4

एक दिन चैनसिंह को किसी काम से कचहरी जाना था। पाँच मील का सफर था। यों तो वह बराबर अपने घोड़े पर जाया करता था; पर आज धूप बड़ी तेज हो रही थी, सोचा इक्के पर चला चलूँ। महावीर को कहला भेजा मुझे लेते जाना। कोई नौ बजे महावीर ने पुकारा। चैनसिंह तैयार बैठा था। चटपट इक्के पर बैठ गया। मगर घोड़ा इतना दुबला हो रहा था, इक्के की गद्दी इतनी मैली और फटी हुई, सारा सामान इतना रद्दी कि चैनसिंह को उस पर बैठते शर्म आई। पूछा—यह सामान क्यों बिगड़ा हुआ है महावीर ? तुम्हारा घोड़ा तो इतना दुबला कभी न था; आजकल सवारियाँ कम हैं क्या ? महावीर ने कहा—नहीं मालिक, सवारियाँ काहे नहीं है; मगर लारियों के सामने इक्के को कौन पूछता है। कहाँ दो-ढाई, तीन की मजूरी करके घर लौटता था, कहाँ अब बीस आने पैसे भी नहीं मिलते ? क्या जानवर को खिलाऊँ क्या आप खाऊँ ? बड़ी विपत्ति में पड़ा हूँ। सोचता हूँ एक्का-घोड़ा बेच-बाचकर आप लोगों की मजूरी कर लूँ, पर कोई गाहक नहीं लगता। ज्यादा नहीं तो बारह आने तो घोड़े ही को चाहियें, घास ऊपर से। जब अपना ही पेट नहीं चलता, तो जानवर को कौन पूछे। चैनसिंह ने उसके फटे हुए कुरते की ओर देखकर कहा—दो-चार बीघे खेती क्यों नहीं कर लेते।

महावीर सिर झुकाकर बोला—खेती के लिए बड़ा पौरुख चाहिए मालिक ! मैंने

तो यही सोचा है कि कोई गाहक लग जाय, तो एक्के को औने-पौने निकाल दूँ, फिर घास छीलकर बाजार ले जाया करूँ। आजकल सास-पतोहू दोनों छलीती हैं। तब जाकर दस-बारह आने पैसे नसीब होते हैं।

चैनसिंह ने पूछा—तो बुढ़िया बाजार जाती होगी ?

महावीर लजाता हुआ बोला—नहीं भैया, वह इतनी दूर कहाँ चल सकती है। घरवाली चली जाती है। दोपहर तक घास छीलती है, तीसरे पहर बाजार जाती है। वहाँ से घड़ी रात गये लौटती है। हलकान हो जाती है, भैया, मगर क्या करूँ, तकदीर से क्या जोर।

चैनसिंह कचहरी पहुँच गये और महावीर सवारियों की टोह में इधर-उधर इक्के को घुमाता हुआ शहर की तरफ चला गया। चैनसिंह ने उसे पाँच बजे आने को कह दिया।

कोई चार बजे चैनसिंह कचहरी से फुरसत पाकर बाहर निकले। हाते में पान की दुकान थी, जरा और आगे बढ़कर एक घना बरगद का पेड़ था उसकी छाँह में बीसों ही ताँगे, एक्के, फिटनें खड़ी थीं। घोड़े खोल दिए गए थे। वकीलों, मुख्तारों और अफसरों की सवारियाँ यहीं खड़ी रहती थीं। चैनसिंह ने पानी पिया, पान खाया और सोचने लगा कोई लारी मिल जाये, तो जरा शहर चला जाऊँ कि उसकी निगाह एक घासवाली पर पड़ गई। सिर पर घास का झाबा रक्खे साईसों से मोल-भाव कर रही थी। चैनसिंह का हृदय उछल पड़ा—यह तो मुलिया है ! बनी-ठनी, एक गुलाबी साड़ी पहने कोचवानों से मोल-तोल कर रही थी। कई कोचवान जमा हो गये थे। कोई उससे दिल्लगी करता था, कोई घूरता था, कोई हँसता था।

एक काले-कलूटे कोचवान ने कहा—मूला, घास तो उड़के अधिक से अधिक छः आने की है।

मुलिया ने उन्माद पैदा करने वाली आँखों से देखकर कहा—छः आने पर लेना है, तो सामने घसियारिनें बैठी हैं, चले जाओ, दो-चार पैसे कम में पा जाओगे, मेरी घास तो बारह आने में ही जायगी।

एक अधेड़ कोचवान ने फिटन के ऊपर से कहा—तेरा जमाना है, बारह आने नहीं एक रुपया माँग। लेनेवाले झख मारेंगे और लेंगे। निकलने दे वकीलों को, अब देर नहीं है।

एक ताँगेवाले ने, जो गुलाबी पगड़ी बाँधे हुए था, बोला—बुढ़ऊ के मुँह में पानी भर आया, अब मुलिया काहे को किसी की ओर देखेगी !

चैनसिंह को ऐसा क्रोध आ रहा था कि इन दुष्टों को जूते से पीटे। सब-के-सब कैसे उसकी ओर टकटकी लगाये ताक रहे हैं, आँखों से पी जायेंगे। और मुलिया भी यहाँ कितनी खुश है। न लजाती है, न झिझकती है, न दबती है। कैसा मुसकिरा-मुसकिराकर, रसीली आँखों से देख-देखकर, सिर का अंचल खिसका-खिसकाकर, मुँह

मोड़-मोड़कर बातें कर रही है। वही मुलिया, जो शरनी की तरह तड़प उठी थी।

इतने में चार बजे। अमले और वकील-मुख्तारों का एक मेला-सा निकल पड़ा। अमले लारियों पर दौड़े। वकील-मुख्तार इन सवारियों की ओर चले। कोचवानों ने भी चटपट घोड़े जोते। कई महाशयों ने मुलिया को रसिक नेत्रों से देखा और अपनी-अपनी गाड़ियों में जा बैठे।

एकाएक मुलिया घास का झाबा लिये उस फिटन के पीछे दौड़ी। फिटन में एक अंग्रेजी फैशन के जवान वकील साहब बैठे थे। उन्होंने पावदान पर घास रखवा ली, जेब से कुछ निकालकर मुलिया को दिया। मुलिया मुस्कराई, दोनों में कुछ बातें भी हुईं, जो चैनसिंह न सुन सका।

एक क्षण में मुलिया प्रसन्न-मुख घर की ओर चली। चैनसिंह पानवाले की दुकान पर विस्मृति की दशा में खड़ा रहा। पानवाले ने दुकान बढ़ाई, कपड़े पहिने और केबिन का द्वार बन्द करके नीचे उतरा तो चैनसिंह की समाधि टूटी। पूछा—क्या दुकान बन्द कर दी ?

पानवाले ने सहानुभूति दिखाकर कहा—इसकी दवा करो ठाकुर साहब, यह बीमारी अच्छी नहीं है।

चैनसिंह ने चकित होकर पूछा—कैसी बीमारी ?

पानवाला बोला—कैसी बीमारी ! आध घण्टे से यहाँ खड़े हो जैसे कोई मुरदा खड़ा हो। सारी कचहरी खाली हो गयी, सब दुकानें बन्द हो गयीं, मेहतर तक झाड़ू लगाकर चल दिये; तुम्हें कुछ खबर हुई ? यह बुरी बीमारी है, जल्दा दवा कर डालो।

चैनसिंह ने छड़ी सँभाली और फाटक की ओर चला कि महावीर का एक्का सामने से आता दिखाई दिया।

5

कुछ दूर एक्का निकल गया, तो चैनसिंह ने पूछा—आज कितने पैसे कमाये महावीर ?

महावीर ने हँसकर कहा—आज तो मालिक, दिन भर खड़ा ही रह गया। किसी ने बेगार में भी न पकड़ा। ऊपर से चार पैसे की बीड़ियाँ पी गया।

चैनसिंह ने जरा देर के बाद कहा—मेरी एक सलाह है। तुम मुझसे एक रुपया रोज लिया करो। बस, जब मैं बुलाऊँ तो एक्का लेकर चले आया करो। तब तो तुम्हारी घरवाली को घास लेकर बाजार न जाना पड़ेगा। बोलो मंजूर है ?

महावीर ने सजल आँखों से देखकर कहा—मालिक, आप हीं का तो खाता हूँ। आपकी परजा हूँ। जब मरजी हो, पकड़ मँगवाइए। आपसे रुपये...

चैनसिंह ने बात काटकर कहा—नहीं, मैं तुमसे बेगार नहीं लेना चाहता। तुम मुझसे एक रुपया रोज ले जाया करो। घास लेकर घरवाली को बाजार मत भेजा करो। तुम्हारी आबरू मेरी आबरू है। और भी रुपये पैसे का जब काम लगे, बेखटके चले आया करो। हाँ, देखो, मुलिया से इस बात की भूलकर भी चर्चा न करना। क्या

फायदा !

कई दिनों के बाद संध्या समय मुलिया चैनसिंह से मिली। चैनसिंह असामियों से मालगुजारी वसूल करके घर की ओर लपका जा रहा था कि उसी जगह जहाँ उसने मुलिया की बाँह पकड़ी थी, मुलिया की आवाज कानों में आयी। उसने ठिठककर पीछे देखा, तो मुलिया दौड़ी आ रही थी। बोला—क्या है मूला ! क्यों दौड़ती हो, मैं तो खड़ा हूँ ?

मुलिया ने हाँफते हुए कहा—कई दिन से तुमसे मिलना चाहती थी। आज तुम्हें आते देखा, तो दौड़ी। अब मैं घास बेचने नहीं जाती।

चैनसिंह ने कहा—बहुत अच्छी बात है।

'क्या तुमने कभी मुझे घास बेचते देखा है ?

'हाँ, एक दिन देखा था। क्या महावीर ने तुझसे सब कह डाला ? मैंने तो मना कर दिया था।'

'वह मुझसे कोई बात नही छिपाता।'

दोनों एक क्षण चुप खड़े रहे। किसी को कोई बात न सूझती थी। एकाएक मुलिया ने मुस्कराकर कहा—यहाँ तुमने मेरी बाँह पकड़ी थी।

चैनसिंह ने लज्जित होकर कहा—उसको भूल जाओ मूला। मुझ पर जाने कौन भूत सवार था।

मुलिया गद्‌गद कण्ठ से बोली—उसे क्यों भूल जाऊँ। उसी बाँह गहे की लाज तो निभा रहे हो। गरीबी आदमी से जो चाहे करावे। तुमने मुझे बचा लिया। फिर दोनों चुप हो गये।

जरा देर के बाद मुलिया ने फिर कहा—तुमने समझा होगा, मैं हँसने-बोलने में मगन हो रही थी।

चैनसिंह ने बलपूर्वक कहा—नहीं मुलिया, मैंने एक क्षण के लिए भी नहीं समझा।

मुलिया मुस्कराकर बोली—मुझे तुमसे यही आशा थी, और है।

पवन सिंचे हुए खेतों में विश्राम करने जा रहा था, सूर्य निशा की गोद में विश्राम करने जा रहा था, और उस मलिन प्रकाश में चैनसिंह मुलिया की विलीन होती हुई रेखा को खड़ा देख रहा था।

❐

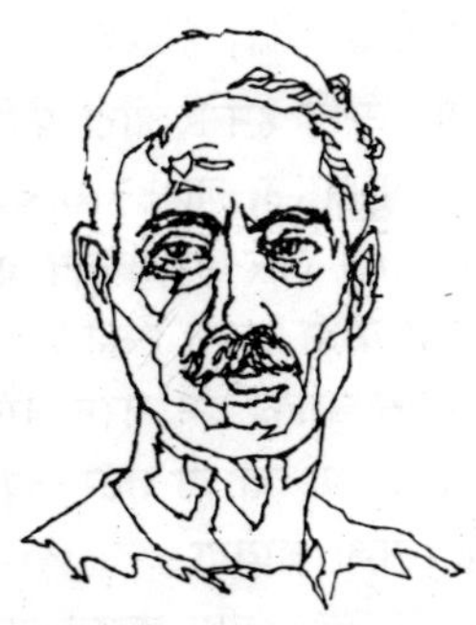

जुलूस

प्रथम प्रकाशन हिन्दी मासिक 'हंस', मार्च 1930 में

1

पूर्ण स्वराज्य का जुलूस निकल रहा था। कुछ युवक, कुछ बूढ़े, कुछ बालक झंडियाँ और झंडे लिये 'वंदे मातरम्' गाते हुए माल के सामने से निकले। दोनों तरफ दर्शकों की दीवारें खड़ी थीं, मानो उन्हें इस लक्ष्य से कोई सरोकार नहीं है, मानो वह कोई तमाशा है और उनका काम केवल खड़े-खड़े देखना है।

शंभूनाथ ने दूकान की पटरी पर खड़े होकर अपने पड़ोसी दीनदयाल से कहा—सब-के-सब काल के मुँह में जा रहे हैं। आगे सवारों का दल मार-मार भगा लेगा।

दीनदयाल ने कहा—महात्मा जी भी सठिया गये हैं। जुलूस निकालने से स्वराज्य मिल जाता तो अब-तक कब का-मिल गया होता। और जुलूस में हैं कौन लोग, देखो—लौंडे, लफंगे, सिरफिरे। शहर का कोई बड़ा आदमी नहीं।

मैकू चट्टियों और स्लीपरों की माला गरदन में लटकाये खड़ा था। इन दोनों सेठों की बातें सुनकर हँसा।

शंभू ने पूछा—क्यों हँसे मैकू ? आज रंग चोखा मालूम होता है।

मैकू—हँसा इस बात पर जो तुमने कही कि कोई बड़ा आदमी जुलूस में नहीं है। बड़े आदमी क्यों जुलूस में आने लगे, उन्हें इस राज में कौन आराम नहीं है ? बँगलों और महलों में रहते हैं, मोटरों पर घूमते हैं, साहबों के साथ दावतें खाते हैं, कौन तकलीफ है ! मर तो हम लोग रहे हैं जिन्हें रोटियों का ठिकाना नहीं। इस बखत कोई टेनिस खेलता होगा, कोई चाय पीता होगा, कोई ग्रामोफोन लिए गाना सुनता होगा, कोई पारिक की सैर करता होगा, यहाँ आये पुलिस के कोड़े खाने के लिए ? तुमने भी भली कही ?

शंभू—तुम यह सब बातें क्या समझोगे मैकू, जिस काम में चार बड़े आदमी अगुआ होते हैं उसकी सरकार पर भी धाक बैठ जाती है। लौंडों-लफंगों का गोल भला हाकिमों की निगाह में क्या जँचेगा ?

मैकू ने ऐसी दृष्टि से देखा, जो कह रही थी—इन बातों के समझने का ठीका कुछ तुम्हीं ने लिया है, और बोला—बड़े आदमी को तो हमीं लोग बनाते-बिगाड़ते हैं या कोई और ? कितने ही लोग जिन्हें कोई पूछता भी न था, हमारे ही बनाये बड़े आदमी बन गये और अब मोटरों पर निकलते हैं और हमें नीच समझते हैं। यह लोगों

की तकदीर की खूबी है कि जिसकी जरा बढ़ती हुई और उसने हमसे आँखें फेरीं। हमारा बड़ा आदमी तो वही है, जो लँगोटी बाँधे नंगे पाँव घूमता है, जो हमारी दशा को सुधारने के लिए अपनी जान हथेली पर लिये फिरता है। और हमें किसी बड़े आदमी की परवाह नहीं है। सच पूछो, तो इन बड़े आदमियों ने ही हमारी मिट्टी खराब कर रखी है। इन्हें सरकार ने कोई अच्छी-सी जगह दे दी, बस उसका दम भरने लगे।

दीनदयाल—नया दारोगा बड़ा जल्लाद है। चौरास्ते पर पहुँचते ही हंटर लेकर पिल पड़ेगा। फिर देखना, सब कैसे दुम दबाकर भागते हैं। मजा आयेगा।

जुलूस स्वाधीनता के नशे में चूर चौरास्ते पर पहुँचा तो देखा, आगे सवारों और सिपाहियों का एक दस्ता रास्ता रोके खड़ा है।

सहसा दारोगा बीरबल सिंह घोड़ा बढ़ा कर जुलूस के सामने आ गये और बोले—तुम लोगों को आगे आने का हुक्म नहीं है।

जुलूस के बूढ़े नेता इब्राहिम अली ने आगे बढ़कर कहा—मैं आपको इत्मीनान दिलाता हूँ, किसी किस्म का दंगा-फसाद न होगा। हम दूकानें लूटने या मोटरें तोड़ने नहीं निकले हैं। हमारा मकसद इससे कहीं ऊँचा है।

बीरबल—मुझे यह हुक्म है कि जूलूस यहाँ से आगे न जाने पाये।

इब्राहिम—आप अपने अफसरों से जरा पूछ लें।

बीरबल—मैं इसकी कोई जरूरत नहीं समझता।

इब्राहिम—तो हम लोग यहीं बैठते हैं। जब आप लोग चले जायँगे तो हम तो निकल जायँगे।

बीरबल—यहाँ खड़े होने का भी हुक्म नहीं है। तुमको वापस जाना पड़ेगा।

इब्राहिम ने गंभीर भाव से कहा—वापस तो हम न जायेंगे। आपको या किसी को भी, हमें रोकने का कोई हक़ नहीं। आप अपने सवारों, संगीनों और बंदूकों के जोर से हमें रोकना चाहते हैं, रोक लीजिए, मगर आप हमें लौटा नहीं सकते। न जाने वह दिन कब आयेगा, जब हमारे भाई-बंद ऐसे हुक्मों की तामील करने से साफ़ इनकार कर देंगे, जिनकी मंशा महज़ कौम को गुलामी की जंजीरों में जकड़े रखना है।

बीरबल ग्रेजुएट था। उसका बाप सुपरिंटेंडेंट पुलिस था। उसकी नस-नस में रोब भरा हुआ था। अफ़सरों की दृष्टि में उसका बड़ा सम्मान था। खासा गोरा चिट्टा, नीली आँखों और भूरे बालों वाला तेजस्वी पुरुष था। शायद जिस वक्त वह कोट पहन कर ऊपर से हैट लगा लेता तो वह भूल जाता था कि मैं भी यहाँ का रहने वाला हूँ। शायद वह अपने को राज्य करने वाली जाति का अंग समझने लगता था; मगर इब्राहिम के शब्दों में जो तिरस्कार भरा हुआ था, उसने जरा देर के लिये उसे लज्जित कर दिया। पर मुआमला नाजुक था। जुलूस को रास्ता दे देता है, तो जवाब-तलब हो जायेगा; वहीं खड़ा रहने देता है, तो यह सब न जाने कब तक खड़े रहें। इस संकट में पड़ा हुआ था कि उसने डी॰ एस॰ पी॰ को घोड़े पर आते देखा। अब सोच-विचार का समय न

था। यही मौका था कारगुज़ारी दिखाने का। उसने कमर से बेटन निकाल लिया और घोड़े को एड़ लगा कर जुलूस पर चढ़ाने लगा। उसे देखते ही और सवारों ने भी घोड़ों को जुलूस पर चढ़ाना शुरू कर दिया। इब्राहिम दारोगा के घोड़े के सामने खड़ा था। उसके सिर पर एक बेटन ऐसे जोर से पड़ा कि उसकी आँखें तिलमिला गयीं। खड़ा न रह सका। सिर पकड़ कर बैठ गया। उसी वक्त दारोगा जी के घोड़े ने दोनों पाँव उठाये और ज़मीन पर बैठा हुआ इब्राहिम उसके टापों के नीचे आ गया। जुलूस अभी तक शांत खड़ा था। इब्राहिम को गिरते देख कर कई आदमी उसे उठाने के लिए लपके; मगर कोई आगे न बढ़ सका। उधर सवारों के डंडे बड़ी निर्दयता से पड़ रहे थे। लोग हाथों पर डंडों को रोकते थे और अविचलित रूप से खड़े थे। हिंसा के भावों में प्रभावित न हो जाना उसके लिए प्रतिक्षण कठिन होता जाता था। जब आघात और अपमान ही सहना है, तो फिर हम भी इस दीवार को पार करने की क्यों न चेष्टा करें ? लोगों को खयाल आया शहर के लाखों आदमियों की निगाहें हमारी तरफ लगी हुई हैं। यहाँ से झंडा लेकर हम लौट जायँ, तो फिर किस मुँह से आजादी का नाम लेंगे, मगर प्राण-रक्षा के लिए भागने का किसी को ध्यान भी न आता था। यह पेट के भक्तों, किराये के टुट्टुओं का दल न था। यह स्वाधीनता के सच्चे स्वयं-सेवकों का, आजादी के दीवानों का संगठित दल था—अपनी जिम्मेदारियों को खूब समझता था। कितने ही के सिरों से खून जारी था, कितने ही के हाथ जख्मी हो गये थे। एक हल्ले में यह लोग सवारों की सफ़ों को चीर सकते थे, मगर पैरों में बेड़ियाँ पड़ी हुई थीं—सिद्धान्त की, धर्म की, आदर्श की।

दस-बारह मिनट तक यों ही डंडों की बौछार होती रही और लोग शांत खड़े रहे।

2

इस मार-धाड़ की खबर एक क्षण में बाजार में जा पहुँची। इब्राहिम घोड़े से कुचल गये, कई आदमी जख्मी हो गये, कई के हाथ टूट गये; मगर न वे लोग पीछे फिरते हैं और न पुलिस उन्हें आगे जाने देती है।

मैकू ने उत्तेजित होकर कहा—अब तो भाई, यहाँ नहीं रहा जाता। मैं भी चलता हूँ।

दीनदयाल ने कहा—हम भी चलते हैं भाई, देखी जायगी।

शम्भू एक मिनट तक मौन खड़ा रहा। एकाएक उसने भी दूकान बढ़ायी और बोला—एक दिन तो मरना ही है, जो कुछ होना है, हो। आखिर वे लोग सभी के लिए तो जान दे रहे हैं। देखते-दखते अधिकांश दूकानें बंद हो गयीं। वह लोग, जो दस मिनट पहले तमाशा देख रहे थे इधर-उधर से दौड़ पड़े और हजारों आदमियों का एक विराट दल घटनास्थल की ओर चला। यह उन्मत्त, हिंसामद से भरे हुए मनुष्यों का समूह था, जिसे सिद्धांत और आदर्श की परवाह न थी। जो मरने के लिए ही नहीं, मारने के लिए भी तैयार थे। कितनों ही के हाथों में लाठियाँ थीं, कितने ही जेबों में

पत्थर भरे हुए थे। न कोई किसी से कुछ बोलता था, न पूछता था। बस, सब-के-सब मन में एक दृढ़ संकल्प किये लपके चले जा रहे थे, मानों कोई घटा उमड़ी चली आती हो।

इस दल को दूर से देखते ही सवारों में कुछ हलचल पड़ी। बीरबल सिंह के चेहरे पर हवाइयाँ उड़ने लगीं। डी. एस. पी. ने अपनी मोटर बढ़ायी। शांति और अहिंसा के व्रतधारियों पर डंडे बरसाना और बात थी, एक उन्मत दल से मुकाबला करना दूसरी बात। सवार और सिपाही पीछे खिसक गये।

इब्राहिम की पीठ पर घोड़े ने टाप रख दी। वह अचेत जमीन पर पड़े थे। इन आदमियों का शोरगुल सुन कर आप-ही-आप उनकी आँखें खुल गयीं। एक युवक को इशारे से बुलाकर कहा—क्यों कैलाश, क्या कुछ लोग शहर से आ रहे हैं ?

कैलाश ने उस बढ़ती हुई घटा की ओर देख कर कहा—जी हाँ, हजारों आदमी हैं।

इब्राहिम—तो अब खैरियत नहीं है। झंडा लौटा दो। हमें फौरन लौट चलना चाहिए, नहीं तूफान मच जायगा। हमें अपने भाइयों से लड़ाई नहीं करनी है। फौरन लौट चलो।

यह कहते हुए उन्होंने उठने की चेष्टा की, मगर उठ न सके।

इशारे की देर थी। संगठित सेना की भाँति लोग हुक्म पाते ही पीछे फिर गये। झंडियों के बाँसों, साफों और रूमालों से चटपट एक स्ट्रेचर तैयार हो गया। इब्राहिम को लोगों ने उस पर लिटा दिया और पीछे फिरे। मगर क्या वह परास्त हो गये थे ? अगर कुछ लोगों को उन्हें परास्त मानने में ही संतोष हो, तो हो, लेकिन वास्तव में उन्होंने एक युगांतकारी विजय प्राप्त की थी। वे जानते थे, हमारा संघर्ष अपने ही भाइयों से है, जिनके हित परिस्थितियों के कारण हमारे हितों से भिन्न हैं। हमें उनसे वैर नहीं करना है। फिर, वह यह भी नहीं चाहते कि शहर में लूट और दंगे का बाजार गर्म हो जाय और हमारे धर्मयुद्ध का अंत लूटी हुई दुकानें, फूटे हुए सिर हों, उनकी विजय का सबसे उज्जवल चिह्न यह था कि उन्होंने जनता की सहानुभूति प्राप्त कर ली थी। वही लोग, जो पहले उन पर हँसते थे; उनका धैर्य और साहस देखकर उनकी सहायता के लिए निकल पड़े थे। मनोवृत्ति का यह परिवर्तन ही हमारी असली विजय है। हमें किसी से लड़ाई करने की जरूरत नहीं, हमारा उद्देश्य केवल जनता की सहानुभूति प्राप्त करना है, उसकी मनोवृत्तियों को बदल देना है। जिस दिन हम इस लक्ष्य पर पहुँच जायेंगे, उसी दिन स्वराज्य सूर्य उदय होगा।

3

तीन दिन गुजर गये थे। बीरबल सिंह अपने कमरे में बैठे चाय पी रहे थे। और उनकी पत्नी मिट्ठन बाई शिशु को गोद में लिये सामने खड़ी थी।

बीरबल सिंह ने कहा—मैं क्या करता उस वक्त। पीछे डी. एस. पी. खड़ा था।

अगर उन्हें रास्ता दे देता तो अपनी जान मुसीबत में फँसती।

मिट्ठन बाई ने सिर हिला कर कहा तुम कम से कम इतना तो कर ही सकते थे कि उन पर डंडे न चलाने देते। तुम्हारा काम आदमियों पर डंडे चलाना है ? तुम ज्यादा से ज्यादा उन्हें रोक सकते थे। कल को तुम्हें अपराधियों को बेंत लगाने का काम दिया जाय, तो शायद तुम्हें बड़ा आनंद आयेगा, क्यों।

बीरबल सिंह ने खिसिया कर कहा—तुम तो बात नहीं समझती हो !

मिट्ठन बाई—मैं खूब समझती हूँ। डी॰ एस॰ पी॰ पीछे खड़ा था। तुमने सोचा होगा ऐसी कारगुजारी दिखाने का अवसर शायद फिर कभी मिले या न मिले। क्या तुम समझते हो, उस दल में कोई भला आदमी न था ? उसमें कितने आदमी ऐसे थे, जो तुम्हारे जैसों को नौकर रख सकते हैं। विद्या में तो शायद अधिकांश तुमसे बढ़े हुए होंगे। मगर तुम उन पर डंडे चला रहे थे और उन्हें घोड़े से कुचल रहे थे, वाह री जवाँमर्दी !

बीरबल सिंह ने बेहयाई की हँसी के साथ कहा—डी॰ एस॰ पी॰ ने मेरा नाम नोट कर लिया है। सच !

दारोगा जी ने समझा था कि यह सूचना दे कर वह मिट्ठन बाई को खुश कर देंगे। सज्जनता और भलमनसी आदि ऊपर की बातें हैं, दिल से नहीं, जबान से कही जाती हैं। स्वार्थ दिल की गहराईयों में बैठा होता है। वह गम्भीर विचार का विषय है।

मगर मिट्ठन बाई के मुख पर हर्ष की कोई रेखा न नजर आयी, ऊपर की बातें शायद गहराइयों तक पहुँच गयी थीं ! बोलीं—जरूर कर लिया होगा और शायद तुम्हें जल्दी तरक्की भी मिल जाय। मगर बेगुनाहों के खून से हाथ रंग कर तरक्की पायी, तो क्या पायी ! यह तुम्हारी कारगुजारी का इनाम नहीं, तुम्हारे देशद्रोह की कीमत है। तुम्हारी कारगुजारी का इनाम तो तब मिलेगा, जब तुम किसी खूनी को खोज निकालोगे, किसी डूबते हुए आदमी को बचा लोगे।

एकाएक एक सिपाही ने बरामदे में खड़े होकर कहा—हुजूर, यह लिफाफा लाया हूँ।

बीरबल सिंह ने बाहर निकल कर लिफाफा ले लिया और भीतर की सरकारी चिट्ठी निकाल कर पढ़ने लगे। पढ़ कर उसे मेज पर रख दिया।

मिट्ठन ने पूछा—क्या तरक्की का परवाना आ गया ?

बीरबल सिंह ने झेंप पर कहा—तुम तो बनाती हो ! आज फिर कोई जुलूस निकलनेवाला है। मुझे उसके साथ रहने का हुक्म हुआ है।

मिट्ठन—फिर तो तुम्हारी चाँदी है, तैयार हो जाओ। आज फिर वैसे ही शिकार मिलेंगे। खूब बढ़-बढ़कर हाथ दिखलाना ! डी॰ एस॰ पी॰ भी जरूर आयेंगे। अबकी तुम इंस्पेक्टर हो जाओगे। सच !

बीरबल सिंह ने माथा सिकोड़ कर कहा—कभी-कभी तुम बे-सिर-पैर की बातें

करने लगती हो। मान लो, मैं जाकर चुपचाप खड़ा रहूँ, तो क्या नतीजा होगा। मैं नालायक समझा जाऊँगा और मेरी जगह कोई दूसरा आदमी भेज दिया जायगा। कहीं शुबहा हो गया कि मुझे स्वराज्यवादियों से सहानुभूति है, तो कहीं का न रहूँगा। अगर बर्खास्त भी न हुआ तो लैन की हाजिरी तो हो ही जायगी। आदमी जिस दुनिया में रहता है, उसी का चलन देखकर काम करता है। मैं बुद्धिमान न सही ; पर इतना जानता हूँ कि ये लोग देश और जाति का उद्धार करने के लिए ही कोशिश कर रहे हैं। यह भी जानता हूँ कि सरकार इस खयाल को कुचल डालना चाहती है। ऐसा गधा नहीं हूँ कि गुलामी की जिंदगी पर गर्व करूँ, लेकिन परिस्थिति से मजबूर हूँ।

बाजे की आवाज कानों में आयी। बीरबल सिंह ने बाहर जाकर पूछा। मालूम हुआ स्वराज्य वालों का जुलूस आ रहा है। चटपट वर्दी पहनी, साफा बाँधा और जेब में पिस्तौल रखकर बाहर आये। एक क्षण में घोड़ा तैयार हो गया। कांस्टेबल पहले ही से तैयार बैठे थे। सब लोग डबल-मार्च करते हुए जुलूस की तरफ चले।

4

ये लोग डबल-मार्च करते हुए कोई पन्द्रह मिनट में जुलूस के सामने पहुँच गये। इन लोगों को देखते ही अगणित कंठों से 'वंदेमातरम्' की एक ध्वनि निकली, मानो मेघ-मंडल में गर्जन का शब्द हुआ हो, फिर सन्नाटा छा गया। उस जुलूस में और इस जुलूस में कितना अंतर था। वह स्वराज्य के उत्सव का जुलूस था, यह एक शहीद के मातम का। तीन दिन के भीषण ज्वर और वेदना के बाद आज उस जीवन का अंत हो गया, जिसने कभी पद की लालसा नहीं की, कभी अधिकार के सामने सिर नहीं झुकाया। उन्होंने मरते समय वसीयत की थी कि मेरी लाश को गंगा में नहला कर दफन किया जाय और मेरे मजार पर स्वराज्य का झंडा खड़ा किया जाय। उनके मरने का समाचार फैलते ही सारे शहर पर मातम का पर्दा-सा पड़ गया। जो सुनता था, एक बार इस तरह चौंक पड़ता था, जैसे उसे गोली लग गयी हो और तुरंत उनके दर्शनों के लिए भागता था। सारे बाजार बंद हो गये, इक्कों और ताँगों का कहीं पता न था जैसे शहर लुट गया हो। देखते-देखते सारा शहर उमड़ पड़ा। जिस वक्त जनाजा उठा, लाख-सवा लाख आदमी साथ थे। कोई आँख ऐसी न थी, जो आँसुओं से लाल न हो।

बीरबल सिंह अपने कांस्टेबलों और सवारों को पाँच-पाँच गज के फासले पर जुलूस के साथ चलने का हुक्म दे कर खुद पीछे चले गये। पिछली सफों में कोई पचास गज तक महिलाएँ थीं। दारोगा ने उनकी तरफ ताका। पहली ही कतार में मिट्ठन बाई नजर आयी। बीरबल को विश्वास न आया। फिर ध्यान से देखा, वही थी। मिट्ठन ने उनकी तरफ एक बार देखा और आँखें फेर लीं, पर उसकी एक चितवन में कुछ ऐसा धिक्कार, कुछ ऐसी लज्जा, कुछ ऐसी व्यथा, कुछ ऐसी घृणा भरी हुई थी कि बीरबल सिंह की देह में सिर से पाँव तक सनसनी-सी दाड़ गयी। वह अपनी दृष्टि में कभी

इतने हल्के, इतने दुर्बल, इतने ज़लील न हुए थे।

सहसा एक युवती ने दारोगा जी की तरफ देख कर कहा–कोतवाल साहब कहीं हम लोगों पर डंडे न चला दीजिएगा। आपको देखकर भय हो रहा है !

दूसरी बोली–आप ही के कोई भाई तो थे, जिन्होंने उस माल के चौरस्ते पर इस पुरुष पर आघात किये थे।

मिट्ठन ने कहा–आपके कोई भाई न थे, आप खुद थे।

बीसियों ही मुँहों से आवाजें निकलीं–अच्छा, यह वही महाशय हैं ? महाशय आपको नमस्कार है। यह आप ही की कृपा का फल है कि आज हम भी आपके डंडे के दर्शन के लिए आ खड़ी हुई हैं !

बीरबल ने मिट्ठनबाई की ओर आँखों का भाला चलाया; पर मुँह से कुछ न बोले। एक तीसरी महिला ने फिर कहा–हम एक जलसा करके आपको जयमाल पहनायेंगे और आपका यशोगान करेंगे।

चौथी ने कहा–आप बिलकुल अँगरेज मालूम होते हैं, जभी इतने गोरे हैं !

एक बुढ़िया ने आँखें चढ़ाकर कहा–मेरी कोख में ऐसा बालक जन्मा होता, तो उसकी गर्दन मरोड़ देती !

एक युवती ने उसका तिरस्कार करके कहा–आप भी खूब कहती हैं, माता जी, कुत्ते तक तो नमक का हक अदा करते हैं, यह तो आदमी हैं !

बुढ़िया ने झल्ला कर कहा–पेट के गुलाम, हाय पेट, हाय पेट !

इस पर कई स्त्रियों ने बुढ़िया को आड़े हाथों ले लिया और वह बेचारी लज्जित हो कर बोली–अरे, मैं कुछ कहती थोड़े ही हूँ। मगर ऐसा आदमी भी क्या, जो स्वार्थ के पीछे अंधा हो जाय।

बीरबल सिंह अब और न सुन सके। घोड़ा बढ़ा कर जुलूस से कई गज पीछे चले गये। मर्द लज्जित करता है, तो हमें क्रोध आता है; स्त्रियाँ लज्जित्त करती हैं, तो ग्लानि उत्पन्न होती है। बीरबल सिंह की इस वक्त इतनी हिम्मत न थी कि फिर उन महिलाओं के सामने जाते। अपने अफ़सरों पर क्रोध आया। मुझी को बार-बार क्यों इन कामों पर तैनात किया जाता है ? और लोग भी तो हैं, उन्हें क्यों नहीं लाया जाता ? क्या मैं ही सब से गया-बीता हूँ। क्या मैं ही सबसे भावशून्य हूँ।

मिट्ठी इस वक्त मुझे दिल में कितना कायर और नीच समझ रही होगी ? शायद इस वक्त मुझे कोई मार डाले, तो वह जबान भी न खोलेगी। शायद मन में प्रसन्न होगी कि अच्छा हुआ। अभी कोई जा कर साहब से कह दे कि बीरबल सिंह की स्त्री जुलूस में निकली थी, तो कहीं का न रहूँ ! मिट्ठी जानती है, समझती है, फिर भी निकल खड़ी हुई। मुझसे पूछा तक नहीं। कोई फिक्र नहीं है न, जभी ये बातें सूझती हैं, यहाँ सभी बेफिक्र हैं, कालेजों और स्कूलों के लड़के, मजदूर पेशेवर इन्हें क्या चिंता ? मरन तो हम लोगों की है, जिनके बाल-बच्चे हैं और कुल-मर्यादा का ध्यान है। सब-की-सब

मेरी तरफ कैसा घूर रही थीं, मानों खा जायँगी।

जुलूस शहर की मुख्य सड़कों से गुजरता हुआ चला जा रहा था। दोनों ओर छतों पर, छज्जों पर, जंगलों पर, वृक्षों पर, दर्शकों की दीवारें-सी खड़ी थीं। बीरबल सिंह को आज उनके चेहरों पर एक नयी स्फूर्ति, एक नया उत्साह, एक नया गर्व झलकता हुआ मालूम होता था। स्फूर्ति थी वृक्षों के चेहरे पर, उत्साह युवकों के और गर्व रमणियों के। यह स्वराज्य के पथ पर चलने का उल्लास था। अब उनको यात्रा का लक्ष्य अज्ञात न था, पथभ्रष्टों की भाँति इधर-उधर भटकना न था, दलितों की भाँति सिर झुका कर रोना न था। स्वाधीनता का सुनहला शिखर सुदूर आकाश में चमक रहा था। ऐसा जान पड़ता था कि लोगों को बीच के नालों और जंगलों की परवाह नहीं है। सब उस सुनहले लक्ष्य पर पहुँचने के लिए उत्सुक हो रहे हैं।

ग्यारह बजते-बजते जुलूस नदी के किनारे जा पहुँचा, जनाज़ा उतारा गया और लोग शव को गंगा-स्नान कराने के लिए चले। उसके शीतल, शांत, पीले मस्तक पर लाठी की चोट साफ नजर रही थी। रक्त जम कर काला हो गया था। सिर के बड़े-बड़े बाल खून जम जाने से किसी चित्रकार की तूलिका की भाँति चिमट गये थे। कई हजार आदमी इस शहीद के अंतिम दर्शनों के लिए मंडल बाँधकर खड़े हो गये। बीरबल सिंह पीछे घोड़े पर सवार खड़े थे। लाठी की चोट उन्हें भी नजर आयी। उनकी आत्मा ने जोर से धिक्कारा। वह शव की ओर न ताक सके। मुँह फेर लिया। जिस मनुष्य के दर्शनों के लिए, जिनके चरणों की रज मस्तक पर लगाने के लिए लाखों आदमी विकल हो रहे हैं, उसका मैंने इतना अपमान किया ! उनकी आत्मा इस समय स्वीकार कर रही थी कि उस निर्दय प्रहार में कर्त्तव्य के भाव का लेश भी न था—केवल स्वार्थ था, कारगुजारी दिखाने की हवस और अफसरों को खुश करने की लिप्सा थी। हजारों आँखें क्रोध से भरी हुई उनकी ओर देख रही थीं; पर वह सामने ताकने का साहस न कर सकते थे।

एक कांस्टेबल ने आकर प्रशंसा की—हुज़ूर का हाथ गहरा पड़ा था। अभी तक खोपड़ी खुली हुई है। सबकी आँखें खुल गयीं।

बीरबल ने उपेक्षा की—मैं इसे अपनी जवाँमर्दी नहीं, अपना कमीनापन समझता हूँ।

कांस्टेवल ने फिर खुशामद की—बड़ा सरकश आदमी था हुजूर !

बीरबल ने तीव्र भाव से कहा—चुप रहो ! जानते भी हो, सरकश किसे कहते हैं ? सरकश वे कहलाते हैं, जो डाके मारते हैं, चोरी करते हैं, खून करते हैं। उन्हें सरकश नहीं कहते तो देश की भलाई के लिए अपनी जान हथेली पर लिये फिरते हों। हमारी बदनसीबी है कि जिनकी मदद करनी चाहिए उनका विरोध कर रहे हैं। यह घमंड करने और खुश होने की बात नहीं है, शर्म करने और रोने की बात है।

स्नान समाप्त हुआ। जुलूस यहाँ से फिर रवाना हुआ।

5

शव को जब खाक के नीचे सुला कर लोग लौटने लगे तो दो बज रहे थे। मिट्ठन बाई स्त्रियों के साथ-साथ कुछ दूर तक तो आयी, पर क्वीन्सपार्क में आ कर ठिठक गयी। घर जाने की इच्छा न हुई। वह जीर्ण, आहत, रक्तरंजित शव, मानो उसके अंतस्तल में बैठा उसे धिक्कार रहा था। पति से उसका मन इतना विरक्त हो गया था कि अब उसे धिक्कारने की भी उसको इच्छा न थी। ऐसे स्वार्थी मनुष्य पर भय के सिवा और किसी चीज का असर हो सकता है, इसका उसे विश्वास ही न था।

वह बड़ी देर तक पार्क में घास पर बैठी सोचती रही, पर अपने कर्त्तव्य का कुछ निश्चय न कर सकी। मैके जा सकती थी, किन्तु वहाँ से महीने-दो महीने में फिर इसी घर आना पड़ेगा। नहीं, मैं किसी की आश्रित न बनूँगी। क्या मैं अपने गुजर-बसर को भी नहीं कमा सकती ? उसने स्वयं भाँति-भाँति की कठिनाइयों की कल्पना की, पर आज उसकी आत्मा में न जाने इतना बल कहाँ से आ गया। इन कल्पनाओं का ध्यान में लाना ही उसे अपनी कमजोरी मालूम हुई।

सहसा उसे इब्राहिम अली की वृद्धा विधवा का खयाल आया। उसने सुना था, उनके लड़के-बाले नहीं हैं। बेचारी बैठी रो रही होंगी। कोई तसल्ली देने वाला भी पास न होगा। वह उनके मकान की ओर चलीं। पता उसने पहले ही अपने साथ की औरतों से पूछ लिया था। वह दिल में सोचती जाती थी—मैं उनसे कैसे मिलूँगी, उनसे क्या कहूँगी, उन्हें किन शब्दों में समझाऊँगी। इन्हीं विचारों में डूबी हुई वह इब्राहिम अली के घर पर पहुँच गयी। मकान एक गली में था, साफ-सुथरा; लेकिन द्वार पर हसरत बरस रही थी। उसने धड़कते हुए हृदय से अंदर कदम रखा। सामने बरामदे में एक खाट पर वह वृद्धा बैठी हुई थी, जिसके पति ने आज स्वाधीनता की वेदी पर अपना बलिदान दिया था। उसके सामने सादे कपड़े पहने एक युवक खड़ा, आँखों से आँसू भरे वृद्धा से बातें कर रहा था। मिट्ठन उस युवक को देख कर चौंक पड़ी—वह बीरबल सिंह थे।

उसने क्रोधमय आश्चर्य से पूछा—तुम यहाँ कैसे आये ?

बीरबल सिंह ने कहा—उसी तरह जैसे तुम आयीं। अपने अपराध क्षमा कराने आया हूँ !

मिट्ठन के गोरे मुखड़े पर आज गर्व, उल्लास और प्रेम की जो उज्ज्वल विभूति नजर आयी, वह अकथनीय थी ! ऐसा जान पड़ा, मानो उसके जन्म-जन्मांतर के क्लेश मिट गये हैं, वह चिंता और माया के बंधनों से मुक्त हो गयी हैं।

❐

पूस की रात

प्रथम प्रकाशन हिन्दी मासिक 'माधुरी', मई 1930 में

1

हल्कू ने आकर स्त्री से कहा—सहना आया है, लाओ, जो रुपये रखे हैं, उसे दे दूँ, किसी तरह गला तो छूटे।

मुन्नी झाड़ू लगा रही थी। पीछे फिरकर बोली—तीन ही तो रुपये हैं; दे दोगे तो कम्मल कहाँ से आवेगा ? माघ-पूस की रात हार में कैसे कटेगी। उससे कह दो, फसल पर रुपये दे देंगे। अभी नहीं।

हल्कू एक क्षण अनिश्चित दशा में खड़ा रहा। पूस सिर पर आ गया, कम्मल के बिना हार में रात को वह किसी तरह नहीं जा सकता। मगर सहना मानेगा नहीं, घुड़कियाँ जमावेगा, गालियाँ देगा। बला से जाड़ों मरेंगे, बला सिर से टल जायगी। यह सोचता हुआ वह अपना भारी-भरकम डील लिए हुए (जो उसके नाम को झूठ सिद्ध करता था) स्त्री के समीप आ गया और खुशामद करके बोला—ला दे दे, गला तो छूटे। कम्मल के लिए कोई दूसरा उपाय सोचूँगा।

मुन्नी उसके पास से दूर हट गयी और आँखें तरेरती हुई बोली—कर चुके दूसरा उपाय ! जरा सुनूँ, कौन उपाय करोगे ? कोई खैरात दे देगा कम्मल ? न जाने कितनी बाकी है जो किसी तरह चुकने ही नहीं आती। मैं कहती हूँ, तुम क्यों नहीं खेती छोड़ देते ? मर-मर काम करो, उपज हो तो बाकी दे दो, चलो छुट्टी हुई। बाकी चुकाने के लिए ही तो हमारा जन्म हुआ है। पेट के लिए मजूरी करो। ऐसी खेती से बाज आये। मैं रुपये न दूँगी—न दूँगी।

हल्कू उदास होकर बोला—तो क्या गाली खाऊँ ?

मुन्नी ने तड़पकर कहा—गाली क्यों देगा, क्या उसका राज है ?

मगर यह कहने के साथ उसकी तनी हुई भौंहें ढीली पड़ गयीं। हल्कू के उस वाक्य में जो कठोर सत्य था, वह मानो एक भीषण जन्तु की भाँति उसे घूर रहा था।

उसने जाकर आले पर से रुपये निकाले और लाकर हल्कू के हाथ पर रख दिये। फिर बोली—तुम छोड़ दो अबकी से खेती। मजूरी में सुख से एक रोटी खाने को तो मिलेगी। किसी की धौंस तो न रहेगी। अच्छी खेती है ! मजूरी करके लाओ, वह उसी में झोंक दो, उस पर से धौंस।

हल्कू ने रुपये लिए और इस तरह बाहर चला मानो अपना हृदय निकालकर देने

जा रहा हो। उसने मजूरी से एक-एक पैसा काट-कपटकर तीन रुपये कम्मल के लिए जमा किये थे। वह आज निकले जा रहे थे। एक-एक पग के साथ उसका मस्तक अपनी दीनता के भार से दबा जा रहा था।

2

पूस की अंधेरी रात ! आकाश पर तारे ठिठुरते हुए मालूम होते थे। हल्कू अपने खेत के किनारे ऊँख के पत्तों की एक छतरी के नीचे बाँस के खटोले पर अपनी पुरानी गाढ़े की चादर ओढ़े काँप रहा था। खाट के नीचे उसका संगी कुत्ता जबरा पेट में मुँह डाले सर्दी से कूँ-कूँ कर रहा था। दो में से एक को भी नींद न आती थी।

हल्कू ने घुटनियों को गर्दन में चिपकाते हुए कहा—क्यों जबरा, जाड़ा लगता है ? कहता तो था, घर में पुआल पर लेट रह, तो यहाँ क्या लेने आये थे। अब खाओ ठण्ड, मैं क्या करूँ। जानते थे, मैं यहाँ हलुवा-पूरी खाने आ रहा हूँ, दौड़े-दौड़े आगे-आगे चले आये। अब रोओ नानी के नाम को।

जबरा ने पड़े-पड़े दुम हिलाई और अपनी कूँ-कूँ को दीर्घ बनाता हुआ एक बार जम्हाई लेकर चुप हो गया। उसकी श्वान-बुद्धि ने शायद ताड़ लिया, स्वामी को मेरी कूँ-कूँ से नींद नहीं आ रही है।

हल्कू ने हाथ निकालकर जबरा की ठंडी पीठ सहलाते हुए कहा—कल से मत आना मेरे साथ, नहीं तो ठंडे हो जाओगे। यह राँड पछुआ न जाने कहाँ से बरफ लिए आ रही है। उठूँ, फिर एक चिलम भरूँ। किसी तरह रात तो कटे ! आठ चिलम तो पी चुका। यह खोती का मजा है ! और एक-एक भागवान ऐसे पड़े हैं, जिनके पास जाड़ा जाय तो गर्मी से घबराकर भागे। मोटे-मोटे गद्दे, लिहाफ-कम्मल। मजाल है कि जाड़े का गुजर हो जाय। तकदीर की बखूबी है ! मजूरी हम करें, मजा दूसरे लूटें !

हल्कू उठा और गड्ढे में से जरा-सी आग निकालकर चिलम भरी। जबरा भी उठ बैठा।

हल्कू ने चिलम पीते हुए कहा— पियेगा चिलम, जाड़ा तो क्या जाता है, जरा मन बहल जाता है।

जबरा ने उसके मुँह की ओर प्रेम से छलकती हुई आँखों से देखा।

हल्कू—आज और जाड़ा खा ले। कल से मैं यहाँ पुआल बिछा दूँगा। उसी में घुसकर बैठना, तब जाड़ा न लगेगा।

जबरा ने अगले पंजे उसकी घुटनियों पर रख दिये और उसके मुँह के पास अपना मुँह ले गया। हल्कू को उसकी गर्म साँसें लगीं।

चिलम पीकर हल्कू फिर लेटा और निश्चय करके लेटा कि चाहे कुछ हो अबकी सो जाऊँगा, पर एक ही क्षण में उसके हृदय में कम्पन होने लगा। कभी इस करवट

लेटता, कभी उस करवट; पर जाड़ा किसी पिशाच की भाँति उसकी छाती को दबाये हुए था।

जब किसी तरह न रहा गया तो उसने जबरा को धीरे से उठाया और उसके सिर को थपथपाकर उसे अपनी गोद में सुला लिया। कुत्ते की देह से जाने कैसी दुर्गंध आ रही थी, पर वह उसे अपनी गोद से चिपटाये हुए ऐसे सुख का अनुभव कर रहा था, जो इधर महीनों से उसे न मिला था। जबरा शायद समझ रहा था कि स्वर्ग यही है; और हल्कू की पवित्र आत्मा में तो उस कुत्ते के प्रति घृणा की गन्ध तक न थी। अपने किसी अभिन्न मित्र या भाई को भी वह इतनी ही तत्परता से गले लगाता। वह अपनी दीनता से आहत न था, जिसने आज उसे इस दशा को पहुँचा दिया। नहीं, इस अनोखी मैत्री ने जैसे उसकी आत्मा के सब द्वार खोल दिये थे और उसका एक-एक अणु प्रकाश से चमक रहा था।

सहसा जबरा ने किसी जानवर की आहट पाई। इस विशेष आत्मीयता ने उसमें एक नई स्फूर्ति पैदा कर दी थी, जो हवा के ठंडे झोंकों को तुच्छ समझती थी। वह झपटकर उठा और छतरी के बाहर आकर भूँकने लगा। हल्कू ने उसे कई बार चुमकार कर बुलाया; पर वह उसके पास न आया। हार में चारों तरफ दौड़-दौड़ कर भूँकता रहा। एक क्षण के लिए आ भी जाता तो तुरंत ही फिर दौड़ता। कर्तव्य उसके हृदय में अरमान की भाँति उछल रहा था।

3

एक घंटा और गुजर गया। रात ने शीत को हवा से धधकाना शुरू किया। हल्कू उठ बैठा और दोनों घुटनों को छाती से मिलाकर सिर को उसमें छिपा लिया। फिर भी ठंड कम न हुई। ऐसा जान पड़ता था, सारा रक्त जम गया है, धमनियों में रक्त की जगह हिम बह रहा है। उसने झुककर आकाश की ओर देखा, अभी कितनी रात बाकी है। सप्तर्षि अभी आकाश में आधे भी नहीं चढ़े। ऊपर आ जायँगे तब कहीं सबेरा होगा। अभी पहर भर से ऊपर रात है।

हल्कू के खेत से कोई एक गोली के टप्पे पर आमों का बाग था। पतझड़ शुरू हो गई थी। बाग में पत्तियों का ढेर लगा हुआ था। हल्कू ने सोचा, चलकर पत्तियाँ बटोरूँ और उन्हें जलाकर खूब तापूँ। रात को कोई मुझे पत्तियाँ बटोरते देखे तो समझे कोई भूत है। कौन जाने कोई जानवर ही छिपा बैठा हो; मगर अब तो बैठे नहीं रहा जाता।

उसने पास के अरहर के खेत में जाकर कई पौधे उखाड़ लिए और उनका एक झाड़ू बनाकर हाथ में सुलगता हुआ उपला लिए बगीचे की तरफ चला। जबरा ने उसे आते देखा तो पास आया और दुम हिलाने लगा।

हल्कू ने कहा—अब तो नहीं रहा जाता जबरू ! चलो, बगीचे में पत्तियाँ बटोरकर तापें। टाँठे हो जायँगे तो फिर आकर सोयेंगे। अभी तो बहुत रात है।

जबरा ने कूँ-कूँ करके सहमति प्रकट की और आगे-आगे बगीचे की ओर चला।

बगीचे में खूब अँधेरा छाया हुआ था और अन्धकार में निर्दय पवन पत्तियों को कुचलता हुआ चला जाता था। वृक्षों से ओस की बूँदे टप-टप नीचे टपक रही थीं।

एकाएक एक झोंका मेंहदी के फूलों की खुशबू लिए हुए आया।

हल्कू ने कहा—कैसी अच्छी महक आई जबरू ! तुम्हारी नाक में भी सुगन्ध आ रही है ?

जबरा को कहीं जमीन पर एक हड्डी पड़ी मिल गई थी। उसे चिचोड़ रहा था।

हल्कू ने आग जमीन पर रख दी और पत्तियाँ बटोरने लगा। जरा देर में पत्तियों का एक ढेर लग गया। हाथ ठिठुरे जाते थे। नंगे पाँव गले जाते थे। और वह पत्तियों का पहाड़ खड़ा कर रहा था। इसी अलाव में वह ठंड को जलाकर भस्म कर देगा।

थोड़ी देर में अलाव जल उठा। उसकी लौ ऊपर वाले वृक्ष की पत्तियों को छू-छूकर भागने लगीं। उस अस्थिर प्रकाश में बगीचे के विशाल वृक्ष ऐसे मालूम होते थे, मानो इस अथाह अन्धकार को अपने सिरों पर सँभाले हुए हों। अन्धकार के उस अनन्त सागर में यह प्रकाश एक नौका के समान हिलता, मचलता हुआ जान पड़ता था।

हल्कू अलाव के सामने बैठा आग ताप रहा था। एक क्षण में उसने दोहर उतारकर बगल में दबा ली और दोनों पाँव फैला दिये, मानो ठंड को ललकार रहा हो, तेरे जी में जो आये सो कर। ठंड की असीम शक्ति पर विजय पाकर वह विजय-गर्व को हृदय में छिपा न सकता था।

उसने जबरा से कहा—क्यों जब्बर, अब ठंड नहीं लग रही है ?

जब्बर ने कूँ-कूँ करके मानो कहा—अब क्या ठंड लगती ही रहेगी।

'पहले से यह उपाय न सूझा, नहीं इतनी ठंड क्यों खाते।'

जबरा ने पूँछ हिलाई।

'अच्छा आओ, इस अलाव को कूद कर पार करें। देखें, कौन निकल जाता है। अगर जल गए बच्चा, तो मैं दवा न करूँगा।'

जबरा ने उस अग्निराशि की ओर कातर नेत्रों से देखा।

'मुन्नी से कल न कह देना नहीं तो लड़ाई करेगी।'

यह कहता हुआ वह उछला और अलाव के ऊपर से साफ निकल गया। पैरों में जरा लपट लगी; पर वह कोई बात न थी। जबरा आग के गिर्द घूमकर उसके पास आ खड़ा हुआ।

हल्कू ने कहा—चलो-चलो, इसकी सही नहीं। ऊपर से कूदकर आओ। वह फिर कूदा और अलाव के इस पार आ गया।

4

पत्तियाँ जल चुकी थीं। बगीचे में फिर अँधेरा छाया था। राख के नीचे कुछ-कुछ आग बाकी थी, जो हवा का झोंका आ जाने पर जरा जाग उठती थी; पर एक क्षण में फिर आँखें बंद कर लेती थी।

हल्कू ने फिर चादर ओढ़ ली और गर्म राख के पास बैठा हुआ एक गीत गुनगुनाने लगा। उसके बदन में गर्मी आ गयी थी; पर ज्यों-ज्यों शीत बढ़ती जाती थी, उसे आलस्य दबाये लेता था।

जबरा जोर से भूँककर खेत की ओर भागा। हल्कू को ऐसा मालूम हुआ कि जानवरों का एक झुण्ड उसके खेत में आया है। शायद नीलगायों का झुण्ड था। उनके कूदने-दौड़ने की आवाजें साफ कान में आ रही थीं। फिर ऐसा मालूम हुआ कि वह खेत में चर रही हैं। उनके चबाने की आवाज चर-चर सुनायी देने लगी ?

उसने दिल में कहा—नहीं, जबरा के होते कोई जानवर खेत में नहीं आ सकता। नोंच ही डाले। मुझे भ्रम हो रहा है। कहाँ ! अब तो कुछ नहीं सुनायी देता। मुझे भी कैसा धोखा हुआ।

उसने जोर से आवाज लगायी—जबरा, जबरा।

जबरा भूँकता रहा। उसके पास न आया।

फिर खेत के चरे जाने की आहट मिली। अब वह अपने को धोखा न दे सका। उसे अपनी जगह से हिलना जहर लग रहा था। कैसा दंदाया हुआ था। इस जाड़े-पाले में खेत में जाना, जानवरों के पीछे दौड़ना असूझ जान बैठा पड़ा। वह अपनी जगह से न हिला।

उसने जोर से आवाज लगायी—लिहो-लिहो ! लिहो !!

जबरा भूँक उठा। जानवर खेत चर रहे थे। फसल तैयार है। कैसी अच्छी खेती थी; पर ये दुष्ट जानवर उसका सर्वनाश किये डालते हैं।

हल्कू पक्का इरादा करके उठा और दो-तीन कदम चला; पर एकाएक हवा का ऐसा ठण्डा, चुभनेवाला, बिच्छू के डंक का-सा झोंका लगा कि वह फिर बुझते हुए अलाव के पास आ बैठा और राख को कुरेदकर अपनी ठण्डी देह को गर्माने लगा।

जबरा अपना गला फाड़े डालता था, नीलगायें खेत का सफाया किए डालती थीं। और हल्कू गर्म राख के पास शांत बैठा हुआ था। अकर्मण्यता ने रस्सियों की भाँति उसे चारों तरफ से जकड़ रखा था।

उसी राख के पास गर्म जमीन पर वह चादर ओढ़कर सो गया।

सबेरे जब उसकी नींद खुली, तब चारों तरफ धूप फैल गयी थी। और मुन्नी कह रही थी—क्या आज सोते ही रहोगे ? तुम यहाँ आकर रम गये और उधर सारा खेत चौपट हो गया।

हल्कू ने उठकर कहा—क्या तू खेत से होकर आ रही है ?

मुन्नी बोली—हाँ, सारे खेत का सत्यानाश हो गया। भला ऐसा भी कोई सोता है ! तुम्हारे मड़ैया डालने से क्या हुआ ?

हल्कू ने बहाना किया—मैं मरते-मरते बचा, तुझे अपने खेत की पड़ी है। पेट में ऐसा दरद हुआ, कि मैं ही जानता हूँ।

दोनों फिर खेत की डाँड़ पर आये। देखा, सारा खेत रौंदा पड़ा हुआ है, और जबरा मड़ैया के नीचे चित लेटा है; मानो प्राण ही न हों।

दोनों खेत की दशा देख रहे थे। मुन्नी के मुख पर उदासी छाई थी। पर हल्कू प्रसन्न था।

मुन्नी ने चिंतित होकर कहा—अब मजूरी करके मालगुजारी भरनी पड़ेगी।

हल्कू ने प्रसन्न-मुख से कहा—रात की ठण्ड में यहाँ सोना तो न पड़ेगा।

❐

आहुति

प्रथम प्रकाशन हिन्दी मासिक 'हंस' नवम्बर 1930 में

1

आनन्द ने गद्देदार कुर्सी पर बैठकर सिगार जलाते हुए कहा—आज विशम्भर ने कैसी हिमाकत की ! इम्तहान करीब है और आप आज वालंटियर बन बैठे। कहीं पकड़े गये, तो इम्तहान से हाथ धोयेंगे। मेरा तो खयाल है कि वज़ीफ़ा भी बन्द हो जायगा।

सामने दूसरे बेंच पर रूपमणि बैठी एक अखबार पढ़ रही थी। उसकी आँखें अखबार की तरफ थीं; पर कान आनन्द की तरफ लगे हुए थे। बोली—यह तो बुरा हुआ। तुमने समझाया नहीं ? आनन्द ने मुँह बनाकर कहा—जब कोई अपने को दूसरा गाँधी समझने लगे, तो उसे समझाना मुश्किल हो जाता है। वह उलटे मुझे समझाने लगता है।

रूपमणि ने अखबार को समेटकर बालों को सँभालते हुए कहा—तुमने मुझे भी नहीं बताया, शायद मैं उसे रोक सकती।

आनन्द ने कुछ चिढ़कर कहा—तो अभी क्या हुआ, अभी तो शायद काँग्रेस आफिस ही में हो। जाकर रोक लो।

आनन्द और विशम्भर दोनों ही यूनिवर्सिटी के विद्यार्थी थे। आनन्द के हिस्से में लक्ष्मी भी पड़ी थी, सरस्वती भी ; विशम्भर फूटी तकदीर लेकर आया था। प्रोफेसरों ने दया करके एक छोटा-सा वज़ीफ़ा दे दिया था। बस, यही उसकी जीविका थी। रूपमणि भी साल भर पहले उन्हीं की समकक्ष थी; पर इस साल उसने कालेज छोड़ दिया था। स्वास्थ्य कुछ बिगड़ गया था। दोनों युवक कभी-कभी उससे मिलने आते रहते थे। आनन्द आता था उसका हृदय लेने के लिए, विशम्भर आता था यों ही। जी पढ़ने में न लगता या घबड़ाता, तो उसके पास आ बैठता था। शायद उससे अपनी विपत्ति-कथा कहकर उसका चित्त कुछ शान्त हो जाता था। आनन्द के सामने कुछ बोलने की हिम्मत न पड़ती थी। आनन्द के पास उसके लिए सहानुभूति का एक शब्द भी न था। वह उसे फटकारता था, ज़लील करता था और बेवकूफ बनाता था। विशम्भर में उससे बहस करने की सामर्थ्य न थी। सूर्य के सामने दीपक की हस्ती ही क्या ? आनन्द का उस पर मानसिक आधिपत्य था। जीवन में पहली बार उसने उस आधिपत्य को अस्वीकार किया था और उसी की शिकायत लेकर आनन्द रूपमणि के पास आया था। महीनों विशम्भर ने आनन्द के तर्क पर अपने भीतर के आग्रह को ढाला; पर तर्क

से परास्त होकर भी उसका हृदय विद्रोह करता रहा। बेशक उसका यह साल खराब हो जाएगा। संभव है, छात्र-जीवन ही का अन्त हो जाय, फिर इन चौदह-पन्द्रह वर्षों की मेहनत पर पानी फिर जायगा। न खुदा ही मिलेगा, न सनम का विसाल ही नसीब होगा। आग में कूदने से क्या फायदा। यूनिवर्सिटी में रहकर भी तो बहुत कुछ देश का काम किया जा सकता है। आनन्द महीने में कुछ-न-कुछ चंदा जमा कर देता है, दूसरे छात्रों से स्वदेशी की प्रतिज्ञा करा ही लेता है। विशम्भर को भी आनन्द ने यही सलाह दी। इस तर्क ने उसकी बुद्धि को तो जीत लिया, पर उसके मन को न जीत सका। आज जब आनन्द कालेज गया तो विशम्भर ने स्वराज्य-भवन की राह ली। आनन्द कालेज से लौटा तो उसे अपनी मेज पर विशम्भर का पत्र मिला। लिखा था—

'प्रिय आनन्द,

मैं जानता हूँ कि मैं जो कुछ करने जा रहा हूँ वह मेरे लिए हितकर नहीं है; पर न जाने कौन-सी शक्ति मुझे खींचे लिये जा रही है। मैं जाना नहीं चाहता, पर जाता हूँ, उसी तरह जैसे आदमी मरना नहीं चाहता, पर मरता है; रोना नहीं चाहता, पर रोता है। जब सभी लोग, जिन पर हमारी भक्ति है, ओखली में अपना सिर डाल चुके थे, तो मेरे लिए भी अब कोई दूसरा मार्ग नहीं है। मैं अब और अपनी आत्मा को धोखा नहीं दे सकता। यह इज्जत का सवाल है, और इज्जत किसी तरह का समझौता (Compromise) नहीं कर सकती।

तुम्हारा
विशम्भर

खत पढ़कर आनन्द के जी में आया, कि विशम्भर को समझा कर लौटा लाये; पर उसकी हिमाक़त पर गुस्सा आया और उसी तैश में वह रूपमणि के पास जा पहुँचा। अगर रूपमणि उसकी खुशामद करके कहती—जाकर उसे लौटा लाओ, तो शायद वह चला जाता, पर उसका यह कहना कि मैं उसे रोक लेती, उसके लिए असह्य था। उसके जवाब में रोष था, रुखाई थी और शायद कुछ हसद भी था।

रूपमणि ने गर्व से उसकी ओर देखा और बोली—अच्छी बात है, मैं जाती हूँ।

एक क्षण के बाद उसने डरते-डरते पूछा—तुम क्यों नहीं चलते ?

फिर वही गलती। अगर रूपमणि उसकी खुशामद करके कहती तो आनन्द ज़रूर उसके साथ चला जाता, पर उसके प्रश्न में पहले ही यह भाव छिपा था, कि आनन्द जाना नहीं चाहता। अभिमानी आनन्द इस तरह नहीं जा सकता। उसने उदासीन भाव से कहा—मेरा जाना व्यर्थ है। तुम्हारी बातों का ज्यादा असर होगा। मेरी मेज पर यह खत छोड़ गया था। जब वह आत्मा और कर्त्तव्य और आदर्श की बड़ी-बड़ी बातें सोच रहा है और अपने को भी कोई ऊँचे दरजे का आदमी समझ रहा है, तो मेरा उस पर कोई असर न होगा।

उसने जेब से पत्र निकालकर रूपमणि के सामने रख दिया। इन शब्दों में जो संकेत और व्यंग्य था, उसने एक क्षण तक रूपमणि को उसकी तरफ देखने न दिया। आनन्द के इस निर्दय प्रहार ने उसे आहत-सा कर दिया था; पर एक ही क्षण में विद्रोह की एक चिनगारी-सी उसके अन्दर जा घुसी। उसने स्वच्छन्द भाव से पत्र को लेकर पढ़ा। पढ़ा सिर्फ आनन्द के प्रहार का जवाब देने के लिए; पर पढ़ते-पढ़ते उसका चेहरा तेज से कठोर हो गया, गरदन तन गई, आँखों में उत्सर्ग की लाली आ गई।

उसने मेज़ पर पत्र रखकर कहा—नहीं, अब मेरा जाना भी व्यर्थ है।

आनन्द ने अपनी विजय पर फूल कर कहा—मैंने तो तुमसे पहले ही कह दिया, इस वक्त उसके सिर पर भूत सवार है, उस पर किसी के समझाने का असर न होगा। जब साल भर जेल में चक्की पीस लेंगे और वहाँ से तपेदिक लेकर निकलेंगे, या पुलिस के डण्डों से सिर और हाथ-पाँव तुड़वा लेंगे, तो बुद्धि ठिकाने आवेगी। अभी तो जय-जयकार और तालियों के स्वप्न देख रहे होंगे।

रूपमणि सामने आकाश की ओर देख रही थी। नीले आकाश में एक छायाचित्र-सा नजर आ रहा था—दुर्बल, सूखा और नग्न शरीर, घुटनों तक धोती, चिकना सिर, पोपला मुँह, तप, त्याग और सत्य की सजीव मूर्ति।

आनन्द ने फिर कहा—अगर मुझे मालूम हो, कि मेरे रक्त से देश का उद्धार हो जायगा, तो मैं आज उसे देने को तैयार हूँ; लेकिन मेरे जैसे सौ-पचास आदमी निकल ही आयें, तो क्या होगा ? प्राण देने के सिवा और तो कोई प्रत्यक्ष फल नहीं दीखता।

रूपमणि अब भी वही छायाचित्र देख रही थी। वही छाया मुस्करा रही थी, सरल मनोहर मुस्कान, जिसने विश्व को जीत लिया है।

आनन्द फिर बोला—जिन महाशयों को परीक्षा का भूत सताया करता है, उन्हें देश का उद्धार करने की सूझती है। पूछिए, आप अपना उद्धार तो कर ही नहीं सकते, देश का क्या उद्धार कीजिएगा ? इधर फेल होने से उधर के डण्डे फिर भी हल्के हैं।

रूपमणि की आँखें आकाश की ओर थीं। छायाचित्र कठोर हो गया था।

आनन्द ने जैसे चौंककर कहा—हाँ, आज बड़ी मजेदार फ़िल्म है। चलती हो ? पहले शो में लौट आयें।

रूपमणि ने जैसे आकाश से नीचे उतरकर कहा—नहीं, मेरा जी नहीं चाहता।

आनन्द ने धीरे से उसका हाथ पकड़कर कहा—तबीयत तो अच्छी है ? रूपमणि ने हाथ छुड़ाने की चेष्टा न की। बोली—हाँ, तबीयत में हुआ क्या है ?

'तो चलती क्यों नहीं ?'

'आज जी नहीं चाहता।'

'तो फिर मैं भी न जाऊँगा।'

'बहुत ही उत्तम, टिकट के रुपये काँग्रेस को दे दो।'

'यह तो टेढ़ी शर्त है; लेकिन मंजूर !

'कल रसीद मुझे दिखा देना।'

'तुम्हें मुझ पर इतना विश्वास भी नहीं ?'

आनन्द होस्टल चला। जरा देर बाद रूपमणि स्वराज्य-भवन की ओर चली।

2

रूपमणि स्वराज्य-भवन पहुँची, तो स्वयंसेवकों का एक दल विलायती कपड़े के गोदामों को पिकेट करने जा रहा था। विशम्भर दल में न था।

दूसरा दल शराब की दूकानों पर जाने को तैयार खड़ा था। विशम्भर इसमें भी न था।

रूपमणि ने मंत्री के पास जाकर कहा—आप बता सकते हैं, विशम्भर नाथ कहाँ हैं ?

मंत्री ने पूछा—वही, जो आज भरती हुए हैं ?

'जी हाँ, वही।'

'बड़ा दिलेर आदमी है। देहातों को तैयार करने का काम लिया है। स्टेशन पहुँच गया होगा। सात बजे की गाड़ी से जा रहा है।'

'तो अभी स्टेशन पर होंगे ?'

मंत्री ने घड़ी पर नज़र डालकर जवाब दिया—हाँ, अभी तो शायद स्टेशन पर मिल जायँ।

रूपमणि ने बाहर निकलकर साइकिल तेज की। स्टेशन पर पहुँची, तो देखा, विशम्भर प्लेटफार्म पर खड़ा है।

रूपमणि को देखते ही लपककर उसके पास आया और बोला—तुम यहाँ कैसे आईं। आज आनन्द से तुम्हारी मुलाकात हुई थी ?

रूपमणि ने उसे सिर से पाँव तक देखकर कहा—यह तुमने क्या सूरत बना रखी है ? क्या पाँव में जूता पहनना भी देशद्रोह है ?

विशम्भर ने डरते-डरते पूछा—आनन्द बाबू ने तुमसे कुछ कहा नहीं ?

रूपमणि ने स्वर को कठोर बनाकर कहा—जी हाँ, कहा। तुम्हें यह क्या सूझी ? दो साल से कम के लिए न जाओगे।

विशम्भर का मुँह गिर गया। बोला—जब यह जानती हो, तो क्या तुम्हारे पास मेरी हिम्मत बँधाने के लिए दो शब्द नहीं हैं ?

रूपमणि का हृदय मसोस उठा; मगर बाहरी उपेक्षा को न त्याग सकी। बोली—तुम मुझे दुश्मन समझते हो, या दोस्त ?

विशम्भर ने आँखों में आँसू भरकर कहा—तुम ऐसा प्रश्न क्यों करती हो रूपमणि ?

इसका जवाब मेरे मुँह से न सुनकर भी क्या तुम नहीं समझ सकतीं ?

रूपमणि—तो मैं कहती हूँ तुम मत जाओ।

विशम्भर—यह दोस्त की सलाह नहीं है रूपमणि ! मुझे विश्वास है, तुम हृदय से यह नहीं कह रही हो। मेरे प्राणों का क्या मूल्य है, जरा यह सोचो। एम॰ ए॰ होकर भी सौ रुपये की नौकरी। बहुत बढ़ा तो तीन-चार सौ तक जाऊँगा। इसके बदले यहाँ क्या मिलेगा, जानती हो ? सम्पूर्ण देश का स्वराज्य। इतने महान् हेतु के लिए मर जाना भी उस ज़िन्दगी से कहीं बढ़कर है। अब जाओ, गाड़ी आ रही है। आनन्द बाबू से कहना, मुझसे नाराज न हों।

रूपमणि ने आज तक इस मन्दबुद्धि युवक पर दया की थी। इस समय उसकी श्रद्धा का पात्र बन गया। त्याग में हृदय को खींचने की जो शक्ति है, उसने रूपमणि को इतने वेग से खींचा कि परिस्थितियों का अन्तर मिट-सा गया। विशम्भर में जितने दोष थे, वे सभी अलंकार बन-बनकर चमक उठे। उसके हृदय की विशालता में वह किसी पक्षी की भाँति उड़-उड़कर आश्रय खोजने लगी।

रूपमणि ने उसकी ओर आतुर नेत्रों से देखकर कहा—मुझे भी अपने साथ लेते चलो।

विशम्भर पर जैसे घड़ों का नशा चढ़ गया।

'तुमको ? आनन्द बाबू मुझे जिन्दा न छोड़ेंगे !'

'मैं आनन्द के हाथों बिकी नहीं हूँ !'

'आनन्द तो तुम्हारे हाथों बिके हुए हैं ?'

रूपमणि ने विद्रोह भरी आँखों से उसकी ओर देखा, पर कुछ बोली नहीं। परिस्थितियाँ उसे इस समय बाधाओं-सी मालूम हो रही थी। वह भी विशम्भर की भाँति स्वच्छन्द क्यों न हुई ? सम्पन्न माँ-बाप की अकेली लड़की, भोग-विलास में पली हुई, इस समय अपने को कैदी समझ रही थी। उसकी आत्मा उन बन्धनों को तोड़ डालने के लिए जोर लगाने लगी।

गाड़ी आ गई। मुसाफिर चढ़ने-उतरने लगे। रूपमणि ने सजल नेत्रों से कहा—तुम मुझे नहीं ले चलोगे ?

विशम्भर ने दृढ़ता से कहा—नहीं।

'क्यों ?'

'मैं इसका जवाब नहीं देना चाहता !'

'क्या तुम समझते हो, मैं इतनी विलासासक्त हूँ कि मैं देहात में रह नहीं सकती ?'

विशम्भर लज्जित हो गया। यह भी एक बड़ा कारण था, पर उसने इनकार किया—नहीं, यह बात नहीं।

'फिर क्या बात है ? क्या यह भय है, पिताजी मुझे त्याग देंगे ?'

'अगर यह भय हो तो क्या वह विचार करने योग्य नहीं ?'

'मैं उनकी तृण बराबर परवाह नहीं करती।'

विशम्भर ने देखा, रूपमणि के चाँद-से मुख पर गर्वमय संकल्प का आभास था। वह उस संकल्प के सामने जैसे काँप उठा। बोला—मेरी यह याचना स्वीकार करो रूपमणि, मैं तुमसे विनती करता हूँ।

रूपमणि सोचती रही।

विशम्भर ने फिर कहा—मेरी खातिर तुम्हें यह विचार छोड़ना पड़ेगा।

रूपमणि ने सिर झुकाकर कहा—अगर तुम्हारा यह आदेश है, तो मैं मानूँगी विशम्भर ! तुम दिल में समझते हो, मैं क्षणिक आवेश में आकर इस समय अपने भविष्य को गारत करने जा रही हूँ। मैं तुम्हें दिखा दूँगी, यह मेरा क्षणिक आवेश नहीं है, दृढ़ संकल्प है। जाओ; मगर मेरी इतनी बात मानना कि कानून के पंजे में उसी वक्त आना, जब आत्माभिमान या सिद्धान्त पर चोट लगती हो। मैं ईश्वर से तुम्हारे लिए प्रार्थना करती रहूँगी।

गाड़ी ने सीटी दी। विशम्भर अन्दर जा बैठा। गाड़ी चली गई, रूपमणि मानो विश्व की सम्पत्ति अंचल में लिए खड़ी रही।

3

रूपमणि के पास विशम्भर का एक पुराना रद्दी-सा फोटो अल्मारी के एक कोने में पड़ा हुआ था। आज स्टेशन से आकर उसने उसे निकाला और उसे एक मखमली फ्रेम में लगाकर मेज पर रख दिया। आनन्द का फोटो वहाँ से हटा दिया गया।

विशम्भर ने छुट्टियों में उसे दो-चार पत्र लिखे थे। रूपमणि ने उन्हें पढ़कर एक किनारे डाल दिये थे। आज उसने उन पत्रों को निकाला और उन्हें दोबारा पढ़ा। उन पत्रों में आज कितना रस था ! वह बड़ी हिफाजत से राइटिंग-बाक्स में बन्द कर दिये गये।

दूसरे दिन समाचारपत्र आया तो रूपमणि उस पर टूट पड़ी। विशम्भर का नाम देखकर वह गर्व से फूल उठी।

दिन में एक बार स्वराज्य-भवन जाना उनका नियम हो गया। जलसों में भी बराबर शरीक होती, विलास की चीजें एक-एक करके सब फेंक दी गईं। रेशमी साड़ियों की जगह गाढ़े की साड़ियाँ आईं। चरखा भी आया। वह घण्टों बैठी सूत काता करती। उसका सूत दिन-दिन बारीक होता जाता था। इसी सूत से वह विशम्भर के कुरते बनवायेगी।

उन दिनों परीक्षा की तैयारियाँ थीं। आनन्द को सिर उठाने की फुरसत न मिलती। दो-एक बार वह रूपमणि के पास आया; पर ज्यादा देर बैठा नहीं। शायद रूपमणि की शिथिलता ने उसे ज्यादा बैठने ही न दिया।

एक महीना बीत गया।

एक दिन शाम को आनन्द आया। रूपमणि स्वराज्य-भवन जाने को तैयार थी।

आनन्द ने भवें सिकोड़कर कहा—तुमसे तो अब बातें भी मुश्किल हैं।

रूपमणि ने कुर्सी पर बैठकर कहा—तुम्हें भी तो किताबों से छुट्टी नहीं मिलती। आज की कुछ ताजी खबर नहीं मिली। स्वराज्य-भवन में रोज-रोज का हाल मालूम हो जाता है।

आनन्द ने दार्शनिक उदासीनता से कहा—विशम्भर ने तो सुना, देहातों में खूब शोरगुल मचा रखा है। जो काम उसके लायक था, वह मिल गया। यहाँ उसकी जबान बन्द रहती थी। वहाँ देहातियों में खूब गरजता होगा; मगर आदमी दिलेर है।

रूपमणि ने उसकी ओर ऐसी आँखों से देखा; जो कह रही थीं; तुम्हारे लिए यह चर्चा अनाधिकार चेष्टा है, और बोली—आदमी में अगर यह गुण है तो फिर उसके सारे अवगुण मिट जाते हैं। तुम्हें काँग्रेस बुलेटिन पढ़ने की क्यों फुरसत मिलती होगी। विशम्भर ने देहातों में ऐसी जागृति फैला दी है कि विलायती का एक सूत भी नहीं बिकने पाता और न नशे की दूकानों पर कोई जाता है। और मजा यह है कि पिकेटिंग करने की जरूरत नहीं पड़ती। अब तो पंचायतें खोल रहे हैं।

आनन्द ने उपेक्षा भाव से कहा—तो समझ लो, अब उनके चलने के दिन भी आ गये हैं।

रूपमणि ने जोश से कहा—इतना करके जाना बहुत सस्ता नहीं है। कल तो किसानों का एक बहुत बड़ा जलसा होने वाला था। पूरे परगने के लोग जमा हुए होंगे। सुना है, आजकल देहातों से कोई मुकदमा ही नहीं आता। वकीलों की नानी मरी जा रही है।

आनन्द ने कड़वेपन से कहा—यही तो स्वराज्य का मजा है कि जमींदार, वकील और व्यापारी सब मरें। बस, केवल मजदूर और किसान रह जायँ।

रूपमणि ने समझ लिया, आज आनन्द तुलकर आया है। उसने भी जैसे आस्तीन चढ़ाते हुए कहा—तो तुम क्या चाहते हो कि ज़मींदार और वकील और व्यापारी गरीबों को चूस-चूसकर मोटे होते जायँ और जिन सामाजिक व्यवस्थाओं में ऐसा महान् अन्याय हो रहा है, उनके खिलाफ ज़बान तक न खोली जाय ? तुम तो समाजशास्त्र के पंडित हो। क्या किसी अर्थ में यह व्यवस्था आदर्श कही जा सकती है ? सभ्यता के तीन मुख्य सिद्धान्तों का ऐसी दशा में किसी न्यूनतम मात्रा में भी व्यवहार हो सकता है ?

आनन्द ने गर्म होकर कहा—शिक्षा और सम्पत्ति का प्रभुत्व हमेशा रहा है और हमेशा रहेगा। हाँ, उसका रूप भले ही बदल जाय।

रूपमणि ने आवेश में कहा—अगर स्वराज्य आने पर भी सम्पत्ति का यही प्रभुत्व रहे और पढ़ा-लिखा समाज यों ही स्वार्थान्ध बना रहे, तो मैं कहूँगी, ऐसे स्वराज्य का न आना ही अच्छा। अंग्रेजी महाजनों की धन-लोलुपता और शिक्षितों का स्वहित ही आज हमें पीसे डाल रहा है। जिन बुराइयों को दूर करने के लिए आज हम प्राणों को

हथेली पर लिए हुए हैं, उन्हीं बुराइयों को क्या प्रजा इसलिए सिर चढ़ायेगी कि वे विदेशी नहीं, स्वदेशी हैं ? कम-से-कम मेरे लिए तो स्वराज्य का यह अर्थ नहीं है कि जॉन की जगह गोविन्द बैठ जायँ। मैं समाज की ऐसी व्यवस्था देखना चाहती हूँ, जहाँ कम-से-कम विषमता को आश्रय न मिल सके।

आनन्द—यह तुम्हारी निज की कल्पना होगी।

रूपमणि—तुमने अभी इस आन्दोलन का साहित्य पढ़ा ही नहीं।

आनन्द—न पढ़ा है, न पढ़ना चाहता हूँ।

रूपमणि—इससे राष्ट्र की कोई बड़ी हानि न होगी।

आनन्द—तुम तो जैसे वह रही ही नहीं। बिलकुल काया-पलट हो गई।

सहसा डाकिये ने काँग्रेस बुलेटिन लाकर मेज पर रख दिया। रूपमणि ने अधीर होकर उसे खोला। पहले शीर्षक पर नज़र पड़ते ही उसकी आँखों में जैसे नशा छा गया। अज्ञात रूप से गर्दन तन गई और चेहरा एक अलौकिक तेज से दमक उठा।

उसने आवेश में खड़ी होकर कहा—विशम्भर पकड़ लिऐ गए और दो साल की सजा हो गई।

आनन्द ने विरक्त मन से पूछा—किस मुआमले में सजा हुई ?

रूपमणि ने विशम्भर के फोटो को अभिमान की आँखों से देखकर कहा—रानीगंज में किसानों की विराट सभा थी। वहीं पकड़ा है।

आनन्द—मैंने तो पहले ही कहा था, दो साल के लिए जायेंगे। जिन्दगी खराब कर डाली।

रूपमणि ने फटकार बताई—क्या डिग्री ले लेने ही से आदमी का जीवन सफल हो जाता है ? सारा ज्ञान, सारा अनुभव पुस्तकों ही में भरा हुआ है। मैं समझती हूँ, संसार और मानवी चरित्र का जितना अनुभव विशम्भर को दो सालों में हो जायेगा, उतना दर्शन और कानून की पोथियों से तुम्हें दो सौ वर्षों में भी न होगा। अगर शिक्षा का उद्देश्य चरित्रबल मानो, तो राष्ट्र-संग्राम में मनोबल के जितने साधन हैं, पेट के संग्राम में कभी हो ही नहीं सकते। तुम यह कह सकते हो कि हमारे लिए पेट की चिन्ता ही बहुत है, हमसे और कुछ हो ही नहीं सकता, हममें न उतना साहस है, न बल, न धैर्य, न संगठन, तो मैं मान जाऊँगी; लेकिन जातिहित के लिए प्राण देने वालों को बेवकूफ बनाना मुझसे नहीं सहा जा सकता। विशम्भर के इशारे पर आज लाखों आदमी सीना खोलकर खड़े हो जायेंगे। तुममें है जनता के सामने खड़े होने का हौसला ? जिन लोगों ने तुम्हें पैरों के नीचे कुचल रखा है, जो तुम्हें कुत्तों से भी नीचे समझते हैं, उन्हीं की गुलामी करने के लिए तुम डिग्रियों पर जान दे रहे हो। तुम इसे अपने लिए गौरव की बात समझो, मैं नहीं समझती।

आनन्द तिलमिला उठा। बोला—तुम तो पक्की क्रांतिकारिणी हो गईं इस वक्त।

रूपमणि ने उसी आवेश में कहा—अगर सच्ची-खरी बातों में तुम्हें क्रांति की गन्ध

मिले, तो मेरा दोष नहीं।

'आज विशम्भर को बधाई देने के लिए जलसा जरूर होगा। क्या तुम उसमें जाओगी ?'

रूपमणि ने उग्रभाव से कहा—जरूर जाऊँगी, बोलूँगी भी, और कल रानीगंज भी चली जाऊँगी। विशम्भर ने जो दीपक जलाया है, वह मेरे जीते-जी बुझने न पायेगा।

आनन्द ने डूबते हुए आदमी की तरह तिनके का सहारा लिया—अपनी अम्माँ और दादा से पूछ लिया है ?

'पूछ लूँगी !'

'और वह तुम्हें अनुमति भी दे देंगे ?'

'सिद्धान्त के विषय में अपनी आत्मा का आदेश सर्वोपरि होता है।'

'अच्छा, यह नई बात मालूम हुई।'

यह कहता हुआ आनन्द उठ खड़ा हुआ और बिना हाथ मिलाये कमरे से बाहर निकल गया। उसके पैर इस तरह लड़खड़ा रहे थे, कि अब गिरा, अब गिरा।

❒

सद्‌गति

प्रथम प्रकाशन हिन्दी कहानी-संग्रह 'प्रेमकुंज' (1930) में

1

दुखी चमार द्वार पर झाड़ू लगा रहा था और उसकी पत्नी झुरिया, घर को गोबर से लीप रही थी। दोनों अपने-अपने काम से फुर्सत पा चुके थे, तो चमारिन ने कहा—तो जाके पंडित बाबा से कह आओ न। ऐसा न हो कहीं चले जायँ।

दुखी—हाँ जाता हूँ, लेकिन यह तो सोच, बैठेंगे किस चीज पर ?

झुरिया—कहीं से खटिया न मिल जायगी ? ठकुराने से माँग लाना।

दुखी—तू तो कभी-कभी ऐसी बात कह देती है कि देह जल जाती है। ठकुरानेवाले मुझे खटिया देंगे ! आग तक तो घर से निकलती नहीं, खटिया देंगे ! कैथाने में जाकर एक लोटा पानी माँगूँ तो न मिले। भला खटिया कौन देगा ! हमारे उपले, सेंठे, भूसा, लकड़ी थोड़े ही हैं कि जो चाहे उठा ले जायँ। ले अपनी खटोली धोकर रख दे। गरमी के तो दिन हैं। उनके आते-आते सूख जायगी।

झुरिया—वह हमारी खटोली पर बैठेंगे नहीं। देखते नहीं कितने नेम-धरम से रहते हैं।

दुखी ने जरा चिंतित होकर कहा—हाँ, यह बात तो है। महुए के पत्ते तोड़कर एक पत्तल बना लूँ तो ठीक हो जाय। पत्तल में बड़े-बड़े आदमी खाते हैं। वह पवित्तर है। ला तो डंडा, पत्ते तोड़ लूँ।

झुरिया—पत्तल मैं बना लूँगी, तुम जाओ। लेकिन हाँ, उन्हें सीधा भी तो देना होगा। अपनी थाली में रख दूँ ?

दुखी—कहीं ऐसा गजब न करना, नहीं तो सीधा भी जाय और थाली भी फूटे ! बाबा थाली उठाकर पटक देंगे। उनको बड़ी जल्दी किरोध चढ़ आता है। किरोध में पंडिताइन तक को छोड़ते नहीं, लड़के को ऐसा पीटा कि आज तक टूटा हाथ लिये फिरता है। पत्तल में सीधा भी देना, हाँ ! मुदा तू छूना मत। झूरी गोंड़ की लड़की को लेकर शाह की दूकान से सब चीजें ले आना। सीधा भरपूर हो। सेर भर आटा, आध सेर चावल, पाव भर दाल, आध पाव घी, नोन, हल्दी और पत्तल में एक किनारे चार आने पैसे रख देना। गोंड़ की लड़की न मिले तो भुर्जिन के हाथ-पैर जोड़ कर ले जाना। तू कुछ मत छूना, नहीं गजब हो जायगा।

इन बातों की ताकीद करके दुखी ने लकड़ी उठाई और घास का एक बड़ा-सा

गट्ठा लेकर पंडितजी से अर्ज करने चला। खाली हाथ बाबाजी की सेवा में कैसे जाता। नजराने के लिए उसके पास घास के सिवाय और क्या था। उसे खाली देखकर तो बाबा दूर ही से दुत्कारते।

2

पं॰ घासीराम ईश्वर के परम भक्त थे। नींद खुलते ही ईशोपासन में लग जाते। मुँह-हाथ धोते आठ बजते, तब असली पूजा शुरू होती, जिसका पहला भाग भंग की तैयारी थी। उसके बाद आध घण्टे तक चन्दन रगड़ते, फिर आइने के सामने एक तिनके से माथे पर तिलक लगाते। चन्दन की दो रेखाओं के बीच में लाल रोरी की बिन्दी होती थी। फिर छाती पर, बाहों पर चन्दन की गोल-गोल मुद्रिकाएँ बनाते। फिर ठाकुरजी की मूर्ति निकालकर उसे नहलाते, चन्दन लगाते, फूल चढ़ाते, आरती करते, घंटी बजाते। दस बजते-बजते वह पूजन से उठते और भंग छानकर बाहर आते। तब तक दो-चार जजमान द्वार पर आ जाते ! ईशोपासन का तत्काल फल मिल जाता। वही उनकी खेती थी। आज वह पूजन-गृह से निकले, तो देखा दुखी चमार घास का एक गट्ठा लिये बैठा है। दुखी उन्हें देखते ही उठ खड़ा हुआ और उन्हें साष्टांग दंडवत करके हाथ बाँधकर खड़ा हो गया। यह तेजस्वी मूर्ति देखकर उसका हृदय श्रद्धा से परिपूर्ण हो गया। कितनी दिव्य मूर्ति थी। छोटा-सा गोल-मटोल आदमी, चिकना सिर, फूले गाल, ब्रह्मतेज से प्रदीप्त आँखें। रोरी और चंदन देवताओं की प्रतिभा प्रदान कर रही थी। दुखी को देखकर श्रीमुख से बोले—आज कैसे चला रे दुखिया ?

दुखी ने सिर झुकाकर कहा—बिटिया की सगाई कर रहा हूँ महाराज। कुछ साइत-सगुन विचारना है। कब मर्जी होगी ?

घासी—आज मुझे छुट्टी नहीं। हाँ, साँझ तक आ जाऊँगा।

दुखी—नहीं महाराज, जल्दी मर्जी हो जाय। सब सामान ठीक कर आया हूँ। यह घास कहाँ रख दूँ ?

घासी—इस गाय के सामने डाल दे और जरा झाड़ू लेकर द्वार को साफ कर दे। यह बैठक भी कई दिन से लीपी नहीं गई। उसे भी गोबर से लीप दे। तब तक मैं भोजन कर लूँ। फिर जरा आराम करके चलूँगा। हाँ, यह लकड़ी भी चीर देना। खलिहान में चार खाँची भूसा पड़ा है। उसे भी उठा लाना और भुसौली में रख देना।

दुखी फौरन हुक्म की तामील करने लगा। द्वार पर झाड़ू लगाई, बैठक को गोबर से लीपा। तब बारह बज गये। पंडितजी भोजन करने चले गये। दुखी ने सुबह से कुछ नहीं खाया था। उसे भी जोर की भूख लगी; पर वहाँ खाने को क्या धरा था। घर यहाँ से मील भर था। वहाँ खाने चला जाय, तो पंडितजी बिगड़ जायँ। बेचारे ने भूख दबाई और लकड़ी फाड़ने लगा। लकड़ी की मोटी-सी गाँठ थी; जिस पर पहले कितने ही भक्तों ने अपना जोर आजमा लिया था। वह उसी दम-खम के साथ लोहे से लोहा लेने के लिए तैयार थी। दुखी घास छीलकर बाजार ले जाता था। लकड़ी चीरने का अभ्यास

न था। घास उसके खुरपे के सामने सिर झुका देती थी। यहाँ कस-कस कर कुल्हाड़ी का भरपूर हाथ लगाता; पर उस गाँठ पर निशान तक न पड़ता था। कुल्हाड़ी उचट जाती। पसीने से तर था, हाँफता था, थककर बैठ जाता था, फिर उठता था। हाथ उठाये न उठते थे, पाँव काँप रहे थे, कमर सीधी न होती थी, आँखों तले अँधेरा हो रहा था, सिर में चक्कर आ रहे थे, तितलियाँ उड़ रही थीं, फिर भी अपना काम किये जाता था। अगर एक चिलम तम्बाकू पीने को मिल जाती, तो शायद कुछ ताकत आती। उसने सोचा, यहाँ चिलम और तम्बाकू कहाँ मिलेगी। बाह्मनों का पूरा है। बाह्मन लोग हम नीच जातों की तरह तम्बाकू थोड़े ही पीते हैं। सहसा उसे याद आया कि गाँव में एक गोंड़ भी रहता है। उसके यहाँ जरूर चिलम-तमाखू होगी। तुरत उसके घर दौड़ा। खैर मेहनत सफल हुई, उसने तमाखू भी दी और चिलम भी दी; पर आग वहाँ न थी। दुखी ने कहा—आग की चिन्ता न करो भाई। मैं जाता हूँ, पंडित जी के घर से आग माँग लूँगा। वहाँ तो अभी रसोई बन रही थी।

यह कहता हुआ वह दोनों चीजें लेकर चला आया और पंडितजी के घर में बरौठे के द्वार पर खड़ा होकर बोला—मालिक, रचिके आग मिल जाय, तो चिलम पी लें।

पंडितजी भोजन कर रहे थे। पंडिताइन ने पूछा—यह कौन आदमी आग माँग रहा है ?

पंडित—अरे वही ससुरा दुखिया चमार है। कहा है थोड़ी-सी लकड़ी चीर दे। आग तो है, दे दो।

पंडिताइन ने भवें चढ़ाकर कहा—तुम्हें तो जैसे पोथी-पत्रे के फेर में धरम-करम किसी बात की सुधि ही नहीं रही। चमार हो, धोबी हो, पासी हो, मुँह उठाये घर में चला आये। हिन्दू का घर न हुआ, कोई सराय हुई। कह दो दाढ़ीजार से, चला जाय, नहीं तो इस लुआठे से मुँह झुलस दूँगी। आग माँगने चले हैं।

पंडितजी ने उन्हें समझाकर कहा—भीतर आ गया, तो क्या हुआ। तुम्हारी कोई चीज तो नहीं छुई। धरती पवित्र है। जरा-सी आग दे क्यों नहीं देती, काम तो हमारा ही कर रहा है। कोई लोनिया यही लकड़ी फाड़ता, तो कम-से-कम चार आने लेता।

पंडिताइन ने गरज कर कहा—वह घर में आया क्यों !

पंडित ने हारकर कहा—ससुरे का अभाग था और क्या !

पंडिताइन—अच्छा, इस बखत तो आग दिये देती हूँ, लेकिन फिर जो इस तरह घर में आयेगा, तो उसका मुँह ही जला दूँगी।

दुखी के कानों में इन बातों की भनक पड़ रही थी। पछता रहा था, नाहक आया। सच तो कहती हैं, पंडित के घर में चमार कैसे चला आये। बड़े पवित्तर होते हैं यह लोग, तभी तो संसार पूजता है, तभी तो इतना मान है। भर-चमार थोड़े ही हैं। इसी गाँव में बूढ़ा हो गया; मगर मुझे इतनी अकल भी न आई।

इसलिए जब पंडिताइन आग लेकर निकलीं, तो वह मानो स्वर्ग का वरदान पा

गया। दोनों हाथ जोड़कर जमीन पर माथा टेकता हुआ बोला—पड़ाइन माता, मुझसे बड़ी भूल हुई कि घर में चला आया। चमार की अकल ही तो ठहरी। इतने मूरख न होते, तो लात क्यों खाते। पंडिताइन चिमटे से पकड़कर आग लाई थीं। पाँच हाथ की दूरी से घूँघट की आड़ से दुखी की तरफ आग फेंकी। आग की बड़ी-सी चिनगारी दुखी के सिर पर पड़ गयी। जल्दी से पीछे हटकर सिर के झोटे देने लगा। उसने मन में कहा—यह एक पवित्तर बाह्मन के घर को अपवित्तर करने का फल है। भगवान ने कितनी जल्दी फल दे दिया। इसी से तो संसार पंडितों से डरता है। और सबके रुपये मारे जाते हैं, बाह्मन के रुपये भला कोई मार तो ले ! घर भर का सत्यानाश हो जाय, पाँव गल-गलकर गिरने लगें।

बाहर आकर उसने चिलम पी और फिर कुल्हाड़ी लेकर जुट गया। खट-खट की आवाजें आने लगीं।

उस पर आग पड़ गई, तो पंडिताइन को उस पर कुछ दया आ गई। पंडितजी भोजन करके उठे, तो बोलीं—इस चमरवा को भी कुछ खाने को दे दो, बेचारा कब से काम कर रहा है। भूखा होगा।

पंडितजी ने इस प्रस्ताव को व्यावहारिक क्षेत्र से दूर समझकर पूछा—रोटियाँ हैं ?

पंडिताइन—दो-चार बच जायँगी।

पंडित—दो-चार रोटियों से क्या होगा ? चमार है, कम से कम सेर भर चढ़ा जायगा।

पंडिताइन कानों पर हाथ रखकर बोलीं—अरे बाप रे ! सेर भर ! तो फिर रहने दो।

पंडितजी ने अब शेर बनकर कहा—कुछ भूसी चोकर हो तो आटे में मिलाकर दो ठो लिट्टा ठोंक दो। साले का पेट भर जायगा। पतली रोटियों से इन नीचों का पेट नहीं भरता। इन्हें तो जुआर का लिट्टा चाहिए।

पंडिताइन ने कहा—अब जाने भी दो, धूप में कौन मरे।

3

दुखी ने चिलम पीकर फिर कुल्हाड़ी सँभाली। दम लेने से जरा हाथों में ताकत आ गई थी। कोई आध घण्टे तक फिर कुल्हाड़ी चलाता रहा। फिर बेदम होकर वहीं सिर पकड़ के बैठ गया।

इतने में वही गोंड़ आ गया। बोला—क्यों जान देते हो बूढ़े दादा, तुम्हारे फाड़े यह गाँठ न फटेगी। नाहक हलाकान होते हो।

दुखी ने माथे का पसीना पोंछकर कहा—अभी गाड़ी भर भूसा ढोना है भाई !

गोंड़—कुछ खाने को मिला कि काम ही कराना जानते हैं। जाके माँगते क्यों नहीं ?

दुखी—कैसी बात करते हो चिखुरी, बाह्मन की रोटी हमको पचेगी !

गोंड़—पचने को पच जायगी, पहले मिले तो। मूँछों पर ताव देकर भोजन किया और आराम से सोये, तुम्हें लकड़ी फाड़ने का हुक्म लगा दिया। जमींदार भी कुछ खाने को देता है। हाकिम भी बेगार लेता है, तो थोड़ी बहुत मजूरी देता है। यह उनसे भी बढ़ गये, उस पर धर्मात्मा बनते हैं।

दुखी—धीरे-धीरे बोलो भाई, कहीं सुन लें तो आफत आ जाय।

यह कह कर दुखी फिर सँभल पड़ा और कुल्हाड़ी की चोट मारने लगा। चिखुरी को उस पर दया आई। आकर कुल्हाड़ी उसके हाथ से छीन ली और कोई आध घंटे खूब कस-कस कर कुल्हाड़ी चलाई; पर गाँठ में एक दरार भी न पड़ी। तब उसने कुल्हाड़ी फेंक दी और यह कह कर चला गया—तुम्हारे फाड़े यह न फटेगी, जान भले निकल जाय।

दुखी सोचने लगा, बाबा ने यह गाँठ कहाँ रख छोड़ी थी कि फाड़े नहीं फटती। कहीं दरार तक तो नहीं पड़ती। मैं कब तक इसे चीरता रहूँगा। अभी घर पर सौ काम पड़े हैं। कार-परोजन का घर है, एक-न-एक चीज घटी ही रहती है; पर इन्हें इसकी क्या चिंता। चलूँ, जब तक भूसा ही उठा लाऊँ। कह दूँगा, बाबा, आज तो लकड़ी नहीं फटी, कल आकर फाड़ दूँगा।

उसने झौवा उठाया और भूसा ढोने लगा। खलिहान यहाँ से दो फरलांग से कम न था। अगर झौवा खूब भर-भर कर लाता तो काम जल्दी खत्म हो जाता; फिर झौवे को उठाता कौन। अकेले भरा हुआ झौवा उससे न उठ सकता था। इसलिए थोड़ा-थोड़ा लाता था। चार बजे कहीं भूसा खत्म हुआ। पंडितजी की नींद भी खुली। मुँह-हाथ धोया, पान खाया और बाहर निकले। देखा, तो दुखी झौवा सिर पर रखे सो रहा है। जोर से बोले—अरे, दुखिया तू सो रहा है ? लकड़ी तो अभी ज्यों की त्यों पड़ी हुई है। इतनी देर तू करता क्या रहा ? मुट्ठी भर भूसा ढोने में संझा कर दी ! उस पर सो रहा है। उठा ले कुल्हाड़ी और लकड़ी फाड़ डाल। तुझसे जरा-सी लकड़ी नहीं फटती। फिर साइत भी वैसी ही निकलेगी, मुझे दोष मत देना ! इसी से कहा है कि नीच के घर में खाने को हुआ और उसकी आँख बदली।

दुखी ने फिर कुल्हाड़ी उठाई। जो बातें पहले से सोच रखी थीं, वह सब भूल गईं। पेट पीठ में धँसा जाता था, आज सबेरे जलपान तक न किया था। अवकाश ही न मिला। उठना ही पहाड़ मालूम होता था। जी डूबा जाता था, पर दिल को समझाकर उठा। पंडित हैं, कहीं साइत ठीक न विचारें, तो फिर सत्यानाश ही हो जाय। जभी तो संसार में इतना मान है। साइत ही का तो सब खेल है। जिसे चाहे बिगाड़ दें। पंडितजी गाँठ के पास आकर खड़े हो गये और बढ़ावा देने लगे—हाँ, मार कसके, और मार—कसके मार—अबे जोर से मार—तेरे हाथ में तो जैसे दम ही नहीं है—लगा कसके, खड़ा सोचने क्या लगता है—हाँ—बस फटा ही चाहती है ! दे उसी दरार में !

दुखी अपने होश में न था। न-जाने कौन-सी गुप्तशक्ति उसके हाथों को चला

रही थी। वह थकान, भूख, कमजोरी सब मानो भाग गई। उसे अपने बाहुबल पर स्वयं आश्चर्य हो रहा था। एक-एक चोट वज्र की तरह पड़ती थी। आध घण्टे तक वह इसी उन्माद की दशा में हाथ चलाता रहा, यहाँ तक कि लकड़ी बीच से फट गई—और दुखी के हाथ से कुल्हाड़ी छूट कर गिर पड़ी। इसके साथ वह भी चक्कर खाकर गिर पड़ा। भूखा, प्यासा, थका हुआ शरीर जवाब दे गया।

पंडितजी ने पुकारा—उठ के दो-चार हाथ और लगा दे। पतली-पतली चैलियाँ हो जायँ। दुखी न उठा। पंडितजी ने अब उसे दिक करना उचित न समझा। भीतर जाकर बूटी छानी, शौच गये, स्नान किया और पंडिताई बाना पहनकर बाहर निकले ! दुखी अभी तक वहीं पड़ा था। जोर से पुकारा—अरे क्या पड़े ही रहोगे दुखी, चलो तुम्हारे ही घर चल रहा हूँ। सब सामान ठीक-ठीक है न ?

दुखी फिर भी न उठा।

अब पंडितजी को कुछ शंका हुई। पास जाकर देखा, तो दुखी अकड़ा पड़ा हुआ था। बदहवास होकर भागे और पंडिताइन से बोले—दुखिया तो जैसे मर गया।

पंडिताइन हकबकाकर बोली—वह तो अभी लकड़ी चीर रहा था न ?

पंडित—हाँ लकड़ी चीरते-चीरते मर गया। अब क्या होगा ?

पंडिताइन ने शान्त होकर कहा—होगा क्या, चमरौने में कहला भेजो, मुर्दा उठा ले जायँ।

एक क्षण में गाँव भर में खबर हो गई। पूरे गांव में ब्राह्मनों की ही बस्ती थी। केवल एक घर गोंड़ का था। लोगों ने इधर का रास्ता छोड़ दिया। कुएँ का रास्ता उधर ही से था, पानी कैसे भरा जाय ! चमार की लाश के पास से होकर पानी भरने कौन जाय। एक बुढ़िया ने पण्डितजी से कहा—अब मुर्दा फेंकवाते क्यों नहीं ? कोई गाँव में पानी पीयेगा या नहीं।

इधर गोंड़ ने चमरौने में जाकर सबसे कह दिया—खबरदार, मुर्दा उठाने मत जाना। अभी पुलिस की तहकीकात होगी। दिल्लगी है कि एक गरीब की जान ले ली। पंडितजी होंगे, तो अपने घर के होंगे। लाश उठाओगे तो तुम भी पकड़ जाओगे।

इसके बाद ही पंडितजी पहुँचे, पर चमरौने का कोई आदमी लाश उठा लाने को तैयार न हुआ। हाँ, दुखी की स्त्री और कन्या दोनों हाय-हाय करती वहाँ चलीं और पंडितजी के द्वार पर आकर सिर पीट-पीटकर रोने लगीं। उनके साथ दस-पाँच और चमारिनें थीं। कोई रोती थी, कोई समझाती थी, पर चमार एक भी न था। पण्डितजी ने चमारों को बहुत धमकाया, समझाया, मिन्नत की; पर चमारों के दिल पर पुलिस का रोब छाया हुआ था, एक भी न मिनका। आखिर निराश होकर लौट आये।

4

आधी रात तक रोना-पीटना जारी रहा। देवताओं का सोना मुश्किल हो गया। पर लाश उठाने कोई चमार न आया और ब्राह्मन चमार की लाश कैसे उठाते ! भला ऐसा किसी

शास्त्र-पुराण में लिखा है ? कहीं कोई दिखा दे।

पंडिताइन ने झुँझलाकर कहा—इन डाइनों ने तो खोपड़ी चाट डाली। सभों का गला भी नहीं पकता।

पंडित ने कहा—रोने दो चुड़ैलों को, कब तक रोयेंगी। जीता था, तो कोई बात न पूछता था। मर गया, तो कोलाहल मचाने के लिए सब की सब आ पहुँचीं।

पंडिताइन—चमार का रोना मनहूस है।

पंडित—हाँ, बहुत मनहूस।

पंडिताइन—अभी से दुर्गन्ध उठने लगी।

पंडित—चमार था ससुरा कि नहीं। साध-असाध किसी का विचार है इन सबों को।

पंडिताइन—इन सबों को घिन भी नहीं लगती।

पंडित—भ्रष्ट हैं सब।

रात तो किसी तरह कटी; मगर सबेरे भी कोई चमार न आया। चमारिनें भी रो-पीटकर चली गईं। दुर्गन्ध कुछ-कुछ फैलने लगी।

पंडितजी ने एक रस्सी निकाली। उसका फन्दा बनाकर मुरदे के पैर में डाला और फन्दे को खींचकर कस दिया। अभी कुछ-कुछ धुँधलका था। पंडितजी ने रस्सी पकड़कर लाश को घसीटना शुरू किया और गाँव के बाहर घसीट ले गये। वहाँ से आकर तुरन्त स्नान किया, दुर्गापाठ पढ़ा और घर में गंगाजल छिड़का।

उधर दुखी की लाश को खेत में गीदड़ और गिद्ध कुत्ते और कौए नोंच रहे थे। यही जीवन-पर्यन्त की भक्ति, सेवा और निष्ठा का पुरस्कार था।

❒

गुल्ली-डण्डा

प्रथम प्रकाशन हिन्दी मासिक 'हंस' फरवरी 1933 में

1

हमारे अंग्रेज़ीदाँ दोस्त माने या न मानें, मैं तो यही कहूँगा कि गुल्ली-डण्डा सब खेलों का राजा है। अब भी कभी लड़कों को गुल्ली-डण्डा खेलते देखता हूँ, तो जी लोट-पोट हो जाता है कि इनके साथ जाकर खेलने लगूँ। न लॉन की जरूरत, न कोर्ट की, न नेट की, न थापी की। मजे से किसी पेड़ की एक टहनी काट ली, गुल्ली बना ली, और दो आदमी भी आ गये; तो खेल शुरू हो गया। विलायती खेलों में सबसे बड़ा ऐब है कि उनके सामान महँगे होते हैं। जब तक कम-से-कम एक सैकड़ा न खर्च कीजिए, खिलाड़ियों में शुमार ही नहीं हो सकता। यह गुल्ली-डण्डा है कि बिना हर्र-फिटकरी के चोखा रंग देता है; पर हम अंग्रेजी चीजों के पीछे ऐसे दीवाने हो रहे हैं कि अपनी सभी चीजों से अरुचि हो गयी है। हमारे स्कूलों में हरेक लड़के से तीन-चार रुपये सालाना केवल खेलने की फीस ली जाती है। किसी को यह नहीं सूझता कि भारतीय खेल खेलायें; जो बिना दाम-कौड़ी के खेले जाते हैं। अंग्रेजी खेल उनके लिए है, जिनके पास धन है। गरीब लड़कों के सिर क्यों यह व्यसन मढ़ते हो। ठीक है, गुल्ली से आँख फूट जाने का भय रहता है। तो क्या क्रिकेट से सिर फूट जाने, तिल्ली फट जाने, टाँग टूट जाने का भय नहीं रहता ? अगर हमारे माथे में गुल्ली का दाग आज तक बना हुआ है, तो हमारे कई दोस्त ऐसे भी हैं, जो थापी को बैसाखी से बदल बैठे। ख़ैर, यह अपनी-अपनी रुचि है। मुझे गुल्ली ही सब खेलों से अच्छी लगती है और बचपन की मीठी स्मृतियों में गुल्ली ही सबसे मीठी है। वह प्रातःकाल घर से निकल जाना, वह पेड़ पर चढ़कर टहनियाँ काटना और गुल्ली-डण्डे बनाना; वह उत्साह, वह लगन, वह खिलाड़ियों के जमघटे, वह पदना और पदाना; वह लड़ाई-झगड़े, वह सरल स्वभाव, जिसमें छूत-अछूत, अमीर-गरीब का बिल्कुल भेद न रहता था, जिसमें अमीराना चोचलों की, प्रदर्शन की, अभिमान की गुंजाइश ही न थी, यह उसी वक्त भूलेगा जब...घरवाले बिगड़ रहे हैं, पिताजी चौके पर बैठ वेग से रोटियों पर अपना क्रोध उतार रहे हैं, अम्माँ की दौड़ केवल द्वार तक है, लेकिन उनकी विचारधारा में मेरा अंधकारमय भविष्य टूटी हुई नौका की तरह डगमगा रहा है, और मैं हूँ कि पदाने में मस्त हूँ, न नहाने की सुधि है, न खाने की। गुल्ली है तो जरा-सी; पर उसमें दुनिया भर की मिठाइयों की मिठास और तमाशों का आनन्द भरा हुआ है।

मेरे हमजोलियों में एक लड़का गया नाम का था। मुझसे दो-तीन साल बड़ा होगा। दुबला, लम्बी, बन्दरों की-सी लम्बी-लम्बी पतली-पतली उंगलियाँ, बन्दरों की-सी ही चपलता, वही झल्लाहट। गुल्ली कैसी हो, उस पर इस तरह लपकता था जैसे छिपकली कीड़ों पर लपकती है। मालूम नहीं उसके माँ-बाप थे या नहीं, कहाँ रहता था, क्या खाता था; पर था हमारे गुल्ली-क्लब का चैम्पियन। जिसकी तरफ वह आ जाय, उसकी जीत निश्चित थी ! हम सब उसे दूर से आते देख, उसका दौड़कर स्वागत करते थे और उसे अपना गोइयाँ बना लेते थे।

एक दिन हम और गया दो ही खेल रहे थे। वह पदा रहा था, मैं पद रहा था; मगर कुछ विचित्र बात है कि पदाने में हम दिन भर मस्त रह सकते हैं, पदना एक मिनट का भी अखरता है। मैंने गला छुड़ाने के लिए सब चालें चलीं, जो ऐसे अवसर पर शास्त्र-विहित न होने पर भी क्षम्य हैं, लेकिन गया अपना दाँव लिये बगैर मेरा पिण्ड न छोड़ता था।

अनुनय-विनय का कोई असर न हुआ। मैं घर की ओर भागा।

गया ने मुझे दौड़कर पकड़ लिया और डण्डा तानकर बोला—मेरा दाँव देकर जाओ। पदाया तो बड़े बहादुर बनके, पदने की बेर क्यों भागे जाते हो ?

'तुम दिन भर पदाओ तो मैं दिन भर पदता रहूँ।'

'हाँ, तुम्हें दिन भर पदना पड़ेगा।'

'न खाने जाऊँ न पीने जाऊँ।'

'हाँ, मेरा दाँव दिये बिना कहीं नहीं जा सकते।'

'मैं तुम्हारा गुलाम हूँ ?'

'हाँ, मेरे गुलाम हो।'

'मैं घर जाता हूँ, देखूँ मेरा क्या कर लेते हो ?;

'घर कैसे जाओगे, कोई दिल्लगी है'। दाँव दिया है, दाँव लेंगे।'

'अच्छा, कल मैंने तुम्हें अमरूद खिलाया था। वह लौटा दो।'

'वह तो पेट में चला गया।'

'निकालो पेट से। तुमने क्यों खाया मेरा अमरूद

'अमरूद तुमने दिया, तब मैंने खाया। तुमसे माँगने न गया था।'

'जब तक मेरा अमरूद न दोगे, मैं दाँव न दूँगा।'

मैं समझता था, न्याय मेरी ओर है। आखिर मैंने किसी स्वार्थ से ही उसे अमरूद खिलाया होगा। कौन निःस्वार्थ किसी के साथ सलूक करता है। भिक्षा तक तो स्वार्थ के लिये ही देते हैं। जब गया ने अमरूद खाया, तो फिर उसे मुझसे दाँव लेने का क्या अधिकार है ? रिश्वत देकर तो लोग खून पचा जाते हैं। यह मेरा अमरूद यों ही हजम कर जायगा ? अमरूद पैसे के पाँच वाले थे, जो गया के बाप को भी नसीब न होंगे। यह सरासर अन्याय था।

गया ने मुझे अपनी ओर खींचते हुए कहा—मेरा दाँव देकर जाओ, अमरूद-समरूद मैं नहीं जानता।

मुझे न्याय का बल था। वह अन्याय पर डटा हुआ था। मैं हाथ छुड़ाकर भागना चाहता था। वह मुझे जाने न देता था ! मैंने गाली दी; उसने उससे कड़ी गाली दी, और गाली नहीं, दो-एक चाँटा जमा दिया। मैंने उसे दाँत काट लिया। उसने मेरी पीठ पर डण्डा जमा दिया। मैं रोने लगा। गया मेरे इस अस्त्र का मुकाबला न कर सका। भागा। मैंने तुरन्त आँसू पोंछ डाले, डंडे की चोट भूल गया और हँसता हुआ घर में जा पहुँचा ! मैं थानेदार का लड़का एक नीच जात के लौंडे के हाथों पिट गया, यह मुझे उस समय भी अपमानजनक मालूम हुआ; लेकिन घर में किसी से शिकायत न की।

2

उन्हीं दिनों पिताजी का वहाँ से तबादला हो गया। नई दुनिया देखने की खुशी में ऐसा फूला कि अपने हमजोलियों से बिछुड़ जाने का बिल्कुल दुःख न हुआ। पिताजी दुःखी थे। यह बड़ी आमदनी की जगह थी। अम्माँ जी भर दुःखी थीं, यहाँ सब चीजें सस्ती थीं, और मुहल्ले की स्त्रियों से घराव-सा हो गया था, लेकिन मैं मारे खुशी के फूला न समाता था। लड़कों से जीट उड़ा रहा था, वहाँ ऐसे घर थोड़े ही होते हैं। ऐसे-ऐसे ऊँचे घर हैं कि आसमान से बातें करते हैं। वहाँ के अंग्रेजी स्कूल में कोई मास्टर लड़कों को पीटे, तो उसे जेहल हो जाय। मेरे मित्रों की फैली हुई आँखें और चकित-मुद्रा बतला रही थीं कि मैं उनकी निगाह में कितना ऊँचा उठ गया हूँ। बच्चों मैं मिथ्या को सत्य बना लेने की वह शक्ति है, जिसे हम, जो सत्य को मिथ्या बना लेते हैं, क्या समझेंगे। उन बेचारों को मुझसे कितनी स्पर्द्धा हो रही थी। मानो कह रहे थे—तुम भाग्यवान हो भाई, जाओ; हमें तो इस ऊजड़ ग्राम में जीना भी है और मरना भी।

बीस साल गुजर गये। मैंने इंजीनियरी पास की और उसी जिले का दौरा करता हुआ, उसी कस्बे में पहुँचा और डाकबंगले में ठहरा। उस स्थान को देखते ही इतनी मधुर बाल-स्मृतियाँ हृदय में जाग उठीं कि मैंने छड़ी उठाई और कस्बे की सैर करने निकला। आँखें किसी प्यासे पथिक की भाँति बचपन के उन क्रीड़ा-स्थलों को देखने के लिए व्याकुल हो रही थीं; पर उस परिचित नाम के सिंवा वहाँ और कुछ परिचित न था। जहाँ खंडहर था, पक्के मकान खड़े थे। जहाँ बरगद का पुराना पेड़ था; वहाँ अब एक सुन्दर बगीचा था। स्थान की काया-पलट हो गयी थी। अगर उसके नाम और स्थिति का ज्ञान न होता, तो मैं इसे पहचान भी न सकता। बचपन की संचित और अमर स्मृतियाँ बाँहें खोले अपने उन पुराने मित्रों से गले मिलने को अधीर हो रही थीं; मगर वह दुनिया बदल गयी थी। ऐसा जी होता था कि उस धरती से लिपटकर रोऊँ और कहूँ, तुम मुझे भूल गयीं। मैं तो अब भी तुम्हारा वही रूप देखना चाहता हूँ।

सहसा एक खुली हुई जगह में मैंने दो-तीन लड़कों को गुल्ली-डण्डा खेलते देखा।

एक क्षण के लिए मैं अपने को बिल्कुल भूल गया। भूल गया कि मैं एक ऊँचा अफसर हूँ, साहबी ठाठ में, रौब और अधिकार के आवरण में।

जाकर एक लड़के से पूछा—क्यों बेटे, यहाँ कोई गया नाम का आदमी रहता है ?

एक लड़के ने गुल्ली-डण्डा समेटकर सहमे हुए स्वर में कहा—कौन गया ? गया चमार ?

मैंने यों ही कहा—हाँ-हाँ वही। गया नाम का कोई आदमी है तो। शायद वही हो।

'हाँ, है तो।'

'जरा उसे बुला ला सकते हो ?'

लड़का दौड़ा हुआ गया और एक क्षण में एक पाँच हाथ के काले देव को साथ लिये आता दिखाई दिया। मैं दूर ही से पहचान गया। उसकी ओर लपकना चाहता था कि उसके गले लिपट जाऊँ; पर कुछ सोचकर रह गया। बोला—कहो गया, मुझे पहचानते हो ?

गया ने झुककर सलाम किया—हाँ मालिक, भला पहचानूँगा क्यों नहीं ? आप मजे में रहे ?

'बहुत मजे में। तुम अपनी कहो ?'

'डिप्टी साहब का साईस हूँ।'

''मतई, मोहन, दुर्गा यह सब कहाँ हैं ? कुछ खबर है ?'

'मतई तो मर गया, दुर्गा और मोहन दोनों डाकिये हो गये हैं, आप ?'

'मैं तो जिले का इन्जीनियर हूँ ?'

'सरकार तो पहले ही बड़े जहीन थे।'

'अब कभी गुल्ली-डण्डा खेलते हो ?'

गया ने मेरी ओर प्रश्न की आँखों से देखा—अब गुल्ली-डण्डा क्या खेलूँगा सरकार, अब तो पेट के धंधे से छुट्टी नहीं मिलती।

आओ, आज हम तुम खेलें। तुम पदाना, हम पदेंगे। तुम्हारा एक दाँव हमारे ऊपर है। वह आज ले लो।

गया बड़ी मुश्किल से राजी हुआ। वह ठहरा टके का मजदूर, मैं एक बड़ा अफसर। हमारा और उसका क्या जोड़ ? बेचारा झेंप रहा था; लेकिन मुझे भी कुछ कम झेंप न थी, इसलिए नहीं कि मैं गया के साथ खेलने जा रहा था; बल्कि इसलिए कि लोग इस खेल को अजूबा समझकर इसका तमाशा बना लेंगे और अच्छी-खासी भीड़ लग जायगी। उस भीड़ में वह आनन्द कहाँ रहेगा; पर खेले बगैर तो रहा नहीं जाता था। आखिर निश्चय हुआ कि दोनों जने बस्ती से दूर जाकर एकान्त में खेलें। वहाँ कौन कोई देखने वाला बैठा होगा। मजे से खेलेंगे और बचपन की उस मिठाई को खूब रस ले-लेकर खायेंगे। मैं गया को लेकर डाक बँगले पर आया और मोटर में बैठकर दोनों मैदान की

ओर चले। साथ में एक कुल्हाड़ी ले ली। मैं गंभीर भाव धारण किये हुए था, लेकिन गया इसे अभी तक मजाक ही समझ रहा था। फिर भी उसके मुख पर उत्सुकता या आनन्द का कोई चिह्न न था। शायद वह हम दोनों में जो अन्तर हो गया था, वह सोचने में मगन था।

मैंने पूछा—तुम्हें कभी हमारी याद आयी थी गया ? सच कहना।

गया झेंपता हुआ बोला—मैं आपको क्या याद करता हुजूर, किस लायक हूँ। भाग में आपके साथ कुछ दिन खेलना बदा था, नहीं मेरी क्या गिनती।

मैने कुछ उदास होकर कहा—लेकिन मुझे तो बराबर तुम्हारी याद आती थी। तुम्हारा वह डण्डा, जो तुमने तानकर जमाया था, याद है न ?

गया ने पछताते हुए कहा—वह लड़कपन था सरकार, उसकी याद न दिलाओ।

'वाह ! वह मेरे बाल-जीवन की सबसे रसीली याद है। तुम्हारे उस डंडे में जो रस था, वह तो अब न आदर-सम्मान में पाता हूँ, न धन में। कुछ ऐसी मिठास थी उसमें कि आज तक उससे मन मीठा होता रहता है।'

इतनी देर में हम बस्ती से कोई तीन मील निकल आये हैं। चारों तरफ सन्नाटा है। पश्चिम की ओर कोसों तक भीमताल फैला हुआ है, जहाँ आकर हम किसी समय कमल के पुष्प तोड़ ले जाते थे और उसके झुमके बनाकर कानों में डाल लेते थे। जेठ की संध्या केसर में डूबी चली आ रही है। मैं लपककर एक पेड़ पर चढ़ गया और एक टहनी काट लाया। चटपट गुल्ली-डण्डा बन गया।

खेल शुरू हो गया। मैंने गुच्ची में गुल्ली रखकर उछाली। गुल्ली गया के सामने से निकल गयी। उसने हाथ लपकाया जैसे मछली पकड़ रहा हो। गुल्ली उसके पीछे जाकर गिरी। यह वही गया है, जिसके हाथों में गुल्ली जैसे आप-ही-आप जाकर बैठ जाती थी। वह दाहिने-बायें कहीं हो, गुल्ली उसकी हथेलियों में ही पहुँचती थी। जैसे गुल्लियों पर वशीकरण डाल देता हो। नई गुल्ली, पुरानी गुल्ली, छोटी गुल्ली, बड़ी गुल्ली, नोंकदार गुल्ली, सपाट गुल्ली, सभी उसे मिल जाती थी। जैसे उसके हाथों में कोई चुंबक हो, जो गुल्लियों को खींच लेता हो, लेकिन आज गुल्ली को उससे प्रेम नहीं रहा। फिर तो मैंने पदाना शुरू किया। मैं तरह-तरह की धाँधलियाँ कर रहा था। अभ्यास की कसर बेईमानी से पूरी कर रहा था। हुच जाने पर भी डण्डा खेले जाता था; हालाँकि शास्त्र के अनुसार गया की बारी आनी चाहिए थी। गुल्ली पर जब ओछी चोट पड़ती और वह जरा दूर पर गिर पड़ती, तो मैं झटपट उसे खुद उठा लेता और दोबारा टाँड़ लगाता। गया वह सारी बे-कायदगियाँ देख रहा था, पर कुछ न बोलता था, जैसे उसे वह सब कायदे-कानून भूल गये। उसका निशाना कितना अचूक था। गुल्ली उसके हाथ से निकलकर टन-से डण्डे में आकर लगती थी। उसके हाथ से छूट कर उसका काम था डण्डे से टकरा जाना; लेकिन आज वह गुल्ली डण्डे में लगती ही नहीं। कभी दाहिने जाती है, कभी बायें, कभी आगे, कभी पीछे।

आध घण्टे पदाने के बाद एक बार गुल्ली डण्डे में आ लगी। मैंने धाँधली की, गुल्ली डण्डे में नहीं लगी, बिल्कुल पास से गयी, लेकिन लगी नहीं।

गया ने किसी प्रकार का असन्तोष न प्रकट किया।

'न लगी होगी।'

'डण्डे में लगती तो क्या मैं बेईमानी करता ?'

'नहीं भैया, तुम भला बेईमानी करोगे !'

बचपन में मजाल था, कि मैं ऐसा घपला करके जीता बचता। यही गया गरदन पर चढ़ बैठता; लेकिन आज मैं उसे कितनी आसानी से धोखा दिये चला जाता था। गधा है ! सारी बातें भूल गया।

सहसा गुल्ली फिर डण्डे में लगी और इतने जोर से लगी जैसे बन्दूक छुटी हो। इस प्रमाण के सामने अब किसी तरह की धाँधली करने का साहस मुझे इस वक्त भी न हो सका; लेकिन क्यों न एक बार सच को झूठ बनाने की चेष्टा करूँ ? मेरा हरज ही क्या है। मान गया, तो वाह-वाह नहीं तो दो-चार हाथ पदना ही तो पड़ेगा। अँधेरे का बहाना करके जल्दी से गला छुड़ा लूँगा। फिर कौन दाँव देने आता है।

गया ने विजय के उल्लास में कहा—लग गयी, लग गयी ! टन से बोली।

मैंने अनजान बनने की चेष्टा करके कहा—तुमने लगते देखा ? मैंने तो नहीं देखा।

'टन से बोली है सरकार !'

'और जो किसी ईंट में लग गयी हो ?'

मेरे मुख से यह वाक्य उस समय कैसे निकला, इसका मुझे खुद आश्चर्य है। इस सत्य को झुठलाना वैसे ही था जैसे दिन को रात बताना। हम दोनों ने गुल्ली को डण्डे में जोर से लगते देखा था; लेकिन गया ने मेरा कथन स्वीकार कर लिया।

'हाँ, किसी ईंट में ही लगी होगी। डण्डे में लगती, तो इतनी आवाज न आती।'

मैंने फिर पदाना शुरू कर दिया; लेकिन इतनी प्रत्यक्ष धाँधली कर लेने के बाद, गया की सरलता पर मुझे दया आने लगी, इसलिए जब तीसरी बार गुल्ली डण्डे में लगी, तो मैंने बड़ी उदारता से दाँव देना तय कर दिया।

गया ने कहा—अब तो अँधेरा हो गया भैया, कल पर रखो।

मैंने सोचा, कल बहुत-सा समय होगा, यह न जाने कितनी देर पदाये, इसलिए इसी वक्त मुआमला साफ कर लेना अच्छा होगा।

'नहीं, नहीं। अभी बहुत उजाला है। तुम अपना दाँव ले लो।'

'गुल्ली सूझेगी नहीं।'

'कुछ परवाह नहीं।'

गया ने पदाना शुरू किया, पर उसे अब बिल्कुल अभ्यास न था। उसने दो बार टाँड़ लगाने का इरादा किया; पर दोनों ही बार हुच गया। एक मिनट से कम में वह

दाँव पूरा कर चुका। बेचारा घण्टा भर पदा; पर एक मिनट ही में अपना दाँव खो बैठा। मैंने अपने हृदय की विशालता का परिचय दिया।

'एक दाँव और खेल लो। तुम पहले ही हाथ में हुच गये।'

'नहीं भैया, अब अँधेरा हो गया।'

'तुम्हारा अभ्यास छूट गया। क्या कभी खेलते नहीं ?'

'खेलने का समय कहाँ मिलता है भैया !'

हम दोनों मोटर पर जा बैठे और चिराग जलते-जलते पड़ाव पर पहुँच गये। गया चलते-चलते बोला—कल यहाँ गुल्ली-डण्डा होगा। सभी पुराने खिलाड़ी खेलेंगे। आप भी आओगे ? जब आपको फुरसत हो, तभी खिलाड़ियों को बुलाऊँ।

मैंने शाम का समय दिया और दूसरे दिन मैच देखने आया। कोई दस-दस आदमियों की मण्डली थी। कई मेरे लड़कपन के साथी निकले। अधिकांश युवक थे जिन्हें मैं पहचान न सका। खेल शुरू हुआ। मैं मोटर पर बैठा-बैठा तमाशा देखने लगा। आज गया का खेल, उसका वह नैपुण्य देखकर मैं चकित हो गया। टाँड़ लगाता, तो गुल्ली आसमान में बातें करती। कल की-सी वह झिझक, वह हिचकिचाहट, वह बेदिली आज न थी। लड़कपन में जो बात थी, आज उसने प्रौढ़ता प्राप्त कर ली थी। कहीं कल इसने मुझे इस तरह पदाया होता, तो मैं जरूर रोने लगता। उसके डण्डे की चोट खाकर गुल्ली दो सौ गज की खबर लाती थी।

पदने वालों में एक युवक ने धाँधली की ! उसने अपने विचार में गुल्ली लोक ली थी। गया का कहना था—गुल्ली जमीन में लगकर उछली थी। इस पर दोनों में ताल ठोंकने की नौबत आयी। युवक दब गया। गया का तमतमाया हुआ चेहरा देखकर डर गया। अगर वह दब न जाता, तो जरूर मारपीट हो जाती। मैं खेल में न था; पर दूसरों के इस खेल में मुझे वही लड़कपन का आनन्द आ रहा था, जब हम सब कुछ भूलकर खेल में मस्त हो जाते थे। अब मुझे मालूम हुआ कि कल गया ने मेरे साथ खेला नहीं, केवल खेलने का बहाना किया। उसने मुझे दया का पात्र समझा। मैंने धांधली की, बेईमानियाँ कीं; पर उसे ज़रा भी क्रोध न आया। इसलिए कि वह वह खेल न रहा था, मुझे खेला रहा था, मेरा मान रख रहा था। वह मुझे पदाकर मेरा कचूमर नहीं निकालना चाहता था। मैं अब अफसर हूँ। यह अफसरी मेरे और उसके बीच में दीवार बन गयी है। अब मैं उसका लिहाज पा सकता हूँ, अदब पा सकता हूँ, साहचर्य नहीं पा सकता। लड़कपन था, तब मैं उसका समकक्ष था। हममें कोई भेद न था। यह पद पाकर अब मैं केवल उसकी दया के योग्य हूँ। वह मुझे अपना जोड़ नहीं समझता। वह बड़ा हो गया है, मैं छोटा हो गया हूँ।

❐

ईदगाह

प्रथम प्रकाशन उर्दू पत्रिका 'इस्मत' (वार्षिकांक 1933) में

1

रमज़ान के पूरे तीस रोज़ों के बाद आज ईद आयी है। कितना मनोहर, कितना सुहावना प्रभात है। वृक्षों पर कुछ अजीब हरियाली है, खेतों में कुछ अजीब रौनक है, आसमान पर कुछ अजीब लालिमा है। आज का सूर्य देखो, कितना प्यारा, कितना शीतल है, मानों संसार कोई ईद की बधाई दे रहा है। गाँव में कितनी हलचल है। ईदगाह जाने की तैयारियाँ हो रही हैं। किसी के कुरते में बटन नहीं है। पड़ोस के घर से सुई-धागा लेने दौड़ा जा रहा है। किसी के जूते कड़े हो गये हैं। उनमें तेल डालने के लिए तेली के घर भागा जाता है। जल्दी-जल्दी बैलों को सानी-पानी दे दें। ईदगाह से लौटते-लौटते दोपहर हो जायेगी। तीन कोस का पैदल रास्ता, फिर सैकड़ों आदमियों से मिलना-भेंटना। दोपहर के पहले लौटना असंभव है। लड़के सबसे ज्यादा प्रसन्न हैं। किसी ने एक रोज़ा रखा है, वह भी दोपहर तक, किसी ने वह भी नहीं; लेकिन ईदगाह जानें की खुशी उनके हिस्से की चीज है। रोज़े बड़े-बूढ़ों के लिए होंगे। उनके लिए तो ईद है। रोज़ ईद का नाम रटते थे। आज वह आ गयी। अब जल्दी पड़ी है कि लोग ईदगाह क्यों नहीं चलते। इन्हें गृहस्थी की चिंताओं से क्या प्रयोजन !सेवैयों के लिए दूध और शक्कर घर में हैं या नहीं, इनकी बला से ये तो सेवैयाँ खायेंगे। वह क्या जाने कि अब्बाजान क्यों बदहवास चौधरी कायमअली के घर दौड़े जा रहे हैं। उन्हें क्या खबर कि चौधरी आज आँखें बदल लें, तो यह सारी ईद मुहर्रम हो जाय। उनकी अपनी जेबों में तो कुबेर का धन भरा हुआ है। बार-बार जेब से अपना खजाना निकालकर गिनते हैं और खुश होकर फिर रख लेते हैं। महमूद गिनता है, एक-दो... दस-बारह। उसके पास बारह पैसे हैं। मोहसिन के पास एक, दो, तीन... आठ, नौ... पन्द्रह पैसे हैं। इन्हीं अनगिनती पैसों में अनगिनती चीजें लायेंगे–खिलौने, मिठाइयाँ बिगुल, गेंद और न जाने क्या-क्या। और सबसे ज्यादा प्रसन्न है हामिद। वह चार-पाँच साल का गरीब-सूरत, दुबला-पतला लड़का, जिसका बाप गत-वर्ष हैजे की भेंट हो गया और माँ न जाने क्यों पीली होती-होती एक दिन मर गयी। किसी को पता न चला, क्या बीमारी है। कहती भी तो कौन सुनने वाला था। दिल पर जो कुछ बीतती थी, वह दिल में ही सहती थी और जब न सहा गया तो संसार से विदा हो गयी। अब हामिद अपनी बूढ़ी दादी अमीना की गोद में सोता है और उतना ही प्रसन्न है। उसके अब्बाजान रुपये कमाने गये हैं। बहुत-सी

थैलियाँ लेकर आयेंगे। अम्मीजान अल्लाह मियाँ के घर से उसके लिए बड़ी अच्छी-अच्छी चीजें लाने गयी हैं; इसलिए हामिद प्रसन्न है। आशा तो बड़ी चीज है, और फिर बच्चों की आशा ! उनकी कल्पना तो राई का पर्वत बना लेती है। हामिद के पाँव में जूते नहीं हैं, सिर पर एक पुरानी-धुरानी टोपी है, जिसका गोट काला पड़ गया है, फिर भी वह प्रसन्न है। जब उसके अब्बाजान थैलियाँ और अम्मीजान नियामतें लेकर आयेंगीं, तो वह दिल के अरमान निकाल लेगा। तब देखेगा महमूद, मोहसिन, नूरे और सम्मी कहाँ से उतने पैसे निकालेंगे। अभागिन अमीना अपनी कोठरी में बैठी रो रही है। आज ईद का दिन और उसके घर में दाना नहीं ! आज आबिद होता तो क्या इसी तरह ईद आती और चली जाती ! इस अंधकार और निराशा में वह डूबी जा रही थी। किसने बुलाया था इस निगोड़ी ईद को। इस घर में उसका काम नहीं है, लेकिन हामिद ! उसे किसी के मरने-जीने से क्या मतलब ? उसके अन्दर प्रकाश है, बाहर आशा। विपत्ति अपना सारा दल-बल लेकर आये, हामिद की आनन्द-भरी चितवन उसका विध्वंस कर देगी।

हामिद भीतर जाकर दादी से कहता है—तुम डरना नहीं अम्माँ, मैं सबसे पहले आऊँगा। बिलकुल न डरना !

अमीना का दिल कचोट रहा है। गाँव के बच्चे अपने-अपने बाप के साथ जा रहे हैं। हामिद के बाप अमीना के सिवा और कौन है ? उसे कैसे अकेले मेले जाने दे। उस भीड़-भाड़ में बच्चा कहीं खो जाय तो क्या हो। नहीं; अमीना उसे यों न जाने देगी। नन्हीं-सी जान ! तीन कोस चलेगा कैसे ! पैर में छाले पड़ जायेंगे। जूते भी तो नहीं हैं। वह थोड़ी-थोड़ी दूर पर उसे गोद में लेगी; लेकिन यहाँ सेवैयाँ कौन पकायेगा ? पैसे होते तो लौटते-लौटते सब सामग्री जमा करके चटपट बना लेती। यहाँ तो घण्टों चीजें जमा करते लगेंगे। माँगे ही का तो भरोसा ठहरा। उस दिन फहीमन के कपड़े सिये थे। आठ आने पैसे मिले थे। उस अठन्नी को ईमान की तरह बचाती चली आती थी इसी ईद के लिए, लेकिन कल ग्वालन सिर पर सवार हो गयी तो क्या करती। हामिद के लिए कुछ नहीं है, तो दो पैसे का दूध तो चाहिए ही। अब तो कुल दो आने पैसे बच रहे हैं। तीन पैसे हामिद की जेब में, पाँच अमीना के बटवे में। यही तो बिसात है और ईद का त्योहार ! अल्लाह ही बेड़ा पार लगावे। धोबन और नाइन और मेहतरानी और चूड़िहारिन सभी तो आयेंगी। सभी को सेवैयाँ चाहिए और थोड़ा किसी की आँखों नहीं लगता। किस-किस से मुँह चुरायेगी। और मुँह क्या चुराये ? साल भर का त्यौहार है। ज़िन्दगी ख़ैरियत से रहे, उनकी तकदीर भी तो उसी के साथ है। बच्चे को खुदा सलामत रखे, ये दिन भी कट जायँगे।

गाँव से मेला चला। और बच्चों के साथ हामिद भी जा रहा था। कभी सबके सब दौड़कर आगे निकल जाते। फिर किसी पेड़ के नीचे खड़े होकर साथ वालों का इन्तज़ार करते। ये लोग क्यों इतना धीरे-धीरे चल रहे हैं। हामिद के पैरों में तो जैसे पर लग गये हैं। वह कभी थक सकता है ! शहर का दामन आ गया। सड़क के दोनों

ओर अमीरों के बगीचे हैं। पक्की चारदीवारी बनी हुई है। पेड़ों में आम और लीचियाँ लगी हुई हैं। कभी-कभी कोई लड़का कँकड़ी उठाकर आम पर निशाना लगाता है। माली अन्दर से गाली देता हुआ निकलता है। लड़के वहाँ से एक फर्लांग पर हैं। खूब हँस रहे हैं। माली को कैसे उल्लू बनाया है।

बड़ी-बड़ी इमारतें आने लगीं; यह अदालत है, यह कालेज है, यह क्लब-घर है। इतने बड़े कालेज में कितने लड़के पढ़ते होंगे ? सब लड़के नहीं हैं जी ! बड़े-बड़े आदमी हैं, सच उनकी बड़ी-बड़ी मूँछे हैं। इतने बड़े हो गये, अभी तक पढ़ने जाते हैं। न जाने कब तक पढ़ेंगे और क्या करेंगे इतना पढ़कर। हामिद के मदरसे में दो-तीन बड़े-बड़े लड़के हैं, बिलकुल तीन कौड़ी के, रोज़ मार खाते हैं, काम से जी चुराने वाले। इस जगह भी उसी तरह के लोग होंगे और क्या। क्लब-घर में जादू होता है। सुना है, यहाँ मुरदे की खोपड़ियाँ दौड़ती हैं। और बड़े-बड़े तमाशे होते हैं, पर किसी को अन्दर नहीं जाने देते। और यहाँ शाम को साहब लोग खेलते हैं। बड़े-बड़े आदमी खेलते हैं, मूँछों दाढ़ीवाले और मेमें खेलती हैं, सच ! हमारी अम्माँ को वह दे दो, क्या नाम है, बैठ, तो उसे पकड़ ही न सकें। घुमाते ही लुढ़क न जायँ।

महमूद ने कहा—हमारी अम्मीजान का तो हाथ काँपने लगे, अल्ला कसम।

मोहसिन बोला—अम्मी मनों आटा पीस डालती हैं। ज़रा-सा बैठ पकड़ लेंगी, तो हाथ काँपने लगें। सैकड़ों घड़े पानी रोज़ निकालती हैं। पाँच घड़े तो मेरी भैंस पी जाती है। किसी मेम को एक घड़ा पानी भरना पड़े तो आँखों तले अँधेरा आ जाय।

महमूद—लेकिन दौड़ती तो नहीं, उछल-कूद तो नहीं सकतीं।

मोहसिन—हाँ, उछल-कूद नहीं सकतीं; लेकिन उस दिन मेरी गाय खुल गयी थी और चौधरी के खेत में जा पड़ी थी, तो अम्माँ इतनी तेज दौड़ी कि मैं उन्हें न पा सका, सच ?

आगे चले। हलवाइयों की दुकानें शुरू हुईं। आज खूब सजी हुई थीं। इतनी मिठाइयाँ कौन खाता है। देखो न, एक-एक दुकान पर मनों होंगी। सुना है, रात को जिन्नात आकर खरीद ले जाते हैं। अब्बा कहते थे कि आधी रात को एक आदमी हर दुकान पर जाता है और जितना माल बचा होता है, वह तुलवा लेता है और सचमुच के रुपये देता है, बिल्कुल ऐसे ही रुपये।

हामिद को यकीन न आया—ऐसे रुपये जिन्नात को कहाँ से मिल जायेंगे ?

मोहसिन ने कहा—जिन्नात को रुपये की क्या कमी ? जिस खजाने में चाहें, चले जायँ। लोहे के दरवाजे तक उन्हें नहीं रोक सकते जनाब, आप हैं किस फेर में। हीरे-जवाहरात तक उनके पास रहते हैं, जिससे खुश हो गये, उसे टोकरों जवाहरात दे दिये। अभी यहीं बैठे हैं, पाँच मिनट में कहो कलकत्ता पहुँच जायँ।

हामिद ने फिर पूछा—जिन्नात बहुत बड़े-बड़े होते होंगे ?

मोहसिन—एक-एक आसमान के बराबर होता है जी। जमीन पर खड़ा हो जाय तो उसका सिर आसमान से जा लगे, मगर चाहें तो एक लोटे में घुस जायँ।

हामिद—लोग उन्हें खुश करते होंगे ? कोई मुझे वह मन्तर बता दे, तो एक जिन्न को खुश कर लूँ।

मोहसिन—अब यह तो मैं नहीं जानता, लेकिन चौधरी साहब के काबू में बहुत से जिन्नात हैं। कोई चीज चोरी जाय, चौधरी साहब उसका पता लगा देंगे और चोर का नाम भी बता देंगे। जुमराती का बछवा उस दिन खो गया था। तीस दिन हैरान हुए, कहीं न मिला। तब झख मारकर चौधरी के पास गये। चौधरी ने तुरन्त बता दिया कि मवेशीखाने में है, और वहीं मिला। जिन्नात आकर उन्हें सारे जहान की खबरें दे जाते हैं।

अब उसकी समझ में आ गया कि चौधरी के पास क्यों इतना धन है, और क्यों उनका इतना सम्मान है।

आगे चले। यह पुलिस लाइन है। यहीं सब कानिसटिबल कवायत करते हैं। रैटन ! फाय फो ! रात को बेचारे घूम-घूमकर पहरा देते हैं, नहीं चोरियाँ हो जायँ। मोहसिन ने प्रतिवाद किया—यह कानिसटिबल पहरा देते हैं ? तभी तुम बहुत जानते हो। अजी हजरत, यही चोरी कराते हैं। शहर के जितने चोर डाकू हैं, सब इनसे मिले रहते हैं। रात को ये लोग चोरों से तो कहते हैं, चोरी करो और आप दूसरे मुहल्ले में जाकर 'जागते रहो ? पुकारते हैं। जभी इन लोगों के पास इतने रुपये आते हैं। मेरे मामूँ एक थाने में कानिसटिबल हैं। बीस रुपया महीना पाते हैं; लेकिन पचास रुपये घर भेजते हैं। अल्ला कसम ! मैंने एक बार पूछा था कि मामूँ, आप इतने रुपये कहाँ से पाते हैं ? हँसकर कहने लगे—बेटा, अल्लाह देता है। फिर आप ही बोले—हम लोग चाहें तो एक दिन में लाखों मार लायें। हम तो इतना ही लेते हैं, जिसमें अपनी बदनामी न हो और नौकरी न चली जाय।

हामिद ने पूछा—यह लोग चोरी करवाते हैं तो कोई इन्हें पकड़ता नहीं ?

मोहसिन उसकी नादानी पर दया दिखाकर बोला—अरे पागल, इन्हें कौन पकड़ेगा। पकड़ने-वाला तो यह खुद हैं; लेकिन अल्लाह इन्हें सजा भी खूब देता है। हराम का माल हराम में जाता है। थोड़े ही दिन हुए, मामूँ के घर में आग लग गयी। सारी लेई-पूँजी जल गयी। एक बरतन तक न बचा। कई दिन पेड़ के नीचे सोये, अल्ला कसम, पेड़ के नीचे। फिर न जाने कहाँ से एक सौ कर्ज लाये तो बरतन-भांडे आये।

हामिद—एक सौ तो पचास से ज्यादा होते हैं ?

'कहाँ पचास कहाँ एक सौ। पचास एक थैली-भर होता है। सौ तो दो थैलियों में भी न आवें।'

अब बस्ती घनी होने लगी थी। ईदगाह जानेवालों की टोलियाँ नजर आने लगीं। एक-से एक भड़कीले वस्त्र पहने हुए। कोई इक्के-ताँगे पर सवार, कोई मोटर पर, सभी इत्र में बसे; सभी के दिलों में उमंग। ग्रामीणों का यह छोटा-सा दल अपनी विपन्नता से बेखबर, सन्तोष और धैर्य में मगन चला जा रहा था। बच्चों के लिए नगर की सभी चीजें अनोखी थीं। जिस चीज की ओर ताकते, ताकते ही रह जाते। और पीछे से बार-बार हॉर्न

की आवाज होने पर भी न चेतते। हामिद तो मोटर के नीचे जाते-जाते बचा।

सहसा ईदगाह नजर आया। ऊपर इमली के घने वृक्षों की छाया। नीचे पक्का फर्श है, जिस पर जाजिम बिछा हुआ है। और रोजेदारों की पंक्तियाँ एक के पीछे एक न जाने कहाँ तक चली गयी हैं, पक्के जगत के नीचे तक, जहाँ जाजिम भी नहीं है। नये आनेवाले आकर पीछे की कतार में खड़े हो जाते हैं। आगे जगह नहीं है। यहाँ कोई धन और पद नहीं देखता। इस्लाम की निगाह में सब बराबर हैं। इन ग्रामीणों ने भी वजू किया और पिछली पंक्ति में खड़े हो गये। कितना सुन्दर संचालन है, कितनी सुन्दर व्यवस्था ! लाखों सिर एक साथ सिजदे में झुक जाते हैं, फिर सब-के-सब एक साथ खड़े हो जाते हैं, एक साथ झुकते हैं और एक साथ घुटनों के बल बैठ जाते हैं। कई बार यही क्रिया होती है, जैसे बिजली की लाखों बत्तियाँ एक साथ प्रदीप्त हों और एक साथ बुझ जायँ, और यही क्रम चलता रहा। कितना अपूर्व दृश्य था, जिसकी सामूहिक क्रियाएँ, विस्तार और अनन्तता हृदय को श्रद्धा, गर्व और आत्मानन्द से भर देती थी, मानों भ्रातृत्व का एक सूत्र इन समस्त आत्माओं को एक लड़ी में पिरोये हुए है।

2

नमाज खत्म हो गयी है। लोग आपस में गले मिल रहे हैं। तब मिठाई और खिलौने की दुकानों पर धावा होता है। ग्रामीणों का यह दल इस विषय में बालकों से कम उत्साही नहीं है। यह देखो, हिंडोला है। एक पैसा देकर चढ़ जाओ। कभी आसमान पर जाते हुए मालूम होंगे, कभी जमीन पर गिरते हुए। यह चर्खी है, लकड़ी के हाथी, घोड़े, ऊँट छड़ों से लटके हुए हैं। एक पैसा देकर बैठ जाओ और पच्चीस चक्करों का मजा लो। महमूद और मोहसिन और नूरे और सम्मी इन घोड़ों और ऊँटों पर बैठते हैं। हामिद दूर खड़ा है। तीन ही पैसे तो उसके पास हैं। अपने कोष का तिहाई जरा-सा चक्कर खाने के लिए नहीं दे सकता।

सब चर्खियों से उतरते हैं। अब खिलौने लेंगे। इधर दुकानों की कतार लगी हुई है। तरह-तरह के खिलौने हैं—सिपाही और गुजरिया, राजा और वकील, भिश्ती और धोबिन और साधू। वाह ! कितने सुन्दर खिलौने हैं। अब बोला ही चाहते हैं। महमूद सिपाही लेता है, खाकी वर्दी और लाल पगड़ीवाला, कन्धे पर बन्दूक रखे हुए। मालूम होता है, अभी कवायद किये चला आ रहा है। मोहसिन को भिश्ती पसन्द आया। कमर झुकी है, ऊपर मशक रखे हुए है। मशक का मुँह एक हाथ से पकड़े हुए है। कितना प्रसन्न है। शायद कोई गीत गा रहा है। बस, मशक से पानी उँड़ेला ही चाहता है। नूरे को वकील से प्रेम है। कैसी विद्वता है उसके मुख पर ! काला चोगा, नीचे सफेद अचकन, अचकन के सामने की जेब में घड़ी, सुनहरी जंजीर, एक हाथ में कानून का पोथा लिए हुए। मालूम होता है, अभी किसी अदालत से जिरह या बहस किये चले आ रहे हैं। यह सब दो-दो पैसे के खिलौने हैं। हामिद के पास कुल तीन पैसे हैं; इतने मँहगे खिलौने वह कैसे ले ? खिलौना कहीं हाथ से छूट पड़े, तो चूर-चूर हो जाय। जरा

पानी पड़े तो सारा रंग धुल जाय। ऐसे खिलौने लेकर वह क्या करेगा; किस काम के !

मोहसिन—मेरा भिश्ती रोज पानी दे जायगा; साँझ-सबेरे।

महमूद—और मेरा सिपाही घर पर पहरा देगा। कोई चोर आवेगा, तो फौरन बन्दूक से फैर कर देगा !

नूरे—और मेरा वकील खूब मुकदमा लड़ेगा।

सम्मी—और मेरी धोबिन रोज कपड़े धोयेगी।

हामिद खिलौने की निन्दा करता है—मिट्टी ही के तो हैं, गिरें तो चकनाचूर हो जायँ, लेकिन ललचाई हुई आँखों से खिलौनों को देख रहा है और चाहता है कि जरा देर के लिए उन्हें हाथ में ले सकता। उसके हाथ अनायास ही लपकते हैं : लेकिन लड़के इतने त्यागी नहीं होते, विशेषकर जब अभी नया शौक है। हामिद ललचाता रह जाता है।

खिलौने के बाद मिठाइयाँ आती हैं। किसी ने रेवड़ियाँ ली हैं, किसी ने गुलाबजामुन, किसी ने सोहन हलुआ। मजे से खा रहे हैं। हामिद उनकी बिरादरी से पृथक हैं। अभागे के पास तीन पैसे हैं। क्यों नहीं कुछ लेकर खाता ? ललचायी आँखों से सबकी ओर देखता है।

मोहसिन कहता है—हामिद, रेवड़ी ले जा, कितनी खुशबूदार है।

हामिद को सन्देह हुआ, यह केवल क्रूर विनोद है, मोहसिन इतना उदार नहीं हैं; लेकिन यह जानकर भी वह उसके पास जाता है। मोहसिन दोने से एक रेवड़ी निकालकर हामिद की ओर बढ़ाता है। हामिद हाथ फैलाता है। मोहसिन रेवड़ी अपने मुँह में रख लेता है। महमूद, नूरे और सम्मी खूब तालियाँ बजा-बजाकर हँसते हैं। हामिद खिसिया जाता है।

मोहसिन—अच्छा, अबकी जरूर देंगे हामिद, अल्ला कसम, ले जाव।

हामिद—रखे रहो। क्या मेरे पास पैसे नहीं हैं ?

सम्मी—तीन ही पैसे तो हैं। तीन पैसे में क्या-क्या लोगे ?

महमूद—हमसे गुलाबजामुन ले जाव हामिद। मोहसिन बदमाश है।

हामिद—मिठाई कौन बड़ी नेमत है। किताब में इसकी कितनी बुराइयाँ लिखी हैं।

मोहसिन—लेकिन दिल में कह रहे होंगे कि मिले तो खा लें। अपने पैसे क्यों नहीं निकालते ?

महमूद—हम समझते हैं इसकी चालाकी। जब हमारे सारे पैसे खर्च हो जायेंगे, तो हमें ललचा-ललचाकर खायगा।

मिठाइयों के बाद कुछ दुकानें लोहे की चीजों की हैं। कुछ गिलट और कुछ नकली गहनों की। लड़कों के लिए यहाँ कोई आकर्षण न था। वह सब आगे बढ़ जाते हैं। हामिद लोहे की दुकान पर रुक जाता है। कई चिमटे रखे हुए थे। उसे खयाल आया, दादी के पास चिमटा नहीं है। तवे से रोटियाँ उतारती है, तो हाथ जल जाता है; अगर वह चिमटा ले जाकर दादी को दे दे, तो वह कितनी प्रसन्न होंगी ? फिर उनकी उँगलियाँ

कभी न जलेंगी। घर में एक काम की चीज हो जायगी। खिलौने से क्या फायदा। व्यर्थ में पैसे खराब होते हैं। जरा देर ही तो खुशी होती है। फिर तो खिलौनों को कोई आँख उठा कर नहीं देखता। या तो घर पहुँचते-पहुँचते टूट-फूट बराबर हो जायेंगे, या छोटे बच्चे जो मेले में नहीं आए हैं, ज़िद करके ले लेंगे और तोड़ डालेंगे। चिमटा कितने काम की चीज है। रोटियाँ तवे से उतर लो चूल्हें में सेंक लो। कोई आग माँगने आवे तो चटपट चूल्हे से आग निकालकर उसे दे दो। अम्माँ बेचारी को कहाँ फुर्सत है कि बाजार आयें, और इतने पैसे ही कहाँ मिलते हैं। रोज हाथ जला लेती हैं। हामिद के साथी आगे बढ़ गये। सबील पर सब-के-सब शर्बत पी रहे हैं। देखो, सब कितने लालची हैं। इतनी मिठाइयाँ लीं, मुझे किसी ने एक भी न दी। उस पर कहते हैं, मेरे साथ खेलो। मेरा यह काम करो। अब अगर किसी ने कोई काम करने को कहा, तो पूछूँगा। खायें मिठाइयाँ, आप मुँह सड़ेगा, फोड़े-फुन्सियाँ निकलेंगी, आप ही जबान चटोरी हो जायगी। तब घर के पैसे चुरायेंगे और मार खायेंगे। किताब में झूठी बातें थोड़े ही लिखी हैं। मेरी ज़बान क्यों खराब होगी ? अम्मा चिमटा देखते ही दौड़कर मेरे हाथ से ले लेंगी और कहेंगी—मेरा बच्चा अम्माँ के लिए चिमटा लाया है ! हजारों दुआएँ देंगी। फिर पड़ोस की औरतों को दिखायेंगी। सारे गाँव में चरचा होने लगेगी, हामिद चिमटा लाया है, कितना अच्छा लड़का है। इन लोगों के खिलौनों पर कौन इन्हें दुआएँ देगा। बड़ों की दुआएँ सीधे अल्लाह के दरबार में पहुँचती हैं, और तुरन्त सुनी जाती हैं। मेरे पास पैसे नहीं हैं। तभी तो मोहसिन और महमूद यों मिजाज दिखाते हैं। मैं भी इनसे मिजाज दिखाऊँगा। खेलें खिलौने और खायें मिठाइयाँ। मैं नहीं खेलता खिलौने, किसी का मिजाज क्यों सहूँ। मैं गरीब सही, किसी से कुछ माँगने तो नहीं जाता। आखिर अब्बाजान कभी-न-कभी आयेंगे। अम्माँ भी आयेंगी ही। फिर इन लोगों से पूछूँगा कितने खिलौने लोगे? एक-एक को टोकरियों खिलौने दूँ और दिखा दूँ कि दोस्तों के साथ इस तरह सलूक किया जाता है। यह नहीं कि एक पैसे की रेवड़ियाँ लीं तो चिढ़ा-चिढ़ाकर खाने लगे। सब-के-सब खूब हँसेंगे कि हामिद ने चिमटा लिया है। हँसें। मेरी बला से। उसने दुकानदार से पूछा—यह चिमटा कितने का है ?

दुकानदार ने उसकी ओर देखा और कोई आदमी साथ न देखकर कहा—यह तुम्हारे काम का नहीं है जी ?

'बिकाऊ क्यों नही हैं। और यहाँ क्यों लाद लाये हैं ?'

'बिकाऊ है, क्यों नहीं ?'

'तो बताते क्यों नहीं, कै पैसे का है ?'

'छै पैसे लगेंगे।'

हामिद का दिल बैठ गया।

'ठीक-ठीक पाँच पैसे लगेंगे, लेना हो लो, नहीं चलते बनो।'

हामिद ने कलेजा मजबूत करके कहा—तीन पैसे लोगे ?

यह कहता हुआ वह आगे बढ़ गया कि दुकानदार की घुड़कियाँ न सुने। लेकिन

दुकानदार ने घुड़कियाँ नहीं दीं। बुलाकर चिमटा दे दिया। हामिद ने उसे इस तरह कन्धे पर रखा, मानो बन्दूक है और शान से अकड़ता हुआ संगियों के पास आया। जरा सुनें, सब-के-सब क्या-क्या आलोचनाएँ करते हैं।

मोहसिन ने हँसकर कहा—यह चिमटा क्यों लाया पगले; इसे क्या करेगा ? हामिद ने चिमटे को जमीन पर पटकर कहा —जरा अपना भिश्ती जमीन पर गिरा दो। सारी पसलियाँ चूर-चूर हो जायँ बच्चा की।

महमूद बोला— तो यह चिमटा कोई खिलौना है ?

हामिद—खिलौना क्यों नहीं। अभी कन्धे पर रखा, बन्दूक हो गयी। हाथ में लिया, फकीरों का चिमटा हो गया। चाहूँ तो इससे मजीरे का काम ले सकता हूँ। एक चिमटा जमा दूँ तो तुम लोगों के सोर खिलौनों की जान निकल जाय। तुम्हारे खिलौने कितना ही जोर लगावें, वे मेरे चिमटे का बाल भी बाँका नहीं कर सकते। मेरा बहादुर शेर है—चिमटा।

सम्मी ने खँजरी ली थी। प्रभावित होकर बोला—मेरी खँजरी से बदलोगे ? दो आने की है।

हामिद ने खँजरी की ओर उपेक्षा से देखा—मेरा चिमटा चाहे तो तुम्हारी खँजरी का पेट फाड़ डाले। बस, एक चमड़े की झिल्ली लगा दी, ढब-ढब बोलने लगी। जरा-सा पानी लग जाय तो खतम हो जाय। मेरा बहादुर चिमटा आग में, पानी में, तूफान में बराबर डटा खड़ा रहेगा।

चिमटे ने सभी को मोहित कर लिया; लेकिन अब पैसे किसके पास धरे हैं ! फिर मेले से दूर निकल आये हैं, नौ कब के बज गये, धूप तेज हो रही है। घर पहुँचने की जल्दी हो रही है। बाप से जिद भी करें, तो चिमटा नहीं मिल सकता है। हामिद है बड़ा चालाक। इसीलिए बदमाश ने अपने पैसे बचा रखे थे !

अब बालकों के दो दल हो गये हैं। मोहसिन, महमूद, सम्मी और नूर एक तरफ हैं। हामिद अकेला दूसरी तरफ। शास्त्रार्थ हो रहा है। सम्मी तो विधर्मी हो गया। दूसरे पक्ष से जा मिला; लेकिन मोहसिन, महमूद और नूरे भी, हामिद से एक-एक, दो-दो साल बड़े होने पर भी हामिद के आघातों से आंतकित हो उठे हैं। उसके पास न्याय का बल है और नीति की शक्ति। एक ओर मिट्टी है, दूसरी ओर लोहा, जो इस वक्त अपने को फौलाद कह रहा है। वह अजेय है, घातक है। अगर कोई शेर आ जाय, तो मियाँ भिश्ती के छक्के छूट जायँ, मियाँ सिपाही मिट्टी की बन्दूक छोड़कर भागें, वकील साहब की नानी मर जाय, चुगे में मुँह छिपाकर जमीन पर लेट जायँ। मगर यह चिमटा, यह बहादुर, यह रुस्तमे-हिन्द लपककर शेर की गरदन पर सवार हो जायगा और उसकी आँखें निकाल लेगा।

मोहसिन ने एड़ी-चोटी का जोर लगाकर कहा—अच्छा, पानी तो नहीं भर सकता।

हामिद ने चिमटे को सीधा खड़ा करके कहा—भिश्ती को एक डाँट बतायेगा, तो दौड़ा हुआ पानी लाकर उसके द्वार पर छिड़कने लगेगा।

मोहसिन परास्त हो गया ; पर महमूद ने कुमक पहुँचाई—अगर बच्चा पकड़ा जाये तो अदालत में बँधे-बँधे फिरेंगे। तब तो वकील साहब के ही पैरों पड़ेंगे।

हामिद इस प्रबल तर्क का जवाब न दे सका। उसने पूछा—हमें पकड़ने कौन आयेगा ?

नूरे ने अकड़कर कहा—यह सिपाही बन्दूक वाला।

हामिद ने मुँह चिढ़ाकर कहा—यह बेचारे हम बहादुर रुस्तमे-हिन्द को पकड़ेंगे ! अच्छा लाओ, अभी जरा कुश्ती हो जाय। इसकी सूरत देखकर दूर से भागेंगे। पकड़ेंगे क्या बेचारे !

मोहसिन को एक नयी चोट सूझ गयी—तुम्हारे चिमटे का मुँह रोज आग में चलेगा।

उसने समझा था कि हामिद लाजवाब हो जायगा; लेकिन यह बात न हुई। हामिद ने तुरन्त जवाब दिया—आग में बहादुर ही कूदते हैं जनाब, तुम्हारे यह वकील, सिपाही और भिश्ती लौंडियों की तरह घर में घुस जायँगे। आग में कूदना वह काम है, जो रुस्तमे-हिन्द ही कर सकता है।

महमूद ने एक जोर लगाया—वकील साहब कुर्सी-मेज पर बैठेंगे, तुम्हारा चिमटा तो बावरचीखाने में जमीन पर खड़ा रहेगा।

इस तर्क ने सम्मी और नूरे को भी सजीव कर दिया। कितने ठिकाने की बात कही है पट्ठे ने। चिमटा बावरचीखाने में पड़े रहने के सिवा और क्या कर सकता है ?

हामिद को कोई फड़कता हुआ जवाब न सूझा तो उसने धाँधली शुरू की—मेरा चिमटा बावरचीखाने में नहीं रहेगा। वकील साहब कुरसी पर बैठेंगे तो जाकर उन्हें जमीन पर पटक देगा और उनका कानून उनके पेट में डाल देगा।

बात कुछ बनी नहीं। खासी गाली-गलौच थी; कानून को पेट में डालने वाली बात छा गयी। ऐसी छा गयी थी कि तीनों सूरमा मुँह ताकते रह गए, मानो कोई धेलचा कनकौआ किसी गण्डेवाले कनकौए को काट गया हो। कानून मुँह से बाहर निकलनेवाली चीज है। उसको पेट के अन्दर डाल दिया जावे, बेतुकी-सी बात होने पर भी कुछ नयापन रखती है। हामिद ने मैदान मार लिया। उसका चिमटा रुस्तमे-हिन्द है। अब इसमें मोहसिन, महमूद, नूरे, सम्मी किसी को भी आपत्ति नहीं हो सकती।

विजेता को हारनेवालों से जो सत्कार मिलना स्वाभाविक है, वह हामिद को भी मिला। औरों ने तीन-तीन, चार-चार आने पैसे खर्च किये; पर कोई काम की चीज न ले सके। हामिद ने तीन पैसे में रंग जमा लिया। सच ही तो है, खिलौनों का क्या भरोसा ? टूट-फूट जायँगे। हामिद का चिमटा बना रहेगा बरसों !

सन्धि की शर्त तय होने लगी। मोहसिन ने कहा—जरा अपना चिमटा दो, हम भी देखें, तुम हमारा भिश्ती लेकर देखो।

महमूद और नूरे ने भी अपने-अपने खिलौने पेश किये।

हामिद को इन शर्तों के मानने में कोई आपत्ति न थी। चिमटा बारी-बारी से सबके हाथ में गया; और उनके खिलौने बारी-बारी से हामिद के हाथ में आये। कितने खूबसूरत खिलौने हैं !

हामिद ने हारनेवाले के आँसू पोंछे—मैं तुम्हें चिढ़ा रहा था, सच। यह लोहे का चिमटा भला इन खिलौनों की क्या बराबरी करेगा; मालूम होता है, अब बोले, अब बोले।

लेकिन मोहसिन की पार्टी को इस दिलासे से संतोष नहीं होता। चिमटे का सिक्का खूब बैठ गया है। चिपका हुआ टिकट अब पानी से नहीं छूट रहा है।

मोहसिन—लेकिन इन खिलौनों के लिए कोई हमें दुआ तो न देगा।

महमूद—दुआ को लिए फिरते हो। उलटे मार न पड़े। अम्माँ जरूर कहेंगी कि मेले में मिट्टी के खिलौने तुम्हें मिले ?

हामिद को स्वीकार करना पड़ा कि खिलौनों को देखकर किसी की माँ इतनी खुश न होंगी, जितनी दादी चिमटे को देखकर होंगी। तीन पैसों ही में तो उसे सब कुछ करना था, और उन पैसों के इस उपयोग पर पछतावे की बिलकुल जरूरत न थी। फिर अब तो चिमटा रुस्तमे-हिन्द है ओर सभी खिलौनों का बादशाह।

रास्ते में महमूद को भूख लगी। उसके बाप ने केले खाने को दिये। महमूद ने केवल हामिद को साझी बनाया। उसके अन्य मित्र मुँह ताकते रह गये। यह उस चिमटे का प्रसाद था।

3

ग्यारह बजे सारे गाँव में हलचल मच गयी। मेलेवाले आ गये। मोहसिन की छोटी बहन ने दौड़कर भिश्ती उसके हाथ से छीन लिया और मारे खुशी के जो उछली, तो मियाँ भिश्ती नीचे आ रहे और सुरलोक सिधारे। इस पर भाई-बहन में मार-पीट हुई। दोनों खूब रोये। उनकी अम्माँ यह शोर सुनकर बिगड़ीं और दोनों को ऊपर से दो-दो चाँटें और लगाये।

मियाँ नूरे के वकील का अन्त उसकी प्रतिष्ठानुकूल इससे ज्यादा गौरवमय हुआ। वकील जमीन पर या ताक पर तो नहीं बैठ सकता। उसकी मर्यादा का विचार तो करना ही होगा। दीवार में दो खूटियाँ गाड़ी गयीं। उन पर लकड़ी का एक पटरा रखा गया। पटरे पर कागज का कालीन बिछाया गया। वकील साहब राजा भोज की भाँति सिंहासन पर विराजे। नूरे ने उन्हें पंखा झलना शुरू किया। अदालतों में खस की टट्टियों और बिजली के पंखे रहते हैं। क्या यहाँ मामूली पंखा भी न हो। कानून की गर्मी दिमाग पर चढ़ जायगी कि नहीं। बाँस का पंखा आया और नूरे हवा करने लगे। मालूम नहीं, पंखे की हवा से या पंखे की चोट से वकील साहब स्वर्गलोक से मृत्युलोक में आ रहे और उनका माटी का चोला माटी में मिल गया। फिर बड़े-जोर-शोर से मातम हुआ और वकील साहब की अस्थि घूर पर डाल दी गयी।

अब रहा महमूद का सिपाही। उसे चटपट गाँव का पहरा देने का चार्ज मिल गया; लेकिन पुलिस का सिपाही कोई साधारण व्यक्ति तो था नहीं; जो अपने पैरों चले। वह पालकी पर चलेगा। एक टोकरी आयी, उसमें कुछ लाल रंग के फटे-पुराने चिथड़े बिछाये गये, जिसमें सिपाही साहब आराम से लेटें। नूरे ने यह टोकरी उठायी और अपने द्वार का चक्कर लगाने लगे। उनके दोनों छोटे भाई सिपाही की तरफ से 'छोनेवाले',

जागते लहो' पुकारते चलते हैं। मगर रात तो अँधेरी ही होनी चाहिए। महमूद को ठोकर लग जाती है। टोकरी उसके हाथ से छूटकर गिर पड़ती है और मियाँ सिपाही अपनी बन्दूक लिये जमीन पर आ जाते हैं और उनकी एक टाँग में विकार आ जाता है। महमूद को आज ज्ञात हुआ कि वह अच्छा डाक्टर है। उसको ऐसा मरहम मिल गया है, जिससे वह टूटी टाँग को आनन-फानन जोड़ सकते हैं। केवल गूलर का दूध चाहिए। गूलर का दूध आता है। टाँग जोड़ दी जाती है; लेकिन सिपाही को ज्योंही खड़ा किया जाता है, टाँग जवाब दे जाती है। शल्यक्रिया असफल हुई, तब उसकी दूसरी टाँग भी तोड़ दी जाती है। अब कम-से-कम एक जगह आराम से बैठ तो सकता है। एक टाँग से तो न चल सकता था न बैठ सकता था। अब वह सिपाही सन्यासी हो गया है। अपनी जगह पर बैठा-बैठा पहरा देता है। कभी-कभी देवता भी बन जाता है। उसके सिर का झालरदार साफा खुरच दिया गया है। अब उसका जितना रूपान्तर चाहो, कर सकते हो। कभी-कभी तो उससे बाट का काम भी लिया जाता है।

अब मियाँ हामिद का हाल सुनिए। अमीना उसकी आवाज सुनते ही दौड़ी और उसे गोद में उठाकर प्यार करने लगी। सहसा उसके हाथ में चिमटा देखकर वह चौंकी।

'यह चिमटा कहाँ था ?'

'मैंने मोल लिया है।'

'कै पैसे में ?'

'तीन पैसे दिये।'

अमीना ने छाती पीट ली। यह कैसा बेसमझ लड़का है कि दो पहर हुआ, कुछ खाया न पिया। लाया क्या यह चिमटा ! सारे मेले में तुझे और कोई चीज न मिली, जो यह लोहे का चिमटा उठा लाया।

हामिद ने अपराधी भाव से कहा—तुम्हारी उँगलियाँ तवे से जल जाती थीं, इसलिए मैंने इसे ले लिया।

बुढ़िया का क्रोध तुरन्त स्नेह में बदल गया, और स्नेह भी वह नहीं, जो प्रगल्भ होता है और अपनी सारी कसक शब्दों में बिखेर देता है। यह मूक स्नेह था, खूब ठोस, रस और स्वाद से भरा हुआ। बच्चे में कितना त्याग, कितना सद्भाव और कितना विवेक है ! दूसरों को खिलौने लेते और मिठाई खाते देखकर उसका मन कितना ललचाया होगा। इतना जब्त इससे हुआ कैसे ? वहाँ भी उसे अपनी बुढ़िया दादी की याद बनी रही। अमीना का मन गद्‌गद् हो गया।

और अब एक बड़ी विचित्र बात हुई। हामिद के इस चिमटे से भी विचित्र। बच्चे हामिद ने बूढ़े हामिद का पार्ट खेला था। बुढ़िया अमीना बालिका अमीना बन गयी। वह रोने लगी। दामन फैलाकर हामिद को दुआएँ देती जाती थी और आँसू की बड़ी-बड़ी बूँदें गिराती जाती थी। हामिद इसका रहस्य क्या समझता !

❐

नशा

प्रथम प्रकाशन हिन्दी मासिक 'चाँद' फरवरी 1934 में

1

ईश्वरी एक बड़े जमींदार का लड़का था और मैं एक गरीब क्लर्क का, जिसके पास मेहनत मजूरी के सिवा और कोई जायदाद न थी। हम दोनों में परस्पर बहसें होती रहती थीं। मैं जमींदारों की बुराई करता, उन्हें हिंसक पशु और खून चूसने वाली जोंक और वृक्षों की चोटी पर फूलनेवाला बंझा कहता। वह जमींदारों का पक्ष लेता; पर स्वभावतः उसका पहलू कुछ कमजोर होता था, क्योंकि उसके पास जमींदारों के अनुकूल कोई दलील न थी। यह कहना कि सभी मनुष्य बराबर नहीं होते, छोटे-बड़े हमेशा होते रहते हैं और होते रहेंगे, लचर दलील थी। किसी मानुषीय या नैतिक नियम से इस व्यवस्था का औचित्य सिद्ध करना कठिन था। मैं इस वाद-विवाद की गर्मा-गर्मी में अक्सर तेज हो जाता और लगनेवाली बातें कह जाता; लेकिन ईश्वरी हारकर भी मुस्कराता रहता था। मैंने उसे कभी गर्म होते नहीं देखा। शायद इसका कारण यह था कि वह अपने पक्ष की कमजोरी समझता था। नौकरों से वह सीधे मुँह बात न करता था। अमीरों में जो एक बेदर्दी और उद्दण्डता होती है, उसका उसे भी प्रचुर भाग मिला था। नौकर ने बिस्तर लगाने में जरा भी देर की, दूध जरूरत से ज्यादा गर्म या ठंडा हुआ; साइकिल अच्छी तरह साफ नहीं हुई, तो वह आपे से बाहर हो जाता। सुस्ती बदतमीजी उसे जरा भी बर्दाश्त न थी, पर दोस्तों से और विशेषकर मुझसे उसका व्यवहार सौहार्द्र और नम्रता से भरा होता था। शायद उसकी जगह मैं होता, तो मुझमें भी वही कठोरताएँ पैदा हो जातीं; जो उसमें थीं; क्योंकि मेरा लोक-प्रेम सिद्धान्तों पर नहीं, निजी दशाओं पर टिका हुआ था; लेकिन वह मेरी जगह होकर भी शायद अमीर ही रहता, क्योंकि वह प्रकृति से ही विलासी और ऐश्वर्य-प्रिय था।

अबकी दशहरे की छुट्टियों में मैंने निश्चय किया कि घर न जाऊँगा। मेरे पास किराये के लिए रुपये न थे और न मैं घरवालों को तकलीफ देना चाहता था। मैं जानता हूँ वे मुझे जो कुछ देते हैं वह उनकी हैसियत से बहुत ज्यादा है। इसके साथ ही परीक्षा का भी खयाल था। अभी बहुत-कुछ पढ़ना बाकी था और घर जाकर कौन पढ़ता है। बोर्डिंग हाउस में भूत की तरह अकेले पड़े रहने को भी जी न चाहता था। लेकिन जब ईश्वरी ने मुझे अपने घर चलने का नेवता दिया, तो मैं बिना आग्रह के राजी हो गया। ईश्वरी के साथ परीक्षा की तैयारी खूब हो जायगी। वह अमीर होकर भी मेहनती और

जहीन है।

उसने इसके साथ ही कहा—लेकिन भाई एक बात का खयाल रखना। वहाँ अगर जमींदारों की निन्दा की तो मुआमिला बिगड़ जायगा और मेरे घरवालों को बुरा लगेगा। वह लोग तो असामियों पर इसी दावे से शासन करते हैं कि ईश्वर ने असामियों को उनकी सेवा के लिए पैदा किया है। असामी भी यही समझता है। अगर उसे सुझा दिया जाय कि जमींदार और असामी में कोई मौलिक भेद नहीं है, तो जमींदारी का कहीं पता न लगे।

मैंने कहा—तो क्या तुम समझते हो कि मैं वहाँ जाकर कुछ और हो जाऊँगा ?

'हाँ मैं तो यही समझता हूँ।'

'तो तुम गलत समझते हो।'

ईश्वरी ने इसका कोई जवाब न दिया। कदाचित उसने इस मुआमले को मेरे विवेक पर छोड़ दिया और बहुत अच्छा किया। अगर वह अपनी बात पर अड़ता, तो मैं भी जिद पकड़ लेता।

2

सेकेण्ड क्लास तो क्या मैंने कभी इण्टर क्लास में भी सफर न किया था। अबकी सेकेण्ड क्लास में सफर करने का सौभाग्य प्राप्त हुआ। गाड़ी तो नौ बजे रात को आती थी, पर यात्रा के हर्ष में हम शाम को ही स्टेशन जा पहुँचे। कुछ देर इधर-उधर सैर करने के बाद रिफ्रेशमेण्ट रूम में जाकर हम लोगों ने भोजन किया। मेरी वेश-भूषा और रंग-ढंग से पारखी खानसामों को यह पहचानने में देर न लगी कि मालिक कौन है और पिछलग्गू कौन; लेकिन न जाने क्यों मुझे उनकी गुस्ताखी बुरी लग रही थी। पैसे ईश्वरी के जेब से गये। शायद मेरे पिता को जो वेतन मिलता है, उससे ज्यादा इन खानसामों को इनाम-एकराम में मिल जाता हो। एक अठन्नी तो चलते समय ईश्वरी ही ने दी। फिर भी मैं उन सबों से उसी तत्परता और विनय की प्रतीक्षा करता था, जिससे वे ईश्वरी की सेवा कर रहे थे ! ईश्वरी के हुक्म पर सब-के-सब क्यों दौड़ते हैं, लेकिन मैं कोई चीज माँगता हूँ तो इतना उत्साह नहीं दिखाते ? मुझे भोजन में कुछ स्वाद न मिला। वह भेद मेरे ध्यान को सम्पूर्ण रूप से अपनी ओर खींचे हुए था।

गाड़ी आयी, हम दोनों सवार हुए। खानसामों ने ईश्वरी को सलाम किया। मेरी ओर देखा भी नहीं।

ईश्वरी ने कहा—कितने तमीजदार हैं ये सब। एक हमारे नौकर हैं कि कोई काम करने का ढंग नहीं।

मैंने खट्टे मन से कहा—इसी तरह अगर तुम अपने नौकरों को भी आठ आने रोज इनाम दिया करो तो शायद इससे ज्यादा तमीजदार हो जायें।

'तो क्या तुम समझते हो, यह सब केवल इनाम के लालच से इतना अदब करते हैं ?'

'जी नहीं, कदापि नहीं। तमीज और अदब तो इनके रक्त में मिल गया है !

गाड़ी चली। डाक थी। प्रयाग से चली तो प्रतापगढ़ जाकर रुकी। एक आदमी ने हमारा कमरा खोला। मैं तुरन्त चिल्ला उठा—दूसरा दरजा है—सेकेण्ड क्लास है।

उस मुसाफिर ने डब्बे के अन्दर आकर मेरी ओर एक विचित्र उपेक्षा की दृष्टि से देखकर कहा—जी हाँ, सेवक भी इतना समझता है, और बीचवाले बर्थ पर बैठ गया। मुझे कितनी लज्जा आयी, कह नहीं सकता।

भोर होते-होते हम लोग मुरादाबाद पहुँचे। स्टेशन पर कई आदमी हमारा स्वागत करने के लिए खड़े थे। दो भद्र पुरुष थे। पाँच बेगार। बेगारों ने हमारा लगेज उठाया। दोनों भद्र पुरुष पीछे-पीछे चले। एक मुसलमान था, रियासत अली; दूसरा ब्राह्मण था, रामहरख। दोनों ने मेरी ओर अपरिचित नेत्रों से देखा, मानो कह रहे हैं, तुम कौवे होकर हंस के साथ कैसे ?

रियासत अली ने ईश्वरी से पूछा—यह बाबू साहब क्या आपके साथ पढ़ते हैं ?

ईश्वरी ने जवाब दिया—हाँ, साथ पढ़ते भी हैं, और साथ रहते भी हैं ? यों कहिए कि आप ही की बदौलत मैं इलाहाबाद पड़ा हुआ हूँ, नहीं कब का लखनऊ चला आया होता। अबकी मैं इन्हें घसीट लाया। इनके घर से कई तार आ चुके थे; मगर मैंने इन्कारी जवाब दिलवा दिये। आखिरी तार तो अर्जेण्ट था, जिसकी फीस चार आने प्रति शब्द है; पर यहाँ से भी उसका जवाब इन्कारी हो गया।

दोनों सज्जनों ने मेरी ओर चकित नेत्रों से देखा। आतंकित हो जाने की चेष्टा करते हुए जान पड़े।

रियासत अली ने अर्द्ध शंका के स्वर में कहा—लेकिन आप बड़े सादे लिबास में रहते हैं !

ईश्वरी ने शंका निवारण की—महात्मा गाँधी के भक्त हैं साहब ! खद्दर के सिवा कुछ पहनते ही नहीं। पुराने सारे कपड़े जला डाले ! यों कहो कि राजा हैं। ढाई लाख सालाना की रियासत है; पर आपकी मूरत देखो तो मालूम होता है, अभी अनाथालय से पकड़कर आये हैं।

रामहरख बोले—अमीरों का ऐसा स्वभाव बहुत कम देखने में आता है। कोई भाँप ही नहीं सकता।

रियासत अली ने समर्थन किया—आपने महाराज चाँगली को देखा होता, तो दाँतों उँगली दबाते। एक गाढ़े की मिर्जई और चमरौधे जूते पहने बाजारों में घूमा करते थे। सुनते हैं, एक बार बेगार में पकड़े गये थे और उन्हीं ने दस लाख से कालेज खोल दिया।

मैं मन में कटा जा रहा था; पर न जाने क्या बात थी कि वह सफेद झूठ उस वक्त मुझे हास्यास्पद न जान पड़ा। उसके प्रत्येक वाक्य के साथ मानो मैं उस कल्पित वैभव के समीपतर आता जाता था।

मैं शहसवार नहीं हूँ। हाँ, लकड़पन में कई बार लद्दू घोड़ों पर सवार हुआ हूँ। यहाँ देखा तो दो कलाँ-रास घोड़े हमारे लिए तैयार खड़े थे। मेरी तो जान ही निकल गयी। सवार तो हुआ; पर बोटियाँ काँप रही थीं। मैंने चेहरे पर शिकन न पड़ने दिया। घोड़े को ईश्वरी के पीछे डाल दिया। खैरियत यह हुई कि ईश्वरी ने घोड़े को तेज न किया, वरना शायद मैं हाथ-पाँव तुड़वाकर लौटता। सम्भव है, ईश्वरी ने समझ लिया हो कि वह कितने पानी में है।

3

ईश्वरी का घर क्या था, किला था। इमामबाड़े का-सा फाटक, द्वार पर पहरेदार टहलता हुआ, नौकरों का कोई हिसाब नहीं, एक हाथी बँधा हुआ। ईश्वरी ने अपने पिता, चाचा, ताऊ आदि सबसे मेरा परिचय कराया, और उसी अतिशयोक्ति के साथ। ऐसी हवा बाँधी कि कुछ न पूछिए। नौकर-चाकर ही नहीं, घर के लोग भी मेरा सम्मान करने लगे। देहात के जमींदार, लाखों का मुनाफा, मगर पुलिस कान्सटेबिल को भी अफसर समझने वाले। कई महाशय तो मुझे हुजूर-हुजूर कहने लगे।

जब जरा एकान्त हुआ, तो मैंने ईश्वरी से कहा—'तुम बड़े शैतान हो यार, मेरी मिट्टी क्यों पलीद कर रहे हो ?'

ईश्वरी ने सुदृढ़ मुस्कान के साथ कहा—इन गधों के सामने यही चाल जरूरी थी; वरना सीधे मुँह बोलते भी नहीं।

जरा देर बाद एक नाई हमारे पाँव दबाने आया। कुँवर लोग स्टेशन से आये हैं, थक गए होंगे। ईश्वरी ने मेरी ओर इशारा करके कहा—पहले कुँवर साहब के पाँव दबा।

मैं चारपाई पर लेटा हुआ था। मेरे जीवन में ऐसा शायद ही कभी हुआ हो कि किसी ने मेरे पाँव दबाये हों। मैं इसे अमीरों के चोंचले, रईसों का गधापन और बड़े आदमियों की मुटमरदी और जाने क्या-क्या कहकर ईश्वरी का परिहास किया करता और आज मैं पोतड़ों का रईस बनने का स्वाँग भर रहा था।

इतने में दस बज गये। पुरानी सभ्यता के लोग थे। नयी रोशनी अभी केवल पहाड़ की चोटी तक पहुँच पायी थी। अन्दर से भोजन का बुलावा आया। हम स्नान करने चले। मैं हमेशा अपनी धोती खुद छाँट लिया करता हूँ; मगर यहाँ मैंने ईश्वरी की ही भाँति अपनी धोती भी छोड़ दी। अपने हाथों अपनी धोती छाँटते शर्म आ रही थी। अन्दर भोजन करने चले। होटल में जूते पहने मेज पर डटते थे। यहाँ पाँव धोना आवश्यक था। कहार पानी लिये खड़ा था। ईश्वरी ने पाँव बढ़ा दिये। कहार ने उसके पाँव धोये। मैंने भी पाँव बढ़ा दिये। कहार ने मेरे पाँव भी धोये। मेरा वह विचार न जाने कहाँ चला गया था।

4

सोचा था, वहाँ देहात में एकाग्र होकर खूब पढ़ेंगे; पर यहाँ सारा दिन सैर-सपाटे में कट

जाता था। कहीं नदी के बजरे पर सैर कर रहे हैं; कहीं मछलियों या चिड़ियों का शिकार खेल रहे हैं, कहीं पहलवानों की कुश्ती देख रहे हैं, कहीं शतरंज पर जमे हैं। ईश्वरी खूब अण्डे मँगवाता और कमरे में 'स्टोव' पर आमलेट बनते। नौकरों का एक जत्था हमेशा घेरे रहता। अपने हाथ-पाँव को हिलाने की कोई जरूरत नहीं। केवल एक जबान हिला देना काफी है। नहाने बैठे तो आदमी नहलाने को हाजिर, लेटे तो आदमी पंखा झलने को खड़े। मैं महात्मा गाँधी का कुँअर-चेला मशहूर था। भीतर से बाहर तक मेरी धाक थी। नाश्ते में जरा भी देर न होने पाये, कहीं कुँअर साहब नाराज न हो जाएँ, बिछावन ठीक समय पर लग जाय, कुँअर साहब के सोने का समय आ गया। मैं ईश्वरी से भी ज्यादा नाजुक दिमाग बन गया था, या बनने पर मजबूर किया गया था। ईश्वरी अपने हाथ से बिस्तर बिछा ले; लेकिन कुँअर मेहमान अपने हाथों से कैसे अपना बिछावन बिछा सकते हैं ! उनकी महानता में बट्टा लग जायगा।

एक दिन सचमुच यही बात हो गई। ईश्वरी घर में थे। शायद अपनी माता से कुछ बातचीत करने में देर हो गई। यहाँ दस बज गये। मेरी आँखें नींद से झपक रही थीं; मगर बिस्तर कैसे लगाऊँ ? कुँअर जो ठहरा। कोई साढ़े ग्यारह बजे महरा आया। बड़ा मुँहलगा नौकर था। घर के धन्धों में मेरा बिस्तर लगाने की उसे सुधि ही न रही। अब जो याद आई, तो भागा हुआ आया। मैंने ऐसी डाँट बताई कि उसने भी याद किया होगा।

ईश्वरी मेरी डाँट सुनकर बाहर निकल आया और बोला–तुमने बहुत अच्छा किया। यह सब हरामखोर इसी व्यवहार के योग्य हैं।

इसी तरह ईश्वरी एक दिन एक जगह दावत में गया हुआ था। शाम हो गई; पर लैम्प न जला। लैम्प मेज पर रखा हुआ था। दियासलाई भी वहीं थी; लेकिन ईश्वरी खुद कभी लैम्प नहीं जलाता। फिर कुँअर साहब कैसे जलायें ? मैं झुँझला रहा था। समाचार-पत्र आया रखा हुआ था। जी उधर लगा हुआ था; पर लैम्प नदारत। दैवयोग उसी वक्त मुंशी रियासत अली आ निकले। मैं उन्हीं पर उबल पड़ा। ऐसी फटकार बताई कि बेचारा उल्लू हो गया–तुम लोगों को इतनी फिक्र भी नहीं कि लैम्प जलवा दो ! मालूम नहीं, ऐसे कामचोर आदमियों का यहाँ कैसे गुजर होता है। मेरे यहाँ घंटे भर निर्वाह न हो। रियासत अली ने काँपते हुए हाथों से लैम्प जला दिया।

वहाँ एक ठाकुर अक्सर आया करता था। कुछ मनचला आदमी था, महात्मा गाँधी का परम भक्त। मुझे महात्मा जी का चेला समझ कर मेरा लिहाज करता था; पर मुझसे कुछ पूछते संकोच करता था। एक दिन मुझे अकेला देखकर आया और हाथ बाँधकर बोला–सरकार तो गाँधी बाबा के चेले हैं न ? लोग कहते हैं कि यहाँ सुराज हो जायगा तो जमींदार न रहेंगे।

मैंने शान जमाई–जमींदारों के रहने की जरूरत ही क्या है ? यह लोग गरीबों का खून चूसने के सिवा और क्या करते हैं ?

ठाकुर ने फिर पूछा—तो क्या सरकार, सब जमींदारों की जमीन छीन ली जायगी ?

मैंने कहा—बहुत से लोग खुशी से दे देंगे। जो लोग खुशी से न देंगे उनकी जमीन छीननी ही पड़ेगी। हम लोग तो तैयार बैठे हुए हैं। ज्योंही स्वराज्य हुआ, अपने सारे इलाके असामियों के नाम हिब्बा कर देंगे।

मैं कुरसी पर पाँव लटकाये बैठा था। ठाकुर मेरे पाँव दबाने लगा। फिर बोला—आजकल जमींदार लोग बड़ा जुलुम करते हैं सरकार ! हमें भी हुजूर अपने इलाके में थोड़ी-सी जमीन दे दें ; तो चलकर वहीं आपकी सेवा में रहें।

मैंने कहा—अभी तो मेरा कोई अख्तियार नहीं है भाई, लेकिन ज्योंही अख्तियार मिला, मैं सबसे पहले तुम्हें बुलाऊँगा। तुम्हें मोटर-ड्राइवरी सिखाकर अपना ड्राइवर बना लूँगा।

सुना, उस दिन ठाकुर ने खूब भंग पी और अपनी स्त्री को खूब पीटा और गाँव के महाजन से लड़ने पर तैयार हो गया।

5

छुट्टी इस तरह तमाम हुई और हम फिर प्रयाग चले। गाँव के बहुत से लोग हम लोगों को पहुँचाने आये। ठाकुर तो हमारे साथ स्टेशन तक आया। मैंने भी अपना पार्ट खूब सफाई से खेला और अपनी कुबेरोचित विनय और देवत्व की मुहर हरेक हृदय पर लगा दी। जी तो चाहता था, हरेक को अच्छा इनाम दूँ, लेकिन यह सामर्थ्य कहाँ थी ? वापसी टिकट था ही, केवल गाड़ी में बैठना था; पर गाड़ी आयी तो ठसाठस भरी हुई। दुर्गा पूजा की छुट्टियाँ भोगकर सभी लोग लौट रहे थे। सेकेण्ड क्लास में तिल रखने की जगह नहीं। इण्टर क्लास की हालत उससे भी बदतर। यह आखिरी गाड़ी थी। किसी तरह रुक न सकते थे। बड़ी मुश्किल से तीसरे दर्जे में जगह मिली। हमारे ऐश्वर्य ने वहाँ अपना रंग जमा लिया; मगर मुझे उसमें बैठना बुरा लग रहा था। आये थे आराम से लेटे-लेटे, जा रहे थे सिकुड़े हुए। पहलू बदलने की भी जगह न थी।

कई आदमी पढ़े-लिखे भी थे। आपस में अंग्रेजी राज्य की तारीफ करते जा रहे थे। एक महाशय बोले—ऐसा न्याय तो किसी राज्य में नहीं देखा। छोटे-बड़े सब बराबर। राजा भी किसी पर अन्याय करे, तो अदालत उसकी भी गर्दन दबा देती है।

दूसरे सज्जन ने समर्थन किया—अरे साहब, आप खुद बादशाह पर दावा कर सकते हैं ! अदालत में बादशाह पर डिग्री हो जाती है।

एक आदमी, जिसकी पीठ पर बड़ा-सा गट्ठर बँधा था, कलकत्ते जा रहा था। कहीं गठरी रखने की जगह न मिलती थी। पीठ पर बाँधे हुए था। इससे बेचैन होकर बार-बार द्वार पर खड़ा हो जाता। मैं द्वार के पास ही बैठा हुआ था। उसका बार-बार आकर मेरे मुँह को अपनी गठरी से रगड़ना मुझे बहुत बुरा लग रहा था। एक तो हवा यों ही कम थी, दूसरे उस गँवार का आकर मेरे मुँह पर खड़ा हो जाना मानो मेरा गला दबाना था। मैं कुछ देर जब्त किये बैठा रहा। एकाएक मुझे क्रोध आ गया। मैंने उसे

पकड़कर ढकेल दिया और दो तमाचे जोर-जोर से लगाये।

उसने आँखें निकालकर कहा—क्यों मारते हो बाबूजी, हमने भी किराया दिया है।

मैंने उठकर दो-तीन तमाचे और जड़ दिये।

गाड़ी में तूफान आ गया। चारों ओर से मुझ पर बौछार पड़ने लगी।

'अगर इतने नाजुक मिजाज हो, तो अव्वल दर्जे में क्यों नहीं बैठे ?'

'कोई बड़ा आदमी होगा तो अपने घर का होगा। मुझे इस तरह मारते, तो दिखा देता।'

'क्या कसूर किया था बेचारे ने ? गाड़ी में साँस लेने की जगह नहीं, खिड़की पर जरा साँस लेने खड़ा हो गया तो उस पर इतना क्रोध ! अमीर होकर क्या आदमी अपनी इन्सानियत बिल्कुल खो देता है ?'

'यह भी अंग्रेजी राज है, जिसका आप बखान कर रहे थे !'

एक ग्रामीण बोला—दफ़्तरन माँ घुसन तो पावत नहीं, उस पर इत्ता मिजाज !

ईश्वरी ने अंग्रेजी में कहा—What an idiot you are Bir !

और मेरा नशा कुछ-कुछ उतरता हुआ मालूम होता था।

❐

बड़े भाई साहब

प्रथम प्रकाशन हिन्दी पत्रिका 'हंस' नवम्बर 1934 में

1

मेरे भाई साहब मुझसे पाँच साल बड़े थे; लेकिन केवल तीन दरजे आगे। उन्होंने भी उसी उम्र में पढ़ना शुरू किया था जब मैंने शुरू किया था; लेकिन तालीम जैसे महत्व के मामले में वह जल्दीबाजी से काम लेना पसन्द न करते थे। इस भावना की बुनियाद खूब मजबूत डालना चाहते थे, जिस पर आलीशान महल बन सके। एक साल का काम दो साल में करते थे। कभी-कभी तीन साल भी लग जाते थे। बुनियाद ही पुख्ता न हो, तो मकान कैसे पायेदार बने !

मैं छोटा था, वह बड़े थे। मेरी उम्र नौ साल की थी, वह चौदह साल के थे। उन्हें मेरी तम्बीह और निगरानी का पूरा और जन्मसिद्ध अधिकार था। और मेरी शालीनता इसी में थी कि उनके हुक्म को कानून समझूँ।

वह स्वभाव से बड़े अध्ययनशील थे। हरदम किताब खोले बैठे रहते। और शायद दिमाग को आराम देने के लिए कभी कापी पर, कभी किताब के हाशियों पर चिड़ियों, कुत्तों, बिल्लियों की तस्वीरें बनाया करते थे। कभी-कभी एक ही नाम या शब्द या वाक्य दस-बीस बार लिख डालते। कभी एक शेर को बार-बार सुन्दर अक्षरों में नकल करते। कभी ऐसी शब्द-रचना करते, जिसमें न कोई अर्थ होता, न कोई सामंजस्य। मसलन एक बार उनकी कापी पर मैंने यह इबारत देखी—स्पेशल, अमीना, भाईयों-भाईयों, दर-असल, भाई-भाई, राधेश्याम, श्रीयुत राधेश्याम, एक घंटे तक—इसके बाद एक आदमी का चेहरा बना हुआ था। मैंने बहुत चेष्टा की कि इस पहेली का कोई अर्थ निकालूँ; लेकन असफल रहा और उनसे पूछने का साहस न हुआ। वह नवीं जमात में थे, मैं पाँचवी में। उनकी रचनाओं को समझना मेरे लिए छोटा मुँह बड़ी बात थी।

मेरा जी पढ़ने में बिलकुल न लगता था। एक घंटा भी किताब लेकर बैठना पहाड़ था। मौका पाते ही होस्टल से निकलकर मैदान में आ जाता और कभी कंकरियाँ उछालता, कभी कागज की तितलियाँ उड़ाता, और कहीं कोई साथी मिल गया, तो पूछना ही क्या। कभी चारदीवारी पर चढ़कर नीचे कूद रहे हैं, कभी फाटक पर सवार, उसे आगे-पीछे चलाते हुए मोटरकार का आनन्द उठा रहे हैं, लेकिन कमरे में आते ही भाई साहब का वह रौद्र-रूप देखकर प्राण सूख जाते ! उनका पहला सवाल यह होता—'कहाँ

थे ?' हमेशा यही सवाल, इसी ध्वनि में हमेशा पूछा जाता था और इसका जवाब मेरे पास केवल मौन था। न जाने मेरे मुँह से यह बात क्यों न निकलती कि जरा बाहर खेल रहा था। मेरा मौन कह देता था कि मुझे अपना अपराध स्वीकार है और भाई साहब के लिए इसके सिवा और कोई इलाज न था कि स्नेह और रोष से मिले हुए शब्दों में मेरा सत्कार करें।

'इस तरह अंग्रेजी पढ़ोगे, तो जिन्दगी भर पढ़ते रहोगे और हर्फ न आयेगा। अंग्रेजी पढ़ना कोई हँसी-खेल नहीं है कि जो चाहे, पढ़ ले; नहीं ऐरा-गैरा नत्थू-खैरा सभी अंग्रेजी के विद्वान हो जाते। यहाँ रात-दिन आँखें फोड़नी पड़ती हैं और खून जलाना पड़ता है, तब कहीं यह विद्या आती है। और आती क्या है, हाँ कहने को आ जाती है। बड़े-बड़े विद्वान भी शुद्ध अंग्रेजी नहीं लिख सकते, बोलना तो दूर रहा। और मैं कहता हूँ, तुम कितने घोंघा हो कि मुझे देखकर भी सबक नहीं लेते। मैं कितनी मेहनत करता हूँ, यह तुम अपनी आँखों से देखते हो, अगर नहीं देखते, तो यह तुम्हारी आँखों का कसूर है, तुम्हारी बुद्धि का कसूर है। इतने मेले-तमाशे होते हैं, मुझे तुमने कभी देखने जाते देखा है ? रोज की क्रिकेट और हाकी-मैच होते हैं। मैं पास नहीं फटकता। हमेशा पढ़ता रहता हूँ। उस पर भी एक-एक दरजे में दो-दो, तीन-तीन साल पड़ा रहता हूँ; फिर भी तुम कैसे आशा करते हो कि तुम यों खेल-कूद में वक्त गँवाकर पास हो जाओगे ? मुझे तो दो ही तीन साल लगते हैं, तुम उम्र-भर इसी दरजे में पड़े सड़ते रहोगे ! अगर तुम्हें इस तरह उम्र गँवानी है तो बेहतर है; घर चले जाओ और मजे से गुल्ली-डण्डा खेलो। दादा की गाढ़ी कमाई के रुपये क्यों बरबाद करते हो ?'

मैं यह लताड़ सुनकर आँसू बहाने लगता। जवाब ही क्या था। अपराध तो मैंने किया, लताड़ कौन सहे ? भाई साहब उपदेश की कला में निपुण थे। ऐसी-ऐसी लगती बातें कहते, ऐसे-ऐसे सूक्ति-बाण चलाते, कि मेरे जिगर के टुकड़े-टुकड़े हो जाते और हिम्मत टूट जाती। इस तरह जान तोड़कर मेहनत करने की शक्ति मैं अपने में न पाता था और उस निराशा में जरा देर के लिए मैं सोचने लगता—क्यों न घर चला जाऊँ। जो काम मेरे बूते के बाहर है, उसमें हाथ डालकर क्यों अपनी जिन्दगी खराब करूँ। मुझे अपना मूर्ख रहना मंजूर था, लेकिन उतनी मेहनत ! मुझे तो चक्कर आ जाता था; लेकिन घंटे-दो-घंटे के बाद निराशा के बादल छँट जाते और मैं इरादा करता कि आगे से खूब जी लगाकर पढ़ूँगा। चटपट एक टाइम-टेबिल बना डालता। बिना पहले से नक्शा बनाये, कोई स्कीम तैयार किये काम कैसे शुरू करूँ। टाइम टेबिल में खेलकूद की मद बिलकुल उड़ जाती। प्रातःकाल उठाना; छः बजे मुँह-हाथ धो, नाश्ता कर, पढ़ने बैठ जाना। छः से आठ तक अंग्रेजी, आठ से नौ तक हिसाब, नौ से साढ़े नौ तक इतिहास, फिर भोजन और स्कूल। साढ़े तीन बजे स्कूल से वापस होकर आध घण्टा आराम, चार से पाँच तक भूगोल, पाँच से छः तक ग्रामर; आध घंटा होस्टल के सामने ही टहलना, साढ़े छः से सात तक अंग्रेजी कम्पोजीशन, फिर भोजन करके आठ

से नौ तक अनुवाद, नौ से दस तक हिन्दी, दस से ग्यारह तक विविध-विषय, फिर विश्राम।

मगर टाइम-टेबिल बना लेना एक बात है, उस पर अमल करना दूसरी बात। पहले ही दिन उसकी अवेहलना शुरू हो जाती। मैदान की वह सुखद हरियाली, हवा के हल्के-हल्के झोंके, फुटबाल की तरह उछलकूद, कबड्डी के दाँव-घात, वालीबाल की वह तेजी और फुरती, मुझे अज्ञात और अनिवार्य रूप से खींच ले जाती और वहाँ जाते ही मैं सब कुछ भूल जाता। वह जानलेवा टाइम-टेबिल, आँखफोड़ पुस्तकें, किसी की याद न रहती, और भाई साहब को नसीहत और फजीहत का अवसर मिल जाता। मैं उनके साये से भागता, उनकी आँखों से दूर रहने की चेष्टा करता, कमरे में इस तरह दबे पाँव आता कि उन्हें खबर न हो। उनकी नजर मेरी ओर उठी और मेरे प्राण निकले। हमेशा सिर पर एक नंगी तलवार-सी लटकती मालूम होती। फिर भी जैसे मौत और विपत्ति के बीच भी आदमी मोह ओर माया के बन्धन में जकड़ा रहता है, मैं फटकार और घुड़कियाँ खाकर भी खेल-कूद का तिरस्कार न कर सकता।

2

सालाना इम्तहान हुआ। भाई साहब फेल हो गये, मैं पास हो गया और दरजे में प्रथम आया। मेरे और उनके बीच में केवल दो साल का अन्तर रह गया। जी में आया, भाई साहब को आड़े हाथों लूँ—आपकी वह घोर तपस्या कहाँ गयी ? मुझे देखिए, मजे से खेलता भी रहा और दरजे में अव्वल भी हूँ। लेकिन वह इतने दुखी और उदास थे कि मुझे उनसे दिली हमदर्दी हुई और उनके घाव पर नमक छिड़कने का विचार ही लज्जास्पद जान पड़ा। हाँ, अब मुझे अपने ऊपर कुछ अभिमान हुआ और आत्मसम्मान भी बढ़ा। भाई साहब का वह रौब मुझ पर न रहा। आजादी से खेलकूद में शरीक होने लगा। दिल मजबूत था। अगर उन्होंने फिर फजीहत की, तो साफ कह दूँगा—आपने अपना खून जलाकर कौन-सा तीर मार लिया। मैं तो खेलते-कूदते दरजे में अव्वल आ गया। जबान से यह हेकड़ी जताने का साहस न होने पर भी मेरे रंग-ढंग से साफ जाहिर होता था कि भाई साहब का वह आतंक मुझ पर नहीं था। भाई साहब ने इसे भाँप लिया—उनकी सहज-बुद्धि बड़ी तीव्र थी और एक दिन जब मैं भोर का सारा समय गुल्ली-डंडे की भेंट करके ठीक भोजन के समय लौटा तो भाई साहब ने मानो तलवार खींच ली और मुझ पर टूट पड़े—देखता हूँ, इस साल पास हो गये और दरजे में अव्वल आ गये, तो तुम्हें दिमाग हो गया है; मगर भाईजान, घमंड तो बड़े-बड़े का नहीं रहा, तुम्हारी क्या हस्ती है ? इतिहास में रावण का हाल तो पढ़ा ही होगा। उसके चरित्र से तुमने कौन-सा उपदेश लिया ? या यों ही पढ़ गये ? महज इम्तहान पास कर लेना कोई चीज नहीं, असल चीज है बुद्धि का विकास। जो कुछ पढ़ो, उसका अभिप्राय समझो। रावण भूमण्डल का स्वामी था। ऐसे राजाओं को चक्रवर्ती कहते हैं। आजकल अंग्रेजों के राज्य का विस्तार बहुत बढ़ा हुआ है; पर इन्हें चक्रवर्ती नहीं कह सकते। संसार में

अनेकों राष्ट्र अंग्रेजों का आधिपत्य स्वीकार नहीं करते, बिल्कुल स्वाधीन हैं। रावण चक्रवर्ती राजा था, संसार के सभी महीप उसे कर देते थे। बड़े-बड़े देवता उसकी गुलामी करते थे। आग और पानी के देवता भी उसके दास थे; मगर उसका अन्ता क्या हुआ ? घमंड ने उसका नामो-निशान तक मिटा दिया, कोई उसे एक चुल्लू पानी देनेवाला भी न बचा। आदमी और जो कुकर्म चाहे करे; पर अभिमान न करे, इतराये नहीं। अभिमान किया, और दीन-दुनिया दोनों से गया। शैतान का हाल भी पढ़ा ही होगा। उसे यह अभिमान हुआ था कि ईश्वर का उससे बढ़कर सच्चा भक्त कोई है ही नहीं ! अंत में यह हुआ कि स्वर्ग से नरक में ढकेल दिया गया। शाहेरूम ने भी एक बार अहंकार किया था। भीख माँग-माँगकर मर गया। तुमने तो अभी केवल एक दरजा पास किया है, और अभी से तुम्हारा सिर फिर गया, तब तो तुम आगे पढ़ चुके। यह समझ लो कि तुम अपनी मेहनत से नहीं पास हुए, अन्धे के हाथ बटेर लग गयी। मगर बटेर केवल एक बार हाथ लग सकती है, बार-बार नहीं लग सकती। कभी-कभी गुल्ली-डण्डे में भी अंधा-चोट निशाना पड़ जाता है। इससे कोई सफल खिलाड़ी नहीं हो जाता। सफल खिलाड़ी वह है, जिसका कोई निशाना खाली न जाय। मेरे फेल होने पर मत जाओ। मेरे दरजे में आओगे, तो दाँतों पसीना आ जायगा, जब अलजबरा और जामेट्री के लोहे के चने चबाने पड़ेंगे, और इंगलिस्तान का इतिहास पढ़ना पड़ेगा। बादशाहों के नाम याद रखना आसान नहीं। आठ-आठ हेनरी ही गुजरे हैं। कौन-सा कांड किस हेनरी के समय में हुआ, क्या यह याद कर लेना आसान समझते हो ? हेनरी सातवें की जगह हेनरी आठवाँ लिखा और सब नम्बर गायब ! सफाचट। सिफर भी ना मिलेगा, सिफर भी ! हो किस खयाल में। दरजनों तो जेम्स हुए हैं, दरजनों विलियम, कोड़ियों चार्ल्स ! दिमाग चक्कर खाने लगता है। आँधी रोग हो जाता है। इन अभागों को नाम भी न जुड़ते थे। एक ही नाम के पीछे दोयम, सोयम, चहारुम, पंजुम लगाते चले गये। मुझसे पूछते, तो दस लाख नाम बता देता और जामेट्री तो बस खुदा की पनाह ! अ ब ज की जगह अ ज ब लिख दिया और सारे नम्बर कट गये। कोई इन निर्दयी मुमतहिनों से नहीं पूछता कि आखिर अ ब ज और अ ज ब में क्या फर्क है, और व्यर्थ की बात के लिए क्यों छात्रों का खून करते हो। दाल-भात-रोटी या भात-दाल-रोटी खाई, इसमें क्या रखा है, मगर इन परीक्षकों को क्या परवाह ! वह तो वही देखते हैं जो पुस्तक में लिखा है। चाहते हैं कि लड़के अक्षर-अक्षर रट डालें। और इसी रटन्त का नाम शिक्षा रख छोड़ा है। और आखिर इन बे-सर-पैर की बातों के पढ़ने से फायदा ? इस रेखा पर वह लम्ब गिरा दो, तो आधार लम्ब से दुगुना होगा। पूछिए, इससे प्रयोजन ? दुगुना नहीं, चौगुना हो जाय, या आधा ही रहे, मेरी बला से; लेकिन परीक्षा में पास होना है, तो यह सब खुराफात याद करनी पड़ेगी। कह दिया—'समय की पाबन्दी' पर एक निबन्ध लिखो, जो चार पन्नों से कम न हो। अब आप कापी सामने खोले, कलम हाथ में लिये उसके नाम को रोइए। कौन नहीं जानता कि समय की पाबन्दी बहुत

अच्छी बात है, इससे आदमी के जीवन में संयम आ जाता है, दूसरों का उस पर स्नेह होने लगता है और उसके कारोबार में उन्नति होती है; लेकिन इस जरा-सी बात पर चार पन्ने कैसे लिखें। जो बात एक वाक्य में कही जा सके, उसे चार पन्नों में लिखने की जरूरत ? मैं तो इसे हिमाकत कहता हूँ। यह तो समय की किफायत नहीं; बल्कि उसका दुरुपयोग है कि व्यर्थ में किसी बात को ठूँस दिया जाय। हम चाहते हैं, आदमी को जो कुछ कहना हो, चटपट कह दे, अपनी राह ले। मगर नहीं, आपको चार पन्ने रंगने पड़ेंगे; चाहे जैसे लिखिए। और पन्ने भी पूरे फुलस्केप के आकार के। यह छात्रों पर अत्याचार नहीं तो क्या है ? अनर्थ तो यह है कि कहा जाता है, संक्षेप में लिखो। समय की पाबन्दी पर संक्षेप में एक निबन्ध लिखो, जो चार पन्नों से कम न हो। ठीक ! संक्षेप में तो चार पन्ने हुए, नहीं शायद सौ-दो-सौ पन्ने लिखवाते। तेज भी दौड़िये और धीरे-धीरे भी। उल्टी बात है या नहीं ? बालक भी इतनी-सी बात समझ सकता है; लेकिन इन अध्यापकों को इतनी तमीज भी नहीं। उस पर दावा है कि हम अध्यापक हैं। मेरे दरजे में आओगे लाला, तो ये सारे पापड़ बेलने पड़ेंगे और तब आटे-दाल का भाव मालूम होगा। इस दरजे में अव्वल आ गये हो, तो जमीन पर पाँव नहीं रखते। इसलिए मेरा कहना मानिए। लाख फेल हो गया हूँ, लेकिन तुमसे बड़ा हूँ, संसार का मुझे तुमसे कहीं ज्यादा अनुभव है, जो कुछ कहता हूँ, उसे गिरह बाँधिए, नहीं पछताइयेगा।

स्कूल का समय निकट था, नहीं ईश्वर जाने यह उपदेश-माला कब समाप्त होती। भोजन आज मुझे निःस्वाद-सा लग रहा था। जब पास होने पर यह तिरस्कार हो रहा है, तो फेल हो जाने पर शायद प्राण ही ले लिये जायँ। भाई साहब ने अपने दरजे की पढ़ाई का जो भयंकर चित्र खींचा था; उसने मुझे भयभीत कर दिया। स्कूल छोड़कर घर नहीं भागा, यही ताज्जुब है; लेकिन इतने तिरस्कार पर भी पुस्तकों में मेरी अरुचि ज्यों-की-त्यों बनी रही। खेल-कूद का कोई अवसर हाथ से न जाने देता। पढ़ता भी; मगर बहुत कम, बस इतना ही—रोज का टास्क पूरा हो जाय और दरजे में जलील न होना पड़े। अपने ऊपर जो विश्वास पैदा था, वह फिर लुप्त हो गया और फिर चोरों का-सा जीवन कटने लगा।

3

फिर सालाना इम्तहान हुआ, और कुछ ऐसा संयोग हुआ कि मैं फिर पास हुआ और भाई साहब फेल हो गये। मैंने बहुत मेहनत नहीं की; पर न जाने कैसे दरजे में अव्वल आ गया। मुझे खुद अचरज हुआ। भाई साहब ने प्राणांतक परिश्रम किया। कोर्स का एक-एक शब्द चाट गये थे, दस बजे रात तक इधर, चार बजे भोर से उधर, छः से साढ़े नौ तक स्कूल जाने के पहले मुद्रा कांति-हीन हो गयी थी; मगर बेचारे फेल हो गये। मुझे उन पर दया आती थी ! नतीजा सुनाया गया, तो वह रो पड़े और मैं भी रोने लगा। अपने पास होने की खुशी आधी हो गयी। मैं भी फेल हो गया होता, तो

भाई साहब को इतना दुःख न होता, लेकिन विधि की बात कौन टाले।

मेरे और भाई साहब के बीच में अब केवल एक दरजे का अन्तर और रह गया। मेरे मन में एक कुटिल भावना उदय हुई कि कहीं भाई साहब एक साल और फेल हो जायँ, तो मैं उनके बराबर हो जाऊँ, फिर वह किस आधार पर मेरी फजीहत कर सकेंगे, लेकिन मैंने इस कमीने विचार को दिल से बलपूर्वक निकाल डाला। आखिर वह मुझे मेरे हित के विचार से ही तो डाँटते हैं। मुझे इस वक्त अप्रिय लगता है अवश्य, मगर वह शायद उनके उपदेशों का ही असर हो कि मैं दनादन पास हो जाता हूँ और इतने अच्छे नम्बरों से।

अब भाई साहब बहुत कुछ नर्म पड़ गये थे। कई बार मुझे डाँटने का अवसर पाकर भी उन्होंने धीरज से काम लिया। शायद अब वह खुद समझने लगे थे कि मुझे डाँटने का अधिकार उन्हें नहीं रहा, या रहा भी, तो बहुत कम। मेरी स्वच्छन्दता भी बढ़ी। मैं उनकी सहिष्णुता का अनुचित लाभ उठाने लगा। मुझे कुछ ऐसी धारणा हुई कि मैं पास हो ही जाऊँगा, पढ़ूँ या न पढ़ूँ, मेरी तकदीर बलवान है; इसलिए भाई साहब के डर से जो थोड़ा बहुत पढ़ लिया करता था, वह भी बन्द हुआ। मुझे कनकौए उड़ाने का नया शौक पैदा हो गया था और अब सारा समय पतंगबाजी की ही भेंट होता था; फिर भी मैं भाई साहब का अदब करता था, और उनकी नजर बचाकर कनकौए उड़ाता था। माँझा देना, कन्ने बाँधना, पतंग टूरनामेंट की तैयारियाँ आदि समस्याएँ सब गुप्त रूप से हल की जाती थीं। मैं भाई साहब को यह सन्देह न करने देना चाहता था कि उनका सम्मान और लिहाज मेरी नजरों में कम हो गया है।

एक दिन संध्या समय, होस्टल से दूर मैं एक कनकौआ लूटने बेतहाशा दौड़ा जा रहा था। आँखें आसमान की ओर थीं और मन उस आकाशगामी पथिक की ओर, जो मन्द गति से झूमता पतन की ओर चला आ रहा था, मानो कोई आत्मा स्वर्ग से निकलकर विरक्त मन से नये संस्कार ग्रहण करने आ रही हो। बालकों की पूरी सेना लग्गे और झाड़दार बाँस लिये इनका स्वागत करने को दौड़ी आ रही थी। किसी को अपने आगे-पीछे की खबर न थी। सभी मानो उस पतंग के साथ ही आकाश में उड़ रहे थे, जहाँ सब कुछ समतल है, न मोटरकारें हैं, ट्राम, न गाड़ियाँ।

सहसा भाई साहब से मेरी मुठभेड़ हो गयी, जो शायद बाजार से लौट रहे थे। उन्होंने वहीं हाथ पकड़ लिया और उग्र भाव से बोले—इन बाजारी लौंडों के साथ धेले के कनकौए के लिए दौड़ते तुम्हें शर्म नहीं आती ? तुम्हें इसका भी कुछ लिहाज नहीं कि अब नीची जमाअत में नहीं हो; बल्कि आठवीं जमाअत में आ गये हो और मुझसे केवल एक दरजा नीचे हो। आखिर आदमी को कुछ तो अपने पोजीशन का खयाल करना चाहिए। एक जमाना था कि लोग आठवाँ दरजा पास करके नायब तहसीलदार हो जाते थे। मैं कितने ही मिडिलचियों को जानता हूँ, जो आज अव्वल दरजे के डिप्टी मैजिस्ट्रेट या सुपरिंटेंडेंट हैं। कितने ही आठवीं जमाअत वाले हमारे लीडर और

समाचारपत्रों के सम्पादक हैं। बड़े-बड़े विद्वान उनकी मातहती में काम करते हैं। और तुम उसी आठवें दरजे में आकर बाजारी लौंडों के साथ कनकौए के लिए दौड़ रहे हो। मुझे तुम्हारी इस कमअक्ली पर दुःख होता है। तुम जहीन हो, इसमें शक नहीं, लेकिन वह जेहन किस काम का, जो हमारे आत्म-गौरव की हत्या कर डाले। तुम अपने दिल में समझते होगे, मैं भाई साहब से महज एक दरजा नीचे हूँ, और अब उन्हें मुझको कुछ कहने का हक नहीं; लेकिन यह तुम्हारी गलती है। तुमसे पाँच साल बड़ा हूँ और चाहे आज तुम मेरी ही जमाअत में आ जाओ—और परीक्षकों का यही हाल है तो निस्सन्देह अगले साल तुम मेरे समकक्ष हो जाओगे और शायद एक साल बाद मुझसे आगे भी निकल जाओ—लेकिन मुझमें और तुममें जो पाँच साल का अन्तर है; उसे तुम क्या, खुदा भी नहीं मिटा सकता। मैं तुमसे पाँच साल बड़ा हूँ, और हमेशा रहूँगा ! मुझे दुनिया का और जिन्दगी का जो तजरबा है, तुम उसकी बराबरी नहीं कर सकते, चाहे तुम एम॰ ए॰ और डी॰ लिट्॰ और डी॰ फिल॰ ही क्यों न हो जाओ। समझ किताबें पढ़ने से नहीं आती, दुनिया देखने से आती है। हमारी अम्माँ ने कोई दरजा नहीं पास किया, और दादा भी शायद पाँचवी-छठी जमाअत के आगे नहीं गये; लेकिन हम दोनों चाहे सारी दुनिया की विद्या पढ़ लें, अम्माँ और दादा को हमें समझाने और सुधारने का अधिकार हमेशा रहेगा। केवल इसलिए नहीं कि वे हमारे जन्मदाता हैं; बल्कि इसलिए कि उन्हें दुनिया का हमसे ज्यादा तरजबा है और रहेगा। अमेरिका में किस तरह राज-व्यवस्था है, और आठवें हेनरी ने कितने ब्याह किये और आकाश में कितने नक्षत्र हैं, यह बातें चाहे उन्हें न मालूम हों; लेकिन हजारों ऐसी बातें हैं, जिनका ज्ञान उन्हें हमसे और तुमसे ज्यादा है। दैव न करे, आज मैं बीमार हो जाऊँ, तो तुम्हारे हाथ-पाँव फूल जायँगे। दादा को तार देने के सिवा तुम्हें और कुछ न सूझेगा; लेकिन तुम्हारी जगह दादा हों, तो किसी को तार न दें, न घबरायें, न बदहवास हों। पहले खुद मरज पहचानकर इलाज करेंगे, उसमें सफल न हुए, तो किसी डॉक्टर को बुलायेंगे। बीमारी तो खैर बड़ी चीज़ है। हम तुम तो इतना भी नहीं जानते कि महीने भर का खर्च महीना भर कैसे चले। जो कुछ दादा भेजते हैं, उसे हम बीस-बाईस तक खर्च कर डालते हैं, और फिर पैसे-पैसे को मुहताज हो जाते हैं। नाश्ता बन्द हो जाता है, धोबी और नाई से मुँह चुराने लगते हैं, लेकिन जितना आज हम और तुम खर्च कर रहे हैं, उसके आधे में दादा ने अपनी उम्र का बड़ा भाग इज्जत और नेकनामी के साथ निभाया है और कुटुम्ब का पालन किया है जिसमें सब मिलाकर नौ आदमी थे। अपने हेडमास्टर साहब ही को देखो। एम॰ ए॰ हैं कि नहीं; और यहाँ के एम॰ ए॰ नहीं, ऑक्सफोर्ड के। एक हजार रुपये पाते हैं; लेकिन उनके घर का इन्तजाम कौन करता है ? उनकी बूढ़ी माँ। हेडमास्टर साहब की डिग्री यहाँ आकर बेकार हो गई। पहले खुद घर का इन्तजाम करते थे। खर्च पूरा न पड़ता था। करजदार रहते थे। जब से उनकी माता जी ने प्रबन्ध अपने हाथ में ले लिया है, जैसे घर में लक्ष्मी आ गई है। तो भाईजान, यह गरूर दिल

से निकाल डालो कि तुम मेरे समीप आ गये हो और अब स्वतंत्र हो। मेरे देखते तुम बेराह न चलने पाओगे। अगर तुम यों न मानोगे तो मैं (थप्पड़ दिखाकर) इसका प्रयोग भी कर सकता हूँ। मैं जानता हूँ तुम्हें मेरी बातें जहर लग रही हैं ...

मैं उनकी इस नई युक्ति से नत-मस्तक हो गया। मुझे आज सचमुच अपनी लघुता का अनुभव हुआ और भाई साहब के प्रति मेरे मन में श्रद्धा उत्पन्न हुई मैंने सजल आँखों से कहा—हरगिज नहीं। आप जो फरमा रहे हैं, वह बिल्कुल सच है और आपको उसको कहने का अधिकार है।

संयोग से उसी वक्त एक कटा हुआ कनकौआ हमारे ऊपर से गुजरा। उसकी डोर लटक रही थी। लड़कों का एक गोल पीछे-पीछे दौड़ा चला आता था। भाई साहब लम्बे हैं ही ! उछलकर उसकी डोर पकड़ ली और बेतहाशा होस्टल की तरफ दौड़े। मैं पीछे-पीछे दौड़ रहा था।

❐

ठाकुर का कुआँ

प्रथम प्रकाशन हिन्दी साप्ताहिक 'जागरण' अगस्त 1932 में

1

जोखू ने लोटा मुँह से लगाया तो पानी में सख्त बदबू आयी। गंगी से बोला–यह कैसा पानी है ? मारे बास के पिया नहीं जाता। गला सूखा जा रहा है और तू सड़ा हुआ पानी पिलाए देती है।

गंगी प्रतिदिन शाम को पानी भर लिया करती थी। कुआँ दूर था; बार-बार जाना मुश्किल था। कल वह पानी लायी, तो उसमें बू बिलकुल न थी; आज पानी में बदबू कैसी ? लोटा नाक से लगाया, तो सचमुच बदबू थी। जरूर कोई जानवर कुएँ में गिरकर मर गया होगा, मगर दूसरा पानी आवे कहाँ से ?

ठाकुर के कुएँ पर कौन चढ़ने देगा। दूर से लोग डाँट बताएँगे। साहू का कुआँ गाँव के उस सिरे पर है, परन्तु वहाँ भी कौन पानी भरने देगा ? चौथा कुआँ गाँव में है नहीं।

जोखू कई दिन से बीमार है। कुछ देर तक तो प्यास रोके चुप पड़ा रहा, फिर बोला–अब तो मारे प्यार के रहा नहीं जाता। ला, थोड़ा पानी नाक बन्द करके पी लूँ।

गंगी ने पानी न दिया। खराब पानी पीने से बीमारी बढ़ जायगी–इतना जानती थी; परन्तु यह न जानती थी कि पानी को उबाल देने से उसकी खराबी जाती रहती है। बोली यह पानी कैसे पियोगे ? न जाने कौन जानवर मरा है। कुएँ से मैं दूसरा पानी लाये देती हूँ।

जोखू ने आश्चर्य से उसकी ओर देखा–दूसरा पानी कहाँ से लायेगी ?

'ठाकुर और साहू के दो कुएँ तो हैं। क्या एक लोटा पानी न भरने देंगे ?'

'हाथ-पाँव तुड़वा आयेगी और कुछ न होगा। बैठ चुपके से। ब्रह्म-देवता आशीर्वाद देंगे, ठाकुर लाठी मारेंगे, साहू जी एक के पाँच लेंगे। गरीबों का दर्द कौन समझता है ! हम तो मर भी जाते हैं, तो कोई दुआर पर झाँकने नहीं आता, कंधा देना तो बड़ी बात है। ऐसे लोग कुएँ से पानी भरने देंगे ?'

इन शब्दों में कड़ुवा सत्य था। गंगी क्या जवाब देती; किन्तु उसने वह बदबूदार पानी पीने को न दिया।

2

रात के नौ बजे। थके-माँदे मजदूर तो सो चुके थे, ठाकुर के दरवाजे पर दस-पाँच बेफिक्रे जमा थे। मैदानी बहादुरी का तो अब न जमाना रहा है, न मौका। क़ानूनी

बहादुरी की बातें हो रही थीं; कितनी होशियारी से ठाकुर ने थानेदार को एक खास मुकद्दमे में रिश्वत दे दी और साफ निकल गये। कितनी अक्लमन्दी से एक मार्के के मुकद्दमे की नकल ले आये। नाजिर और मोहतमिम, सभी कहते थे, नकल नहीं मिल सकती। कोई पचास माँगता; कोई सौ। यहाँ बेपैसे-कौड़ी नकल उड़ा दी। काम करने का ढंग चाहिए।

इसी समय गंगी कुएँ से पानी लेने पहुँची।

कुप्पी की धुँधली रोशनी कुएँ पर आ रही थी। गंगी जगत की आड़ में बैठी मौके का इन्तजार करने लगी। इस कुएँ का पानी सारा गाँव पीता है। किसी के लिए रोक नहीं; सिर्फ ये बदनसीब नहीं भर सकते।

गंगी का विद्रोही दिल रिवाजी-पाबन्दियों और मजबूरियों पर चोटें करने लगा—हम क्यों नीच हैं और यह लोग क्यों ऊँच हैं ? इसलिए कि ये लोग गले में तागा डाल लेते हैं ? यहाँ तो जितने हैं, एक-से-एक ऊँचे हैं ? चोरी ये करें, जाल-फरेब ये करें, झूठे मुकद्दमे ये करें। अभी इस ठाकुर ने तो उस दिन बेचारे गड़रिये की एक भेड़ चुरा ली थी और बाद में मार कर खा गया। इन्हीं पण्डित जी के घर में बारहों-मासा जुआ होता है। यही साहूजी तो घी में तेल मिलाकर बेचते हैं। काम करा लेते हैं, मजूरी देते नानी मरती है। किस बात में हैं हमसे ऊँचे। हाँ, मुँह में हमसे ऊँचे हैं। हम गली-गली चिल्लाते नहीं कि हम ऊँचे हैं, हम ऊँचे ! कभी गाँव में आ जाती हूँ, तो रसभरी आँखों से देखने लगते हैं। जैसे सब की छाती पर साँप लोटने लगता है, परन्तु घमण्ड यह कि हम ऊँचे हैं।

कुएँ पर किसी के आने की आहट हुई। गंगा की छाती धक-धक करने लगी। कहीं देख ले, तो गजब हो जाय। एक लात भी तो नीचे न पड़े।

उसने घड़ा और रस्सी उठा ली और झुककर चलती हुई एक वृक्ष के अँधेरे साये में जा खड़ी हुई। कब इन लोगों को दया आती है किसी पर। बेचारे महँगू को इतना मारा कि महीनों लहू थूकता रहा। इसलिए तो उसने बेगार न दी थी ! उस पर ये लोग ऊँचे बनते हैं।

कुएँ पर दो स्त्रियाँ पानी भरने आयी थीं। इनमें बातें हो रही थीं—

'खाना खाने चले और हुक्म हुआ कि ताजा पानी भर लाओ। घड़े के लिए पैसे नहीं है।'

'हम लोगों को आराम से बैठे देखकर जैसे मरदों को जलन होती है।'

'हाँ, यह तो न हुआ कि कलसिया उठाकर भर लाते। बस, हुकुम चला दिया कि ताजा पानी लाओ, जैसे हम लौंडियाँ ही तो हैं।'

'लौंडिया नहीं तो और क्या हो तुम ? रोटी-कपड़ा नहीं पातीं ? दस-पाँच रुपये छीन-झपट कर ले ही लेती हो। और लौंडिया कैसी होती है।'

'मत जलाओ दीदी ! छिन भर आराम करने को जी तरस कर रह जाता है।

इतना काम किसी दूसरे के घर कर देती, तो इससे कहीं आराम से रहती। ऊपर से वह एहसान मानता। यहाँ काम करते-करते मर जाओ; पर किसी का मुँह ही नहीं सीधा होता।'

दोनों पानी भरकर चली गयीं, तो गंगी वृक्ष की छाया से निकली और कुएँ के जगत के पास आयी। बेफिक्रे चले गये थे। ठाकुर भी दरवाजा बन्द कर अन्दर आँगन में सोने जा रहे थे। गंगी ने क्षणिक सुख की साँस ली। किसी तरह मैदान तो साफ हुआ। अमृत चुरा लाने के लिए जो राजकुमार किसी जमाने में गया था, वह भी शायद इतनी सावधानी के साथ और समझ-बूझकर न गया होगा। गंगी दबे पाँव कुएँ के जगत पर चढ़ी। विजय का ऐसा अनुभव उसे पहले कभी न हुआ था।

उसने रस्सी का फंदा घड़े में डाला। दायें-बायें चौकन्नी दृष्टि से देखा, जैसे कोई सिपाही रात को शत्रु के किले में सुराख कर रहा हो। अगर इस समय वह पकड़ ली गयी, तो फिर उसके लिए माफी या रिआयत की रत्ती-भर उम्मीद नहीं। अन्त में देवताओं को याद करके उसने कलेजा मजबूत किया और घड़ा कुएँ में डाल दिया।

घड़े ने पानी में गोता लगाया, बहुत ही आहिस्ता। जरा भी आवाज न हुई। गंगी ने दो चार हाथ जल्दी-जल्दी मारे। घड़ा कुएँ के मुँह तक आ पहुँचा। कोई बड़ा शहज़ोर पहलवान भी इतनी तेजी से उसे न खींच सकता था।

गंगी झुकी कि घड़े को पकड़कर जगत पर रखे, कि एकाएक ठाकुर साहब का दरवाजा खुल गया। शेर का मुँह इससे अधिक भयानक न होगा।

गंगी के हाथ से रस्सी छूट गयी। रस्सी के साथ घड़ा धड़ाम से पानी में गिरा और कई क्षण तक पानी में हलकोरे की आवाजें सुनाई देती रहीं।

ठाकुर, 'कौन है, कौन है ?' पुकारते हुए कुएँ की तरफ आ रहे थे और गंगी जगत से कूदकर भागी जा रही थी।

घर पहुँचकर देखा कि जोखू लोटा मुँह से लगाये वही मैला-गंदा पानी पी रहा है।

❒

कफ़न

प्रथम प्रकाशन उर्दू मासिक 'जामिया' दिसम्बर 1935 में

1

झोंपड़े के दरवाज़े पर बाप और बेटा दोनों एक बुझे हुए अलाव के सामने ख़ामोश बैठे हुए थे और अन्दर बेटे की नौज़वान बीवी बुधिया प्रसव-पीड़ा से पछाड़ें खा रही थी और रह-रह कर उसके मुँह से ऐसी हृदय-विदारक आवाज़ निकलती थी कि दोनों कलेजा थाम लेते थे। जाड़ों की रात थी, वातावरण सन्नाटे में गर्क़। सारा गाँव अंधेरे में खो गया था।

घीसू ने कहा–"मालूम होता है बचेगी नहीं। सारा दिन तड़पते हो गया। जा देख तो आ।"

माधो दर्दनाक लहज़े में बोला–"मरना ही है तो जल्दी मर क्यों नहीं जाती। देख कर क्या करूँ।"

"तू बड़ा बेदर्द है बे। साल भर जिसके साथ ज़िन्दगानी का सुख भोगा, उसी के साथ इतनी बेवफाई।"

"मुझसे तो इसका तड़पना और हाथ-पाँव पटकना नहीं देखा जाता।"

चमारों का कुन्बा था और सारे गाँव में बदनाम। घीसू एक दिन काम करता तो तीन दिन आराम। माधो इतना कामचोर था कि घंटा भर काम करता तो घंटे भर चिलम पीता। इसलिए उन्हें कोई रखता ही न था। घर में मुट्ठी भर अनाज भी मौजूद हो तो इनके लिये काम करने की क़सम थी। जब दो-एक फ़ाके हो जाते तो घीसू दरख़्तों पर चढ़कर लकड़ियाँ तोड़ लाता और माधो बाज़ार में बेच आता और जब तक वे पैसे रहते दोनों इधर-उधर मारे-मारे फिरते। जब फ़ाक़े की नौबत आ जाती तो फिर लकड़ियाँ तोड़ते या कोई मज़दूरी तलाश करते। गाँव में काम की कमी न थी। काश्तकारों का गाँव था। मेहनती आदमी के लिये पचास काम थे। मगर इन दोनों को लोग उसी वक़्त बुलाते थे जब दो आदमियों में एक का काम पाकर भी सन्तोष कर लेने के सिवा और कोई चारा न होता। काश, दोनों साधु होते तो उन्हें संतोष और ईश्वर पर आश्रय के लिये आत्म-नियन्त्रण की बिल्कुल ज़रूरत न होती। ये इनकी प्राकृतिक सिफ़त थी। अजीब ज़िन्दगी थी इनकी। घर में दो-चार मिट्टी के बर्तनों के सिवा कोई सामान नहीं। फटे चीथड़ों से अपने नंगेपन को ढाँके हुए दुनिया की फ़िकरों से आज़ाद, कर्ज़ से लदे हुए। गालियाँ भी खाते, मार भी खाते, मगर कोई ग़म नहीं। दीन इतने कि

वसूली की बिल्कुल उम्मीद न होने पर भी लोग उन्हें कुछ-न-कुछ कर्ज़ दे देते थे। मटर या आलू की फ़सल में खेतों की मटर या आलू उखाड़ लाते और भून-भून कर खा लेते या दस-पाँच ऊख तोड़ लाते और रात को चूसते। घीसू ने इसी विरक्त अन्दाज़ से साठ साल की उमर काट दी और माधो भी आज्ञाकारी बेटे की तरह बाप के नक़्शे-क़दम पर चल रहा था, बल्कि उसका नाम और भी रोशन कर रहा था। इस वक़्त भी दोनों अलाव के सामने बैठे आलू भून रहे थे जो किसी के खेत से खोद लाये थे। घीसू की बीवी का तो मुद्दत हुई स्वर्गवास हो गया था। माधो की शादी पिछले साल हुई थी। जब से यह औरत आई थी उसने इस ख़ानदान में आचार-व्यवहार की बुनियाद डाली थी। पिसाई करके, घास छीलकर वह सेर भर आटे का इन्तज़ाम कर लेती थी और इन दोनों बेग़ैरतों का पेट भरती रहती थी। जब से वह आई ये दोनों और भी आरामतलब और आलसी हो गये थे। बल्कि कुछ अकड़ने भी लगे थे। कोई काम करने को बुलाता तो उपेक्षा की शान से दुगुनी मज़दूरी माँगते। वही औरत आज सुबह से प्रसव-पीड़ा से मर रही थी और ये दोनों शायद इसी इन्तज़ार में थे कि वह मर जाये तो आराम से सोयें।

घीसू ने आलू निकाल कर छीलते हुए कहा–"जाकर देख तो ! क्या हालत है उसकी। चुड़ैल का फ़िसाओ होगा और क्या। यहाँ तो ओझा भी एक रुपया माँगता है। किसके घर से लायें।"

माधो को अन्देशा था कि वह कोठरी में गया तो घीसू आलुओं का बड़ा हिस्सा साफ़ कर देगा। बोला–"मुझे वहाँ डर लगता है।"

"डर किस बात का है। मैं तो यहाँ हूँ ही।"

"तो तुम्हीं जाकर देखो ना।"

"मेरी औरत जब मरी थी तो मैं तीन दिन उसके पास से हिला भी नहीं। और फिर मुझसे लजायेगी कि नहीं। कभी उसका मुँह नहीं देखा, आज उसका उघरा हुआ बदन देखूँ ? उसे तन की सुध भी तो नहीं। कभी मुझे देख लेगी तो खुलकर हाथ-पाँव भी न पटक सकेगी।"

"मैं सोचता हूँ, कोई बाल-बच्चा हो गया तो क्या होगा। सोंठ, गुड़, तेल, कुछ भी तो नहीं है घर में।"

"सब कुछ आ जायेगा। भगवान बच्चा दें तो। जो लोग अभी एक पैसा नहीं दे रहे हैं, वही तब बुलाकर देंगे। मेरे नौ लड़के हुए। घर में कभी कुछ नहीं था, मगर इसी तरह हर बार काम चल गया।"

जिस समाज में रात-दिन मेहनत करने वालों की हालत उनकी हालत से कुछ बहुत अच्छी न थी और किसानों के मुक़ाबले में वे लोग जो कि किसानों की कमज़ोरियों से फ़ायदा उठाना जानते थे कहीं ज़्यादा निश्चिंत थे, वहाँ इस क़िस्म की ज़ेहनियत का पैदा हो जाना कोई हैरानी की बात न थी। हम तो कहेंगे घीसू किसानों के मुक़ाबले

में ज़्यादा सूक्ष्मद्रष्टा था और किसानों की खाली-दिमाग़ जमात में शामिल होने के बदले शातिरों (चालाक) की उपद्रवी जमात में शामिल हो गया था। हाँ, उसमें यह योग्यता न थी कि शातिरों के नियमों की पाबन्दी भी करता। इसलिये जहाँ उसकी जमात के और लोग गाँव के सरग़ना और मुखिया बने हुए थे, उसकी सारा गाँव निंदा करता था। फिर भी उसे संतोष यह तो था कि अगर वह ख़स्ताहाल है तो कम-से-कम उसे किसानों की-सी सख़्त मेहनत तो नहीं करनी पड़ती और उसकी सादगी और बेज़ुबानी से दूसरे बेजा फ़ायदा तो नहीं उठाते।

दोनों आलू निकाल-निकाल कर जलते-जलते खाने लगे। कल से कुछ नहीं खाया था। इतना सब्र न था कि उन्हें ठंडा हो जाने दें। कई बार दोनों की जीभें जल गईं। छिल जाने पर आलू का बाहरी हिस्सा तो बहुत ज्यादा गरम न मालूम होता लेकिन दाँतों के तले पड़ते ही अन्दर का हिस्सा ज़बान और हलक़ और तालू को जला देता था और उस अंगारे को मुँह में रखने से ज़्यादा ख़ैरियत इसी में थी कि वह अन्दर पहुँच जाये। वहाँ उसे ठंडा करने के लिये काफ़ी समान था इसलिये दोनों जल्दी-जल्दी निगल जाते। हालाँकि इस कोशिश में उनकी आँखों में आँसू निकल आते।

घीसू को उस वक़्त ठाकुर की बारात याद आई जिसमें बीस साल पहले वह गया था। उस दावत में उसे जो तृप्ति नसीब हुई थी, वह उसकी जिन्दगी में एक यादगार घटना थी और आज भी उसकी याद ताज़ा थी। बोला—"वह भोज नहीं भूलता। तब से फिर उस तरह का खाना मुझे भरपेट नहीं मिला। लड़की वालों ने सबको पूरियाँ खिलाई थीं। मतलब कि छोटे-बड़े सबने पूरियाँ खाईं और असली घी की। सटपनी, रायता, तीन तरह के सूखे साग, एक रसेदार तरकारी, दही, चटनी मिठाई। अब क्या बताऊँ कि इस भोज में कितना स्वाद मिला। कोई रोक नहीं थी। जो चीज़ चाहो, माँगो और जितना चाहो, खाओ। लोगों ने ऐसा खाया, ऐसा खाया कि किसी से पानी न पिया गया। मगर परोसने वाले हैं कि सामने गरम-गरम, गोल-गोल महकती हुई कचौड़ियाँ डाल देते हैं। मना करते हैं कि नहीं चाहिए, पत्तल को हाथ से रोके हुए हैं, मगर वे हैं कि दिये जाते हैं और जब सबने मुँह धो लिया, तो एक-एक बीड़ा पान भी मिला। मगर मुझे पान लेने की कहाँ सुध थी ? खड़ा नहीं हुआ जाता था। चटपट जाकर अपने कम्बल पर लेट गया। ऐसा दरिया-दिल था वह ठाकुर।"

माधो ने इस आवभगत का मज़ा लेते हुए कहा—"अब हमें कोई ऐसा भोज खिलाता।"

"अब कोई क्या खिलायेगा ? वह ज़माना दूसरा था। अब तो सबको किफ़ायत सूझती है। शादी-ब्याह में मत खरच करो। किरिया-करम में मत खरच करो। पूछो, ग़रीबों का माल बटोर-बटोर कर कहाँ रखोगे ? मगर बटोरने में तो कमी नहीं है। हाँ, खरच में किफ़ायत सूझती है।"

"तुमने एक-बीस पूरियाँ खाई होंगी ?"

"बीस से ज़्यादा खाई थीं।"

"मैं पचास खा जाता।"

"पचास से कम मैंने भी न खाई होंगी। अच्छा पट्ठा था। तू उसका आधा भी नहीं है।"

आलू खाकर दोनों ने पानी पीया और वहीं अलाव के सामने अपनी धोतियाँ ओढ़ कर पाँव पेट में डाले सो रहे, जैसे दो बड़े-बड़े अजगर कुंडली मारे पड़े हों। और बुधिया अभी तक कराह रही थी।

2

सबेरे को माधो ने कोठरी में जाकर देखा तो उसकी बीवी ठंडी हो गई थी। उसके मुँह पर मक्खियाँ भिनक रही थीं। पथराई हुई आँखें ऊपर टँगी हुई थीं। सारा जिस्म ख़ाक में लत-पत हो रहा था। उसके पेट में बच्चा मर गया था।

माधो भागा हुआ घीसू के पास आया। फिर दोनों ज़ोर-ज़ोर से हाय-हाय करने और छाती पीटने लगे। पड़ोस वालों ने यह रोना पीटना सुना तो दौड़े हुए आये और पुराने रीति-रिवाजों के अनुसार शोकग्रस्तों को सांत्वना देने लगे।

मगर ज़्यादा रोने-धोने का मौक़ा न था। कफ़न की और लकड़ी की फ़िकर करनी थी। घर में तो पैसा इस तरह गायब था जैसे चील के घोंसले में माँस।

बाप-बेटे रोते हुए गाँव के ज़मींदार के पास गये। वे इन दोनों की सूरत से नफ़रत करते थे। कई बार इन्हें अपने हाथों पीट चुके थे, चोरी की इल्लत में, वायदा पर काम पर न आने की इल्लत में। पूछा–"क्या है बे घिसुआ। रोता क्यों है ? अब तो तेरी सूरत ही नज़र नहीं आती। अब मालूम होता है कि तुम इस गाँव में रहना नहीं चाहते।"

घिसुआ ने ज़मीन पर सर रखकर आँखों में आँसू भरते हुए कहा–"सरकार, बड़ी विपत में हूँ। माधो की घरवाली रात गुजर गई। दिन भर तड़पती रही सरकार, आधी रात तक हम दोनों उसके सिरहाने बैठे रहे। दवा-दारू जो कुछ हो सका; सब किया। मगर वह हमें दगा दे गई। अब कोई एक रोटी देने वाला नहीं रहा मालिक, तबाह हो गये। घर उजड़ गया। आपका गुलाम हूँ। अब आपके सिवा उसकी मिट्टी कौन पार लगायेगा। हमारे हाथ में तो जो कुछ था वह सब दवा-दारू में उठ गया। सरकार ही की दया होगी तो उसकी मिट्टी उठेगी। आपके सिवा और किससे द्वार पर जाऊँ।"

ज़मीदार साहब रहमदिल आदमी थे। मगर घीसू पर रहम करना काले कम्बल पर रंग चढ़ाना था। जी में आया कह दें–चल दूर हो यहाँ से। लाश घर में रखकर सड़ा। यों तो बुलाने से भी नहीं आता। आज जब गर्ज़ पड़ी तो आकर खुशामद कर रहा है, हरामख़ोर कहीं का, बदमाश। मगर यह गुस्सा या इन्तक़ाम का मौक़ा न था। विवश होकर दो रुपये निकाल कर फेंक दिये, मगर सांत्वना का एक शब्द भी मुँह से न निकला। उसकी तरफ़ ताका तक नहीं, गोया सर का बोझ

उतारा हो।

जब ज़मींदार साहब ने दो रुपये दिये तो गाँव के बनिये—महाजनों को इंकार की हिम्मत क्योंकर होती। घीसू ज़मींदार के नाम का ढिंढोरा पीटना जानता था। किसी ने दो आने दिये, किसी ने चार आने। एक घंटे में घीसू के पास पाँच रुपये की माकूल रक़म जमा हो गई। किसी ने गल्ला दे दिया, किसी ने लकड़ी। और दोपहर को घीसू और माधो बाज़ार से कफ़न लाने गये। इधर लोग बाँस-वास काटने लगे।

गाँव की नर्म दिल औरतें आ-आकर लाश को देखती थीं और उसकी बेबसी पर दो बूँद आँसू गिराकर चली जाती थीं।

3

बाज़ार में पहुँच कर घीसू बोला—"लकड़ी तो उसे जलाने भर को मिल गई है, क्यों माधो ?"

माधो बोला—"हाँ, लकड़ी तो बहुत है। अब कफ़न चाहिए।"

"तो कोई हल्का-सा कफ़न ले लें।"

"हाँ और क्या ? लाश उठते-उठते रात हो जायेगी। रात को कफ़न कौन देखता है।"

"कैसा बुरा रिवाज़ है कि जिसे जीते-जी तन ढाँकने को चीथड़ा भी न मिले उसे मरने पर नया क़फन चाहिए।"

"कफ़न लाश के साथ जल ही तो जाता है।"

और क्या रखा रहता है। यही पाँच रुपये पहले मिलते तो कुछ दवा-दारू करते।

दोनों एक-दूसरे के दिल का माजरा वास्तविक अर्थों में समझ रहे थे। बाज़ार में इधर-उधर घूमते रहे। यहाँ तक कि शाम हो गई। दोनों इत्तफाक़ से या जानबूझ कर एक शराबख़ाने के सामने आ पहुँचे और गोया किसी तयशुदा फैसले के अनुसार अन्दर गये। वहाँ ज़रा देर तक दोनों असमंजस की हालत में खड़े रहे, फिर घीसू ने एक बोतल शराब ली, कुछ गज़क और दोनों बरामदे में बैठकर पीने लगे। कई कुज्जियाँ लगातार पीने के बाद दोनों सुरूर पर आ गये।

घीसू बोला, "कफ़न लगाने से क्या मिलता। आखिर जल ही तो ज़ाता। कुछ बहू के साथ तो न जाता।"

माधो आसमान की तरफ देखकर बोला, गोया फ़रिश्ते को अपनी मासूमियत का यकीन दिला रहा हो—"दुनिया का नियम है, यही लोग बामनों को हज़ारों रुपये क्यों दे देते हैं ? कौन देखता है परलोक में मिलता है या नहीं।"

"बड़े आदमियों के पास धन है, फूँकें। हमारे पास फूँकने को क्या है ?"

"लेकिन लोगों को जवाब क्या दोगे ? लोग पूछेंगे कफ़न कहाँ है ?"

घीसू हँसा—"कह देंगे रुपये कमर से खिसक गये। बहुत ढूँढा मिले नहीं।" माधो

भी हँसा इस अप्रत्याशित खुशनसीबी पर, कुदरत को इस तरह शिकस्त देने पर। बोला—"बड़ी अच्छी थी, बेचारी। मरी भी तो खूब खिला-पिला कर।"

आधी बोतल से ज़्यादा ख़तम हो गई। घीसू ने दो सेर पूरियाँ मँगवाईं, गोश्त और सालन और चटपटी कलेजियाँ और तली हुई मछलियाँ। शराबख़ाने के सामने ही दुकान थी। माधो लपक कर दो पत्तलों में सारी चीज़ें ले आया। पूरे डेढ़ रुपये ख़र्च हो गये। सिर्फ़ थोड़े से पैसे बच रहे।

दोनों इस वक़्त इस शान से बैठे हुए पूरियाँ खा रहे थे, जैसे जंगल में कोई अपना शिकार उड़ा रहा हो। न जवाबदेही का खौफ़ था, न बदनामी की फिक्र। कमज़ोरी के इन पड़ावों को उन्होंने बहुत पहले तय कर लिया था। घीसू दार्शनिक अन्दाज से बोला—"हमारी आतमा परसन्न हो रही है तो क्या उसे पुन्न न होगा ?"

माधो ने श्रद्धा से सिर झुकाकर पुष्टि की—"ज़रूर, उसे ज़रूर होगा। भगवान, तुम अन्तरज़ामी हो। उसे बैकुंठ ले जाना, हम दोनों हिरदे से उसे दुआ दे रहे हैं। आज जो भोजन मिला, वह कभी उमर भर न मिला था।"

एक क्षण के बाद माधो के दिल में एक चिंता पैदा हुई, बोला—"क्यों दादा, हम लोग भी तो वहाँ एक-न-एक दिन जायेंगे ही ?"

घीसू ने इस बचकाना सवाल का कोई जवाब नहीं दिया। माधो की तरफ़ भर्त्सनापूर्ण अन्दाज़ से देखा।

"जो वहाँ हम लोगों से वह पूछे के तुमने हमें कफ़न क्यों नहीं दिया तो क्या कहोगे ?"

"कहेंगे तुम्हारा सिर।"

"पूछेगी तो ज़रूर।"

"तू कैसे जानता है उसे कफ़न न मिलेगा ? तू मुझे ऐसा गधा समझता है ? मैं साठ साल दुनिया में क्या घास खोदता रहा हूँ। उसको कफ़न मिलेगा और उससे बहुत अच्छा मिलेगा जो हम देते।"

माधो को यक़ीन न आया, बोला—"कौन देगा ? रुपये तो तुमने चट कर दिये ?"

घीसू तेज़ हो गया—"मैं कहता हूँ उसे कफ़न मिलेगा, तू मानता क्यों नहीं ?"

"कौन देगा, बताते क्यों नहीं ?"

"वही लोग देंगे जिन्होंने अबकी दिया। हाँ वे रुपये हमारे हाथ न आयेंगे। और अगर किसी तरह आ जायें तो फिर हम इसी तरह यहाँ बैठे पीयेंगे और कफ़न तीसरी बार मिलेगा।"

ज्यों-ज्यों अंधेरा बढ़ता था और सितारों की चमक तेज़ होती थी, शराबख़ाने की रौनक भी बढ़ती जाती थी। कोई गाता था, कोई बहकता था, कोई अपने मित्र के गले लिपट जाता था, कोई अपने दोस्त के मुँह में प्याला लगाये देता था, यहाँ के वातावरण में सरूर था, हवा में नशा कितने तो चुल्लू में उल्लू हो जाते हैं। यहाँ आते थे

सिर्फ़ आत्मविस्मृति का मज़ा लेने के लिये, शराब से ज़्यादा यहाँ की हवा से आनंदित होते थे। जीवन की बला यहाँ खींच लाती थी। और कुछ देर के लिये यह भूल जाते थे कि वे जिन्दा हैं या मुर्दा, या मुर्दों जैसा नीरस एवं व्यर्थ जीवित-व्यक्ति हैं।

और ये दोनों बाप-बेटे अब भी मजे ले-ले कर चुस्कियाँ ले रहे हैं। सब की निगाहें इनकी तरफ़ जमी हुई थीं। कितने खुशनसीब हैं दोनों, पूरी बोतल बीच में है।

खाने से फ़ारिग होकर माधो ने बची हुई पूरियों का पत्तल उठाकर एक भिखारी को दे दिया जो खड़ा उनकी तरफ भूखी निगाहों से देख रहा था और पीने के गरूर और खुशी का अपनी जिन्दगी में पहली बार अहसास किया।

घीसू ने कहा—"ले जा, खूब खा और असीरबाद दे। जिसकी कमाई है वह तो मर गई, मगर तेरा असीरबाद उसे ज़रूर पहुँच जायेगा। रोयें-रोंयें से असीरबाद दे, बड़ी गाढ़ी कमाई के पैसे हैं।"

माधो ने फिर आसमान की तरफ़ देखकर कहा—"वह बैकुंठ में जायेगी दादा, बैकुंठ की रानी बनेगी।"

घीसू खड़ा हो गया और जैसे आनंद की लहरों में तैरता हुआ बोला—"हाँ बेटा, बैकुंठ में जायेगी, किसी को सताया नहीं, किसी को दबाया नहीं, मरते-मरते हमारी जिंदगी की सबसे बड़ी लालसा पूरी कर गई। वह न बैकुंठ में जायेगी तो क्या ये मोटे-मोटे लोग जायेंगे जो ग़रीबों को दोनों हाथों से लूटते हैं और अपने पाप को धोने के लिये गंगा में जाते हैं और मन्दिरों में जल चढ़ाते हैं।"

ये खुशएतक़ादी का रंग भी बदला, अस्थिरता नशे की ख़ासियत है, निराशा और ग़म का दौर शुरू हुआ। माधो बोला—"मगर दादा ! बेचारी ने ज़िन्दगी में बड़ा दुःख भोगा। मरी भी कितना दुःख झेलकर।" वह आँखों पर हाथ रख कर रोने लगा।

घीसू ने समझाया—"क्यों रोता है बेटा, खुश हो कि वह माया-जाल से मुक्त हो गई। जंजाल से छूट गई, बड़ी भागवान थी जो इतनी ज़ल्दी माया-मोह के बन्धन तोड़ दिये।"

और दोनों वहीं खड़े होकर गाने लगे—

ठगिनी क्यों नैना झमकावे ! ठगिनी !!

सारा शराबख़ाना तमाशा देख रहा था और ये दोनों शराबी मदोन्मत्त तल्लीनता की अवस्था में गाये जाते थे। फिर दोनों नाचने लगे, उछले भी, कूदे भी, गिरे भी, मटके भी। भाव भी बताये और आख़िर नशे से बदमस्त होकर वहीं गिर पड़े।

❑❑❑